HISTOIRE

DE L'ÈGLISE CHRÉTIENNE RÉFORMÉE

DE NISMES.

HISTOIRE

DE L'ÉGLISE CHRÉTIENNE RÉFORMÉE

DE NISMES,

DEPUIS SON ORIGINE JUSQU'A NOS JOURS ;

Par A. BORREL,
L'UN DES PASTEURS DE CETTE ÉGLISE.

NISMES,
CHEZ BIANQUIS-GIGNOUX, LIBRAIRE.

1844.

NISMES, IMPRIMERIE C. DURAND-BELLE.

HISTOIRE

DE

L'ÉGLISE CHRÉTIENNE RÉFORMÉE

DE NISMES.

PREMIÈRE PARTIE.

CONTENANT LES ÉVÉNEMENS QUI SE SONT PASSÉS DEPUIS SON ORIGINE JUSQU'A LA RÉVOCATION DE L'ÉDIT DE NANTES.
1533 — 1685.

CHAPITRE PREMIER.

Premières lueurs de la réforme. — Voyage de François I.er — Etablissement d'un collége. — Imbert Pacolet. — Cavart. — Claude Baduel. — G. Bigot. — Neuf protestans de Beaucaire. — Maurice Secenat. — Premières assemblées. — Pierre de Lavau. — Deyron. — Trigalet. — Progrès qu'avait fait la réforme à la mort de Henri II.

Ce fut en l'année 1533 que les premières lueurs de la réforme évangélique, perçant les épaisses ténèbres qui avaient obscurci jusqu'alors l'église de Jésus-Christ, éclairèrent la ville de Nismes, et la préparèrent à devenir le siége le plus formidable et le plus redouté du protestantisme en France.

Cette année-là, François I.er avait visité ses monumens antiques, et la médaille que la colonie Nismoise avait fait frapper, l'an de Rome 727, en l'honneur d'Auguste, portant l'empreinte d'un crocodile attaché à un palmier par une chaîne, avait été retrouvée dans les fouilles d'un aqueduc, et destinée à servir d'armoiries à la ville.

C'était l'époque de la renaissance des lettres: l'imprimerie venait d'être inventée, et l'Amérique découverte; un mouvement général poussait les esprits vers l'étude des sciences et le perfectionnement des arts. La ville de Nismes n'y demeura pas étrangère. Elle fit demander l'établissement d'un collége au roi, et l'obtint en 1539, sans trop de difficultés, par suite de la protection de Montmorency et de la faveur de Marguerite de Navarre. Quand il fut question d'en nommer le recteur, le choix tomba sur Imbert Pacolet, que ses connaissances littéraires et son érudition profonde rendaient digne de cette honorable distinction. Mais Pacolet connaissait déjà, dans son principe comme dans ses développemens, la doctrine évangélique que la puissante voix de Luther avait fait revivre en Allemagne; et elle avait trouvé un accès facile dans le fond de son cœur: dans quelques circonstances même il avait rendu de bouche un témoignage à la vérité, telle qu'elle est émanée de Dieu lui-même, sans mélange de traditions humaines. C'en fut assez pour que le clergé s'opposât à sa promotion.

Les consuls, par suite de ce refus, désignèrent à sa place Gaspard Cavart, qui avait la réputation de savant grammairien et de profond latiniste. Mais, son attachement aux croyances de l'église romaine étant encore suspect, le précenteur de la cathédrale ne voulut pas non plus consentir à son acceptation.

Ces oppositions réitérées ne furent cependant que des digues impuissantes pour arrêter l'écoulement des eaux du torrent impétueux qui devait bientôt inonder la ville tout entière. Les écoliers devinrent en masse *fauteurs d'hérésie*, selon l'expression employée à cette époque, et subirent des censures ecclésiastiques. Toutefois, avec l'agrément de l'évêque, Claude Baduel fut, enfin, nommé directeur de l'université, et reçut, avec 200 liv. d'appointemens, le droit d'occuper la première place après les consuls, dans toutes les cérémonies civiles et religieuses.

Ce fut alors que l'hôpital St-Marc, adossé aux remparts de la ville, entre la porte de la Couronne et le château du roi, changea de destination, et fut affecté au collège. Pour donner à ce dernier établissement plus de relief, les consuls adjoignirent Guillaume Bigot à Baduel, et, de cette manière, l'enseignement philosophique du premier compléta l'enseignement littéraire du second. Mais, ni l'ancien professeur de l'université de Paris (Baduel), ni le philosophe allemand de Tubingen (Bigot), ne restèrent étrangers aux progrès que la réforme religieuse faisait journellement autour d'eux. Ils s'y attachèrent avec franchise, et en expliquèrent même les principes fondamentaux dans leurs leçons. Dès ce moment, l'évêque Michel Briçonnet se déclara ouvertement leur adversaire, et les priva de leur traitement. Mais cet acte de sévérité,

loin d'arrêter l'extension rapide d'une doctrine si conforme à l'évangile dans sa pureté native et si propre par cela même à produire dans les âmes des fruits de sanctification, ne fit, au contraire, qu'en activer le développement, puisqu'on lit dans les lettres patentes expédiées par François I.er en 1541, pour la tenue des grands jours ou assemblée extraordinaire des juges supérieurs, pour décider des matières criminelles, ces paroles remarquables : « que plusieurs hérésies, er-
« reurs, sectes nouvelles et fausses doctrines, avaient
« cours et pullulaient en aucuns desdits lieux et pays,
« contre l'honneur de Dieu et sainte foi catholique [1]. »

Par suite du mandat que, dans ces mêmes lettres, le roi donna à ses conseillers, *d'extirper cette malheureuse secte luthérienne*, le parlement de Toulouse, qui comptait la ville de Nismes dans sa juridiction, commença à déployer cette sévérité rigoureuse et implacable, qui l'a rendu si célèbre dans les annales de la jurisprudence. Neuf protestans de Beaucaire, ville où les anciennes doctrines évangéliques avaient pris un empire bienfaisant et presque général sur les cœurs, parurent les premiers à la barre de son tribunal :
« deux furent brûlés en personne, Armandes et Sabat-
« tier ; cinq en effigie, Sauret, Ferran, Serviel,
« Verdeti et Blancard. Les deux derniers, Castagnier
« et Caladon, après avoir été fouettés jusqu'au sang,
« et fait amende honorable devant l'église, un dimanche,

---

[1] *Histoire générale du Languedoc* ; v pr. 96, citée par M. Germain, dans son *Histoire de l'Eglise de Nismes*.

« à l'issue de la messe paroissiale, furent conduits aux « galères pour y passer le reste de leur vie [1]. »

Mais que peut la persécution contre la vérité ! elle ne fait, en l'arrosant avec le sang des martyrs, qu'en féconder le germe et qu'en activer l'accroissement. On en trouve une preuve dans la mort de Maurice Secenat, natif des Cevennes, qui, par ordre du même parlement, fut brûlé sur la place de la Salamandre de Nismes, parce qu'il avait été surpris enseignant, en public, contrairement à la croyance de l'église romaine : *que nous sommes sauvés par la foi, par la grâce, et non pas par les œuvres, afin que personne ne se glorifie* (Eph., II, 8, 9). Son supplice eut un douloureux retentissement dans les âmes, et ses co-religionnaires, en recueillant respectueusement ses cendres, au lieu de se décourager, prirent la résolution, devant Dieu, de persévérer avec plus de constance que jamais dans la foi en Jésus-Christ et dans la prière [2].

Jusqu'alors, les nouveaux convertis au culte spirituel de l'évangile ne s'étaient pas encore réunis en assemblées régulières, en 1551 [3]; ils éprouvèrent le besoin irrésistible de les organiser, et choisirent, dans ce but, un lieu convenable au milieu des rochers déserts des environs de la Tour-Magne, et s'y rendirent, pour la première fois, par une douce matinée du mois de mars. Plusieurs prédicateurs, qui n'avaient d'autre mission,

---

[1] A. Germain : *Histoire de l'Eglise de Nismes*, II, 40.
[2] Th. de Bèze, I, 54; édition de Lille 1842.
[3] *Journal anonyme* : Ménard.

pour publier la bonne nouvelle du salut, par la foi en Jésus-Christ, que celle qu'ils tenaient de leur conviction et de leur zèle, s'y firent successivement entendre. L'un d'eux, nommé Pierre de Lavau [1], natif de Pontillac, près de Toulouse, n'écoutant que l'ardeur des premiers feux de la conversion, et fermant l'oreille aux conseils de la prudence, voulut prêcher publiquement dans les rues et sur les places publiques ; mais cette entreprise téméraire occasionna sa mort ; il fut pris en flagrant délit, traduit en jugement, et condamné, en 1554, au dernier supplice. Ce fut un prêtre nommé Deyron, prieur des Dominicains, qui fut chargé de l'exhorter à la mort ; mais le confesseur, partageant intérieurement les convictions religieuses de la victime, lui parla de Jésus, comme étant le seul médiateur entre Dieu et les hommes, et de la nécessité de croire en lui pour obtenir la vie éternelle. Ses paroles furent entendues de quelques spectateurs, rapportées aux juges, qui lancèrent aussitôt contre lui un mandat d'arrêt, comme coupable d'hérésie, et il n'échappa au supplice qu'en se retirant à Genève, après avoir déposé, chez son beau-frère Alesti, un écrit remarquable dans lequel il developpa, avec les motifs de son changement de religion, ceux de sa fuite sur une terre étrangère.

Claude Baduel, le recteur de l'université, et Jean Trigalet, licencié ès lois [2], vinrent bientôt le joindre,

---

[1] Th. de Bèze ; *Histoire des Eglises réformées*, I.

[2] Il fut mis à mort en 1555, avec quatre autres serviteurs de Dieu, qui, étant partis de Genève pour annoncer l'évangile où il plairait au Seigneur de les appeler, furent pris au Col-

et tous les trois, admis au ministère évangélique, après un sérieux examen et de sévères épreuves, devinrent des prédicateurs aussi zélés qu'éloquens de cet évangile, *qui est la puissance de Dieu pour le salut de ceux qui croient* (Rom., I, 16).

La conversion de pareils hommes, connus à Nismes par leur science, leur désintéressement, et la pureté de leurs mœurs, contribua puissamment à étendre les progrès de la réforme; des livres arrivés de Genève la firent mieux apprécier encore, et leur lecture produisit une telle impression dans les esprits et sur les cœurs, qu'en 1558, un an après la mort de Henri II, les trois quarts des habitans de la ville faisaient une profession ouverte des doctrines évangéliques.

de-Tamis, au pays de Fossigny, en Savoie, par un prévôt des maréchaux, qui découvrit le but de leur voyage; ils finirent heureusement leur course à Chambéry, alors dans la dépendance du roi, et moururent avec une singulière constance. Leurs noms méritent d'être conservés. C'était Jean Vernou, natif de Poitiers; Antoine Laborie, auparavant juge royal en Querci; Guiraud Toran, de Cahors; Jean Trigalet, licencié en droit, de Nismes, et Bertrand Bataille, natif de Gascogne. Calvin leur écrivit dans leur prison. Les détails de leur procès et les circonstances de leur supplice se trouvent dans l'*Histoire des vrais témoins de la vérité de l'évangile*, de Jean Crespin, dont MM. Bonifas et Petitpierre ont publié un abrégé en 1837; tom. II, pag. 55. — Th de Bèze; *Histoire ecclésiastique*, vol. I, pag. 61.

CHAPITRE II.

G. Mauget. — Pierre de Lasserre. — 1.re Célébration de la sainte Cène. — Les protestans s'emparèrent de l'église de St-Etienne de Capduel. — Persécution. — L'Eglise d'Aiguesmortes. — Mort d'Elie du Bosquet. — Apprêts de résistance. — Règne de Charles IX. — Amnistie. — Organisation d'un Consistoire. — Sa première réunion. — Pétition pour demander des Temples. — Jean Mutoni. — Autorité du Consistoire. — 1.er Synode provincial. — Ecole de théologie. — Viret.

François II lui succéda, et au commencement de son règne, Guillaume Mauget, envoyé par l'Académie de Genève, arriva à Nismes le 29 septembre 1559, et y organisa une église. Il fut aidé, dans ce travail important, par Pierre de Lasserre. Sous leur direction pastorale, les chrétiens réformés ne s'assemblèrent plus en cachette; ils choisirent la maison de Guillaume Raymond, dit *Mazanes*, située dans l'intérieur de la ville, pour tenir leurs réunions publiques d'adoration et de prières, et ce fut dans ce local étroit et peu convenable à la majesté d'un culte religieux, que, le 15 avril 1560, ils célébrèrent, pour la première fois, le sacrement de la sainte Cène, sous les deux espèces, tel que Jésus-Christ l'a institué, et comme St. Paul ordonne de le faire dans le onzième chapitre de sa première épître aux Corinthiens.

Ces assemblées devinrent si nombreuses, et la place pour contenir les auditeurs était si exiguë, que la rue se trouva obstruée, et qu'il en résulta par cela même un désordre inévitable, que les magistrats voulurent faire cesser par des arrestations arbitraires, sous prétexte de rebellion ouverte. On changea donc de local, et on choisit un vaste enclos situé dans le faubourg des Frères Prêcheurs ; Mauget y officia le 20 mai suivant. La foule qui s'y rendit fut immense ; la nouvelle enceinte put à peine la contenir ; plusieurs la trouvèrent même incommode. Alors quelques voix s'élevèrent et donnèrent hautement le conseil de s'emparer d'une église. La multitude, le trouvant bon et de plus équitable, se leva à l'instant ardente et impétueuse, et envahit celle de St-Etienne de Capduel, qui se trouvait dans le voisinage, et tout près de la Maison-Carrée [1].

Cette démarche inconsidérée fut qualifiée de révolte, et, sur les plaintes de l'évêque, le gouvernement du roi prit des mesures énergiques et sévères. Par son ordre, le comte de Villars, lieutenant général du connétable de Montmorency, s'empara du château de la ville ; les réunions de prières furent interdites ; les prédications de l'évangile défendues, les livres de dévotion saisis, pour être livrés aux flammes, et le ministre Mauget fut chassé de la ville, comme perturbateur du repos public.

La terreur répandue dans les âmes par l'exécution de ces mesures de rigueur, y fut augmentée de beaucoup encore par la nouvelle qui arriva, quelques jours après, d'Aiguesmortes. Cette église, favorisée par le capitaine de la forteresse, nommé Pierre Daysse, voyait

---

[1] *Histoire générale du Languedoc.*

le nombre des prosélytes journellement s'accroître, par suite du zèle véritablement apostolique que déployait son pasteur, Elie du Bosquet, originaire du Périgord, et qui avait déjà exercé son ministère à Berne en Suisse, lorsque le vicomte de Joyeuse, qui commandait alors le Languedoc en l'absence du connétable de Montmorency, y arriva à l'improviste avec de la cavalerie, sévit contre le gouverneur, fit enfermer du Bosquet avec les membres les plus influens de son troupeau dans la tour de Constance, et livra leurs maisons au pillage, comme si la ville avait été prise d'assaut et conquise sur l'ennemi. Le procès du pasteur fut bientôt instruit; un interrogatoire sévère le précéda, et comme, malgré son âge avancé, il demeura ferme et inébranlable dans la doctrine qu'il avait toujours annoncée, savoir : Christ et Christ crucifié, comme auteur unique du salut, et dispensateur du don de la vie éternelle, Joyeuse le fit pendre et étrangler, le 14 novembre suivant, devant le temple de la ville, où il avait si souvent parlé de paix, d'obéissance et de fidélité au roi, alors qu'il avait déjà atteint la soixantième année de son âge, et il força sa pauvre femme et ses malheureux enfans à assister à cet horrible supplice. Le cadavre demeura suspendu à la potence pendant l'espace de quatre jours, exposé aux avanies des moqueurs, et servant de but aux coups de pierre des enfans [1].

La lutte était engagée ; les réformés se préparèrent à la défense ; leur énergie même ne fit que s'accroître

---

[1] Th. de Bèze; *Hist. eccl.*; vol. 1, pag. 137 et 211.

au sein de l'oppression ; partout ils travaillèrent à se fortifier, tellement que Bertrand Sabatier, procureur-général au parlement de Toulouse, épouvanté par ces apprêts si formidables de résistance, écrivait, le 1er septembre 1560, au cardinal de Lorraine : — « Les assemblée croissent de jour en jour ; je crains quelque sédition prochaine, s'il ne plaît à Dieu, au roi et à vous, Monseigneur, d'y remédier [1].

Sur ces entrefaites, François II, qui n'avait fait que paraître sur le trône, mourut empoisonné après un règne de dix-sept mois, et Charles IX, à peine âgé de onze ans, lui succéda sous la régence de Catherine de Médicis. Par l'influence du chancelier de l'Hospital, une amnistie générale fut proclamée ; la plupart des protestans qui avaient quitté Nismes pour se soustraire aux vexations de Villars y rentrèrent ; de ce nombre fut le pasteur Mauget.

Pendant son émigration forcée, il était allé à Montpellier où, le 8 février 1560, il avait jeté les fondemens d'une église évangélique qu'il laissa, en retournant à Nismes, sous la direction spirituelle de Claude Frémy et de François Maupeau, qui, par leur dévouement et leur zèle, lui imprimèrent un merveilleux accroissement [2].

L'église de Nismes, par son importance et son étendue, avait besoin d'une administration paternelle mais régulière ; les difficultés à vaincre étaient nombreuses

---

[1] *Histoire générale du Languedoc.*
[2] Th. de Bèze ; *Hist. eccl.*, 1, pag. 137 et 557.

au dehors, et les affaires ecclésiastiques se multipliaient de jour en jour au dedans, aussi Mauget convoqua-t-il, le 23 mars 1561, dans la maison de Jean Maurin, serrurier, les notables de son troupeau, pour procéder en commun à l'organisation d'un consistoire. A l'exemple de la primitive église, il fut composé d'anciens et de diacres, sous la présidence d'un pasteur. — Les anciens furent chargés de veiller à l'ordre, à l'entretien et au gouvernement de l'église, et les diacres de recueillir et de distribuer les deniers des pauvres, des prisonniers, des malades, de les visiter et d'en prendre soin. Une telle hiérarchie, la seule que reconnaisse et que mentionne le Nouveau Testament, existait déjà à Genève : on ne fit donc que s'y conformer à Nismes.

Le samedi suivant, 30 mars, eut lieu la première réunion officielle du consistoire. Dans cette séance, ce corps se constitua complètement. Il nomma un secrétaire, un receveur de l'argent des ministres, et un dépositaire de l'argent des pauvres. Il divisa la ville en dix quartiers, et affecta la surveillance de chacun d'eux à un diacre.—Ce jour-là s'ouvrit un registre de délibérations et de secours, sur la première page duquel, après le titre, la date et le nom des membres présens à la séance, fut inscrite l'invocation solennelle d'usage au Père, au Fils et au Saint Esprit, un seul Dieu béni éternellement dans l'unité de l'église, dans la toute durée des âges, et jusque dans les profondeurs de l'éternité.

Les états-généraux se trouvant assemblés à Orléans, le consistoire jugea le moment opportun pour demander l'autorisation de bâtir des temples, « où ceux qui dési-

« raient vivre selon la parole de Dieu, et user des
« sainctz sacrementz, suyvant l'institution de Jésus-
« Christ et de ses apôtres, pussent se mettre à couvert. »
— Une requête respectueuse, à laquelle est empruntée cette dernière citation, fut rédigée par ses soins, et présentée ensuite, de maison en maison, à la signature des fidèles ; plus de *vingt-six mille* noms qui y furent apposés avec empressement, semblaient garantir le succès d'une démarche aussi juste que nécessaire ; car, comme ajoutait la supplique, le nombre infini de ceux qui assistaient aux assemblées, ne pouvait se réunir dans aucune maison [1]. — Ces réclamations furent pourtant vaines et n'obtinrent aucun résultat.

Il fallut donc continuer les réunions publiques de prières, ou sous des hangars ou dans des enclos ; il devint indispensable même d'en organiser plusieurs à la fois, en divers lieux et à des heures différentes, pour nourrir *du pain vivifiant qui est descendu du ciel* (Jean, vi, 51), et désaltérer à *la source d'eau vive jaillissante jusqu'à la vie éternelle* (Jean, iv, 14), cette foule empressée de vingt-six mille âmes, *qui avait faim et soif de la justice* (Matth., v, 6). — Les pasteurs se trouvaient insuffisans pour vaquer à tant de soins et célébrer tant de services, et Jean Mutoni arriva de Genève pour joindre les secours de son ministère à celui qu'y exerçaient depuis long-temps en commun Guillaume Mauget et Pierre de Lasserre.

---

[1] *Regist. du cons. de Nismes*, cité par A. Germain. *Hist. de Nismes*, ii, 67.

Le consistoire, à cette époque, possédait une grande autorité ecclésiastique ; il veillait avec sévérité au maintien de la discipline, et surtout à l'observation rigoureuse de tous les articles de doctrine contenus dans la confession de foi des églises réformées, qui avait été rédigée d'un commun accord par les députés de chacune d'elles, réunis à Paris en synode national, le 26 mai 1559 ; dans laquelle la corruption radicale de l'homme, le salut par la foi au sacrifice expiatoire que Jésus-Christ a souffert sur la croix, et la sanctification par le Saint Esprit, sont présentées comme vérités fondamentales du christianisme, auxquelles toutes les autres se rattachent ou en découlent, de la même manière que toutes les branches d'un arbre dépendent du tronc qui les soutient et les nourrit. De plus, au consistoire seul appartenait l'élection des pasteurs ou leur déposition en cas de vices notoires ou de plaintes fondées, le droit *d'excommunier*, c'est-à-dire, de retrancher non-seulement de la participation à la sainte cène, mais encore de toute assemblée religieuse, les *hérétiques*, les contempteurs de la loi de Dieu, les traitres contre l'église, les malfaiteurs et ceux qui occasionnaient du scandale par quelque action honteuse que ce fût ; et, enfin, le pouvoir exclusif de valider les mariages, en les faisant bénir, à la face de l'église, après une publication des bans pendant deux fois au moins en quinze jours. Il alla plus loin encore ; il s'efforça d'envahir la direction et l'administration des pays soumis à son autorité spirituelle. Le registre de ses délibérations, conservé dans les archives de l'Hôpital-Général, nous montre cette assemblée prenant des mesures pour la défense de la ville (18 octobre 1561) , élisant des capitaines de quartiers (25 du même mois), ordonnant, qui plus est, des levées d'argent (1.ᵉʳ novembre) ; en un mot, la police, la garde de la ville, l'inspection sur la conduite des habitans, toutes les affaires majeures de la cité, et par conséquent presque toutes les attributions tant des autorités municipales que des autorités royales elles-mêmes, étaient devenues graduellement l'objet de ses délibérations, de ses votes et de ses règlemens [1].

Le synode provincial du Bas-Languedoc fut composé des églises de Nismes, d'Alais, de Sommières, de St-Gilles, d'Aiguesmortes, de Marsillargues, de St-Geniés et de Calvisson. Il se réunit pour la première fois, à Nismes, le 14 mai 1561, et, parmi d'autres affaires importantes, il fut soumis à son approbation l'établissement d'une grande école de théologie, dont le consistoire avait déjà jeté les bases dans sa séance du 15 avril précédent. Ce projet fut appuyé avec un empressement d'autant plus grand et plus unanime, qu'il avait pour but de satisfaire à des besoins religieux qui se manifestaient de toute part, sans qu'il fût possible de les remplir. Les pasteurs manquaient partout, et, selon le témoignage de Théodore de Bèze, il y avait déjà dans le royaume 2,150 églises [2] d'organisées ; celles du Languedoc n'étaient pas les moins florissantes ; il fallait nécessairement aider Genève à les faire desservir par

---

[1] *Etudes sur le consulat de Nismes* ; par M. de Lafarelle ; pag. 87.

[2] Préface de l'*Hist. eccl.* de Bèze, ix.

des ministres du saint évangile, régulièrement consacrés par *l'imposition des mains*, selon l'usage apostolique. L'école fut donc inaugurée avec prières et bénédiction, et, bientôt après, Pierre Viret, disciple de Calvin et ami de Farel, arriva pour la diriger [1].

[1] Pour l'intelligence des événemens dont cette histoire contiendra le récit, il est nécessaire d'avoir une connaissance exacte du plan topographique de la ville de Nismes, telle qu'elle était en 1560. Une muraille d'enceinte enfermait complètement la cité ; elle avait un faubourg, celui des Jacobins, situé à l'orient, et terminé par le prieuré de St-Baudile. Au septentrion et presqu'en face de la Maison-Carrée, était bâti le couvent des Cordeliers, non loin duquel se trouvaient l'église de St-Laurent et le monastère des dames de Ste-Claire. Le temple de Diane servait de couvent aux dames religieuses de la Fontaine. A côté de l'Amphithéâtre étaient bâtis la tour dite *Vinatière* et le Palais présidial. Au sud-ouest, en dehors des remparts, était le couvent des Augustins, et au sud-est celui des Carmes. Ou entrait dans la ville par cinq portes : celles de la Couronne, des Carmes, des Lombards, de la Magdelaine, et celle de St-Antoine. Sur la place et en face de la porte de la Couronne, du côté de l'intérieur, avait été bâtie une colonne à l'occasion de la visite de François I.er, avec une salamandre au dessus, d'où il est advenu que cette place a conservé le nom de *Salamandre*. L'hôtel-de-ville se trouvait en face de la tour de l'horloge, d'où il fut transporté plus tard dans le local actuel, qui était auparavant la trésorerie. Le château du roi se trouvait situé vis à vis le couvent des Carmes, sur l'emplacement même où a été découverte la *porte romaine d'Auguste*. Charles VI le fi bâtir dans le 14.me siècle, et à cette époque les Arènes, qui avaient servi de cour aux vicomtes Nismois, furent abandonnées, et devinrent le repaire de la partie la plus pauvre de la population.

CHAPITRE III.

Etat valétudinaire de Viret. — Sa première prédication. — Consécration de Picheron et Rouger. — L'église des Observantins. — Agitation dans les esprits. — Edit de pacification. — Nombreuses conversions. — Nismes devient une seconde Genève. — Les protestans deviennent intolérans. — On leur cède deux églises. — Ils s'emparent de la cathédrale. — Fête de Noel.... et dimanche suivant. — La Cour fait rendre les églises. — Lettre de Viret à ce sujet. — Edit de St-Germain. — Soixante-dix pasteurs se réunissent en synode. — Pierre de Lasource. — Pierre d'Aspères. — Jacques de Chambrun. — Célébration de la fête de Pâques. — *Idem* de la Pentecôte. — Jeûne public. — Les cloches sont fondues et les couvens fermés. — Troisième édit de pacification. — Damville arrive à Nismes. — Peste. — Visite de Charles IX. — On bâtit deux temples. — Départ de Viret.

Pierre Viret était né à Orbe, ville du canton de Berne, en 1511; il exerçait déjà depuis quelque temps son ministère à Lausanne, au milieu d'un troupeau qui lui était sincèrement attaché, lorsqu'il fut appelé à le quitter contre son désir; nous le savons par une lettre qu'il écrivit, plus tard, au consistoire de Nismes, et dans laquelle il disait: « Le Seigneur m'a empoigné par la main, pour me mener, tout tremblant et à demi-mort, au milieu de vous, qui êtes les premiers du Languedoc entre lesquels j'ai fait résidence après mon départ de mon pays natal. »

Il arriva, en effet, à Nismes, le 6 octobre 1561, à peine convalescent d'une grave maladie, qui, selon ses propres expressions, « faisait ressembler son corps « à une anatomie sèche, couverte de peau, qui portait « là ses os pour y être ensevelis. » Aussi, les habitans de la ville qui le rencontraient dans les rues, disaient avec compassion : « qu'est venu faire ce *pauvre homme* « dans ce pays? si ce n'est pour y végéter et y mourir ¹. » — Et la première fois même qu'il monta en chaire, il entendit que plusieurs de ses auditeurs exprimaient tout haut la crainte qu'il ne tombât en défaillance, et ne pût achever son sermon.

Mais dans ce corps si frêle battait un cœur brûlant de zèle, et acquis sans réserve à la foi en Jésus-Christ. Sa voix même, quoique mélancolique et tremblante, était remplie de puissance pour émouvoir les âmes, et toucher salutairement les cœurs. — Huit mille personnes assistèrent, le lendemain de son arrivée, à la prédication de ce *pauvre homme*, et la force du Seigneur s'accomplit dans son infirmité.

Le 14 novembre suivant fut une belle fête pour l'église de Nismes. Pour la première fois, deux aspirans au saint ministère, prémices de l'école de théologie, Trophime Picheron et Jean Rouger, y reçurent, par l'imposition des mains, l'ordination apostolique ². Viret, qui présidait la cérémonie, y déploya, selon les écrits du temps, une telle onction jointe à une si grande éloquence, que beaucoup d'âmes furent angoissées sur leur état de misère spirituelle, et se demandèrent sérieusement devant Dieu : *que faut-il que nous fassions pour être sauvées?* (Act. xvi, 30.) Cette assemblée si nombreuse et si belle se tint dans la vaste

---

¹ Bayle; *Dict. hist. et critique.*

² Le premier fut envoyé à Bagnols, et le second desservit les églises d'Aujargues, de Congénies, de Clarensac et de Vergèze.

église des Observantins, située hors de la ville, près de la porte de la Magdelaine, dont les protestans s'étaient emparés depuis le 29 septembre, sans violence, comme sans effusion de sang, et que le consistoire avait décidé de garder, du moins pendant la saison rigoureuse de l'hiver, qui ne permettait plus de se réunir dans les enclos, tout en offrant aux catholiques de s'en servir en commun, ce que les moines refusèrent obstinément et avec mépris.

Ces collisions occasionnèrent nécessairement de l'agitation dans les esprits, et soulevèrent des sentimens réciproques de haine et de vengeance dans les cœurs ; aussi, les épithètes injurieuses de *huguenots* et de *papistes* s'échangèrent avec une vivacité extrême entre les membres des deux églises ; la paix publique en fut troublée à tel point, que, pour faire renaître la concorde, Charles ix publia un édit, par lequel il défendit à ses sujets de s'entr'injurier et de se provoquer en fait de religion, « sous peine de la hart, et sans aucun « espoir de grâce. » La punition était trop sévère pour qu'elle pût être rigoureusement appliquée, surtout planant, sans distinction, sur les membres de deux partis puissans, dont les prétentions mutuelles avaient pour appui, d'un côté le nombre, et par conséquent la force, et de l'autre le gouvernement, c'est-à-dire, la légalité. Aussi, quoiqu'il fût publié, à son de trompe, dans tous les carrefours de la ville, afin qu'aucun habitant ne le violât sous prétexte d'ignorance, il ne fut respecté par personne et ne produisit aucun des effets de pacification, en vue desquels il avait été conçu.

Tous les dimanches, à l'issue des prédications qui se faisaient, pour l'ordinaire, publiquement et sans entraves, dans un jardin du faubourg des Frères Prêcheurs, de nombreuses abjurations avaient lieu, en présence du consistoire, qui autorisait aussitôt les prosélytes à participer au sacrement de la sainte Cène. De ferventes prières étaient adressées, dans ces occasions solennelles, au Dieu trois fois saint ; des psaumes de reconnaissance étaient entonnés en chœur, et l'édit conciliateur qui parut à cette époque, par l'influence du chancelier de l'Hospital, devint une garantie de plus de sécurité pour l'exercice public d'un culte qui, s'il ne fut pas encore légalement reconnu libre par la loi, devint néanmoins, dès lors, l'objet d'une tolérance si visible, que les officiers royaux, les consuls et les gentilshommes n'hésitèrent plus à le fréquenter avec tous les membres de leurs familles.

Nismes devint donc, par cela même, une ville protestante, la seconde Genève, l'église chrétienne réformée la plus considérable et la plus florissante du royaume de France.

La prospérité est toujours une cause, si ce n'est d'aveuglement, du moins d'orgueil. La foi en Jésus-Christ, unique Sauveur des âmes, s'épure et grandit au creuset des épreuves, et même sous la croix des persécutions ; mais elle faiblit et chancelle dans l'enivrement du triomphe, comme à la suite d'une victoire remportée sur les ennemis qui lui font la guerre. — C'est ainsi que l'a voulu le Seigneur lui-même ; et les protestans de Nismes fournirent bientôt, par leur conduite, une preuve de plus de cette vérité. Aussitôt, en effet, qu'ils se virent en force ; ils ne tardèrent pas à devenir intolérans ; le son des cloches les incommoda, et ils sommèrent l'évêque Bernard-d'Elbène, qui avait succédé à Michel Briçonnet, de le faire cesser [1]. Sous prétexte que les prêtres étaient devenus inutiles, on menaça de les chasser et de s'emparer des églises ; une première tentative, pour se mettre en possession de la cathédrale, eut même lieu le 15 décembre, au moment où l'on y célébrait le service divin, et les catholiques n'en conservèrent, ce jour-là, la jouissance que parce qu'en échange ils cédèrent l'église des Augustins, située hors des remparts, entre la porte de la Couronne et la tour *Vinatière* [2], et celle de Ste-Eugénie, dans l'intérieur de la ville. Ces concessions, toutes libérales qu'elles étaient, ne satisfirent pourtant point les exigences, car plus on possède, plus on veut acquérir ; voilà pourquoi, le dimanche suivant, l'église Notre-Dame, cathédrale de Nismes, tomba au pouvoir des protestans. Voici avec quelles circonstances :

Sur les dix heures du matin, quelques enfans jouant sur la place St-Castor, furent attirés dans le vestibule de l'édifice, par la voix éclatante du prédicateur de l'évêque, qui déclamait avec violence contre l'hérésie et les hérétiques ; par suite de la légèreté de leur âge,

---

[1] *Regist. des délib. du consistoire* ; Menard, IV, 316.

[2] Cette Tour était située à côté des Arènes, sur l'emplacement qu'occupe aujourd'hui le Palais de justice. Elle fut appelée *Vinatière*, parce que, pour l'édifier, on imposa un tribut sur le vin.

ils se mirent aussitôt à le contrefaire, et lui lancèrent même, au grand scandale des auditeurs, une épithète méprisante. Quelques-uns de ces derniers, indignés de cette irrévérence, sortirent de l'église, les poursuivirent sur la place, et les frappèrent à coups de poing ; leurs cris et leurs sanglots attirèrent la foule qui sortait précisément du service divin que Viret venait de célébrer ; le tumulte devint aussitôt considérable, parce que des provocations imprudentes éclatèrent des deux côtés ; les seigneurs de Cardet et de St-Cosme, qui survinrent dans ce moment, entrèrent dans l'église, le peuple les y suivit en désordre ; l'évêque et son clergé, saisis de crainte à leur aspect, se retirèrent à la hâte, et cherchèrent un refuge dans les maisons du voisinage. Les protestans, maîtres de l'édifice, en brisèrent les images et en démolirent l'autel ; en sortant de là, ils se rendirent successivement dans les églises des Carmes, des Jacobins, dans l'abbaye des religieuses de la Fontaine et de Ste-Claire, et partout ils détruisirent les ostensoirs dans lesquels se trouvait exposée l'hostie consacrée, dont l'adoration était, selon leur croyance, une idolâtrie. Toutefois, les témoignages les plus authentiques s'accordent à constater que cette expropriation se fit sans sédition populaire et sans qu'aucun habitant reçût le moindre coup en sa personne, ni le moindre dommage dans ses propriétés. Seulement, l'évêque crut utile à sa sûreté personnelle de partir le lendemain, et de se réfugier à Arles [1].

---

[1] *Journal anonyme* cité par Ménard, IV, Pr. 3. — *Archives du présidial de Nismes* ; regist. du XV.e siècle.

Le jeudi suivant, 25 décembre, jour de Noel, Viret prêcha pour la première fois dans la cathédrale, avec une grande tranquillité, et cette fête solennelle de l'église fut signalée par l'abjuration publique que prononcèrent Louis de Montcalm, prieur de Milhaud et de Valabrègue, l'abbesse de Tarascon, et plusieurs religieuses de l'abbaye de St-Sauveur. — Le dimanche 4 janvier 1562, Guillaume Mauget y administra la sainte Cène dès cinq heures du matin, à la lueur des flambeaux ; à huit heures, Viret célébra un second service, et à chacun d'eux on compta de sept à huit mille communians, tant hommes que femmes, à la tête desquels marchèrent tous les membres du consistoire et les consuls, revêtus de leurs robes rouges et de leurs autres insignes municipaux [1].

Cette usurpation des églises était une violation flagrante de la loi ; aussi, la Cour, pour remédier à ces désordres, envoya-t-elle en Languedoc le comte de Crussol, escorté de Fumée, maître des requêtes, et de deux conseillers de la cour du parlement de Paris, lequel, étant arrivé à Villeneuve d'Avignon, écrivit à Montpellier qu'on lui envoyât deux conseillers présidiaux, deux consuls, deux bourgeois de la religion romaine, un ministre et un ancien de la religion réformée, pour leur faire connaître la volonté du roi, qui était que les protestans eussent à vider les églises sans conserver, en aucune manière, la prétention d'y rentrer de nouveau, mais qu'en même temps ils auraient la jouissance de tous leurs biens, et que personne ne les empêcherait

[1] *Hist. de Nismes* ; A Germain, II, 89 note.

de servir Dieu selon leur conscience et selon la forme accoutumée de leur service divin.

Pierre Viret, informé de ces circonstances, remit aux commissaires de retour de leur mission, une lettre particulière pour le colloque de Montpellier, dans laquelle on remarque les passages suivans :

« Puisqu'il est arrêté, pour le présent, qu'il faut rendre les temples et les armes, nous n'y pouvons contrevenir sans, premièrement, désobéir à Dieu et être tenus pour mutins, séditieux et rebelles, sans irriter grandement le roi et son conseil, et inviter M. de Crussol, lieutenant du roi, en ce fait, à user de force et de rigueur contre nous, au lieu qu'ils ont une bonne volonté de nous accommoder et nous tenir en leur sauvegarde et protection contre nos adversaires, car il n'est pas question du fait principal, mais de l'accessoire, vu qu'il ne nous est pas défendu de nous assembler et de faire tout ce qui appartient au vrai service divin, en nos assemblées, mais seulement d'occuper les temples, voire à telle condition que nous avons promesse que lieux commodes nous seront octroyés pour nous assembler, et ceci par autorité du roi, lequel point est bien à noter, car, jusques à présent, nos assemblées n'ont point été autorisées par l'autorité du roi, comme elles le seront à l'avenir........

« Pour cette cause, comme j'ai toujours, par ci-devant, exhorté mes auditeurs à obéir aux édits du roi, ce qu'ils peuvent faire, en obéissant à Dieu, et sans contrevenir à leur devoir et office ; ainsi, je les ai exhortés à faire le semblable en ce qui est maintenant requis de nous, vu que nous ne le pouvons refuser sans contrevenir à notre devoir et sans scandale, et sans mettre l'église et tous les fidèles en grand danger, et faire grandement réjouir nos adversaires, qui désirent plutôt notre rebellion, par laquelle nous leur pouvons ouvrir la bouche contre nous, que notre obéissance, par laquelle nous la leur pouvons clore [1]. »

Ces conseils furent entendus et suivis, puisque, le 22 janvier suivant, ainsi que le prescrivait la volonté du roi, les clefs de toutes les églises furent remises entre les mains du juge criminel, et l'on recommença, un mois après, à prêcher comme auparavant, hors des remparts, c'est-à-dire, dans la grande école de théologie, dans la vieille cour ordinaire du faubourg des Frères Prêcheurs, et à l'Hôtel-Dieu ; l'édit publié à St-Germain en Laye, défendant expressément, dans son article troisième, de s'assembler sous aucun prétexte, de jour ou de nuit, dans l'enceinte des villes.

Cet édit, quoiqu'il modifiât en beaucoup de points celui du 31 juillet de l'année précédente [2], laissa cependant de telles inquiétudes dans l'esprit de tous les pasteurs, que quelques-uns d'entre eux furent députés à St-Germain, pour s'entendre avec le chancelier Bourdin, sur l'interprétation de quelques ambiguités. Après cet entretien, ils écrivirent en commun une lettre aux églises, avec leur avis, sur l'exécution des principales clauses de l'édit [3].

[1] Th. de Bèze ; *Hist. eccl.*, I, 557, 558.
[2] *Vid.* cet édit : Th. de Bèze ; *Hist. eccl.*, I, 294.
[3] *Idem*, I, 428.

Ce fut principalement pour prendre connaissance de ces deux pièces importantes, et pour s'en entretenir fraternellement, que soixante-dix pasteurs du Bas-Languedoc se réunirent à Nismes le 2 février suivant. Les conférences durèrent neuf jours consécutifs, et, avant de les terminer, ils soumirent aux épreuves prescrites par la discipline ecclésiastique quatre jeunes proposans qu'ils déclarèrent aptes à recevoir l'imposition des mains, et que Viret consacra au saint ministère en leur présence; après quoi ils furent chargés d'évangéliser les fidèles de Cardet, Lézan, Langlade, Nages et Soulorgues.

A cette époque, trois nouveaux pasteurs furent successivement appelés à Nismes : Pierre de Lasource, Pierre d'Aspères et Jacques de Chambrun, ce qui en porta le nombre à cinq.

Jacques de Chambrun, arrivant de Genève, monta pour la première fois en chaire le 29 mars 1562, jour solennel de Pâques. L'assemblée, composée de plus de douze mille personnes, s'était réunie, vu l'insuffisance de tout local particulier pour la contenir, dans le fossé de la ville, allant de la porte des Carmes à celle de la Couronne; la chaire était placée au fond, adossée aux remparts, et les auditeurs se trouvaient en face, établis en gradins sur la descente du fossé; pour se garantir des rayons du soleil, ils avaient tendu des toiles attachées aux creneaux de la muraille du côté de la ville, et à des arbres de haute futaie qui se trouvaient du côté des Calquières, ce qui faisait tellement ressembler cette immense réunion à un camp retranché, que le comte de Crussol, qui vint à passer, éprouva à son aspect de sérieuses alarmes. Mais en ce moment ces hommes n'étaient en révolte spirituelle que contre Dieu, et c'était pour faire la paix avec lui qu'ils venaient en ce lieu participer ensemble au sacrement de la sainte Cène. Cette cérémonie auguste, dans sa simplicité, allait commencer, le pasteur officiant avait déjà lu les paroles liturgiques qui en précèdent la célébration, lorsque tout à coup l'image du soleil s'étant triplement réfléchie dans un nuage, le plus beau et le plus étonnant parélie attira tous les regards stupéfaits, et, comme en même temps l'arc-en-ciel apparut sur l'horizon et s'y montra plus d'une demi-heure, le peuple, qui ignorait la cause de ces phénomènes astronomiques, en conçut aussitôt une crainte superstitieuse, et se retira avec promptitude et en désordre, regardant ces signes célestes comme l'indice d'une grande persécution [1].

Cependant cette terreur panique se dissipa bientôt, puisque, contrairement à l'édit du 17 janvier 1562, les consuls décidèrent que les églises seraient données de nouveau aux réformés. « Le 13 mai, en effet, on tint les « assemblées au collége ; le 14 on se réunit, au son de la « cloche, à Ste-Eugénie ; enfin, le 17, la fête de la Pen- « tecôte fut célébrée dans la cathédrale [2] », où le pasteur Mauget évangélisa un immense auditoire, avant de lui distribuer *le pain de Dieu qui est descendu du ciel, et qui donne la vie au monde* (Jean, VI, 6, 33).

Le 3 juin suivant, on y célébra un jeûne public,

---

[1] *Journal anonyme*: Ap. Ménard, IV. — *Journal de Balthazard Fournier*. — A. Germain ; *Hist. de Nismes*, II, 93.

[2] *Idem*.

avec humiliation extérieure et avec prières, à l'occasion du massacre commis à Vassy, le 2 mars précédent, par le duc de Guise, qui, à la tête de deux cents hommes armés d'arquebuses, pistolets et coutelas, avait fait cerner une grange dans laquelle étaient assemblées mille à douze cents personnes, tant hommes que femmes et enfans, pour ouïr la parole de Dieu paisiblement et sans armes, et les avait fait passer au fil de l'épée, de telle sorte que cette ville, après avoir été arrosée de sang, retentit pendant une journée tout entière des cris des blessés et des plaintes de quarante-deux pauvres veuves chargées d'une quantité triple de malheureux orphelins [1].

Ce terrible événement, s'il ne justifie pas, fait au moins connaître la cause des mesures de rigueur que le conseil de la ville de Nismes prit à cette époque, au sujet des catholiques et surtout du clergé ; il ordonna, en effet, que les cloches des couvens seraient apportées à la maison de ville, et ensuite fondues pour en faire des pièces d'artillerie, et que les couvens qui ne renfermaient aucun ou presque point de cénobites, seraient loués au profit du roi [2]. De plus, les reliquaires furent mis en vente, et, le samedi 31 juillet, selon le *Journal de Jean Deyron* : « fust crié à Nismes, que tous prestres ne se voulant joindre à l'église, eussent à vuider la ville. » Ces faits, tout dignes de blâmes qu'ils se trouvent, établissent du moins, sans contestation, la supériorité du nombre des réformés sur celui des

---

[1] Th. de Bèze ; *Hist. eccl.*, I, 453.
[2] *Archives de l'Hôtel-de-Ville de Nismes.*

catholiques, quoique les documens manquent pour le déterminer par des chiffres exacts.

Au milieu de ces conflits sans cesse renaissans sur tous les points du royaume, Charles ix sentit la nécessité d'empêcher que le feu des haines religieuses s'enflammât avec plus d'intensité. Il publia un troisième édit de pacification, daté d'Amboise le 19 mars 1563, par lequel il était permis à chacun de vivre et demeurer en sa maison librement, sans être recherché ni molesté, forcé ni contraint pour le fait de sa conscience.

A cette époque, le filleul de Henri ii, Damville, second fils du connétable Anne de Montmorency et de Magdelaine de Savoie Tende, qui, après la mort de son frère aîné, en 1579, prit le nom de Henri de Montmorency, obtint le gouvernement du Languedoc, quoique à peine âgé de vingt-neuf ans. Après s'être fait recevoir au parlement de Toulouse, en sa qualité de gouverneur, il sortit de cette ville pour parcourir les provinces ; il arriva à Nismes avec un cortége d'évêques et deux commissaires royaux ; il y entra l'épée à la main, arbora le drapeau sur les remparts, comme si la ville avait été prise d'assaut, et désarma les habitans avec une extrême rigueur. Il rétablit la religion catholique, réintégra les ecclésiastiques dans leurs fonctions, et fit rendre les couvens à leurs premiers possesseurs. La sévérité avec laquelle il traita partout les protestans, et l'interprétation arbitraire qu'il donna aux édits, le rendirent odieux dans la province : un ministre nommé *Mouton*, ayant osé monter en chaire à Uzès, et prononcer quelques invectives contre lui, le maréchal le fit pendre sur-le-champ. Si quelques villes ou communautés témoignaient la plus légère opposition à ses volontés, il laissait vivre à discrétion, sur leur territoire, les Albanais et les Esclavons, dont il était toujours accompagné [1].

Mais la cité orageuse, rendue forcément au repos par la répression des troubles intestins, ne tarda pas de nouveau à être désolée par un fléau commun émané de la main de Dieu lui-même, pour amener tous les cœurs à l'humiliation et à la repentance. La peste se déclara dans le mois de juillet 1563 : c'était pour la quatrième fois qu'elle vint porter la désolation dans la ville [2]. Comme à l'époque des atteintes précédentes, les gens aisés prirent la fuite, les pauvres moururent abandonnés dans les rues; les portes des couvens furent fermées, et les moines, quoique alors en fort petit nombre, firent de grands feux dans les cours pour chasser le mauvais air; les juges suspendirent l'exercice de la justice, et se sauvèrent aux champs; des quartiers entiers furent isolés, et les morts enterrés pèle et mêle [3]. Pour éviter l'action contagieuse du fléau, les catholiques suspendirent le sermon, et invitèrent les protestans à suspendre le prêche. Ceux-ci refusèrent; aussi, le plus grand nombre des morts fut parmi eux [4]. De telle sorte qu'un voile de deuil couvrit toutes les

[1] *Notice sur Damville*; par A. Savagnier.
[2] La première atteinte avait eu lieu en 1448, la seconde en 1455, et la troisième en 1459.
[3] Ménard; *Histoire de Nismes*, 30.
[4] A. Germain; *Histoire de l'église de Nismes*, II, 106.

têtes qui ne se regardaient naguère que pour se défier en parlant de vengeance.

A la douleur et aux alarmes, succédèrent les fêtes. Charles IX arriva à Nismes le 22 décembre 1564 : son entrée ressembla à un triomphe ; les mains de tous les habitans, sans distinction de culte, s'unirent pour élever au devant de la porte de la Couronne une montagne fendue qui s'ouvrit à son approche, et dans laquelle il trouva deux demoiselles de haute maison qui lui récitèrent des vers et lui offrirent les clefs de la ville, et pour construire, de plus, un crocodile monstrueux qui vomissait des flammes, et que six hommes placés dans son ventre faisaient mouvoir (c'était la mise en scène de la médaille romaine qui sert encore d'armoiries à la ville). — D'autres embellissemens furent ajoutés à ceux-là...... Ainsi, le tour de la Salamandre fut garni de feux d'artifice, et à l'arbre du plan du Collége fut adossée une fontaine de laquelle coula du vin mêlé avec de l'eau [1].

Le roi, logé à l'évêché, reçut les diverses corporations de la ville ; le consistoire fut admis après les consuls ; il exposa les besoins de l'église, protesta de sa fidélité au gouvernement de sa majesté, et obtint l'autorisation de bâtir *deux* temples.

Les emplacemens furent bientôt choisis et achetés, le premier en dehors de la porte de la Magdelaine, et le second sur la place de la Calade, tout près de la Maison-Carrée. Le terrain fut déblayé avec tant de

[1] *Journal de Balthazard Fournier* ; Ap. Ménard, IV, p. 11.

promptitude, les matériaux furent réunis avec tant de célérité, les ouvriers se mirent à l'œuvre avec une si active vigilance, que, le président de Calvière ayant posé la première pierre de l'édifice du faubourg, le 27 juin 1565, la dédicace solennelle, avec actions de grâces, put en être faite le 26 janvier de l'année suivante, au milieu de la population tout entière, dont l'entassement sur un espace si étroit occasionna nécessairement une grande confusion [1].

Celui de la Calade, à cause de ses dimensions et de son élégance, fut construit plus lentement et avec plus de soin. On peut encore juger de son étendue, puisque, la façade se trouvant sur la place elle-même, il avait deux portes latérales, une au midi dans la rue de la Magdelaine, l'autre au nord dans la rue de la Colonne.

A cette époque, Guillaume Mauget fut nommé principal du collége, et Viret, exténué de fatigue, croyant sa chère église de Nismes à l'abri de nouveaux malheurs, retourna dans sa patrie, où il mourut en 1571, à l'âge de soixante ans, pleuré de ses amis, et dans la paix du Seigneur. — Les deux pasteurs qui les remplacèrent, furent Pierre d'Airebaudouze [2], et Simon Compagnon.

---

[1] A. Germain; *Histoire de Nismes*, II, 108 (note). Registre du consistoire qui la rectifie.

[2] Ce pasteur était de Nismes : il avait assisté aux premières assemblées religieuses de 1551, et avait été condamné, à cette époque, par le parlement, et exécuté en effigie. Il se retira à Genève, où il étudia la théologie.

CHAPITRE IV.

Réaction du 30 septembre 1567, jour de la St-Michel. — Son origine. — Ses détails. — On veut démolir la cathédrale. — Conduite des quatre pasteurs. — Efforts du consistoire. — Arrêt du parlement de Toulouse, 1568. — Maison de Pierre Lhermite. — Mauget et Chambrun échappent à la mort. — Le temple de la Calade est brûlé. — Rentrée des protestans fugitifs. — Nouveaux troubles. — La présence de Henri de Béarn les fait cesser. — Synode provincial de 1571. — Synode national tenu à Nismes en 1572. — Théodore de Bèze y assiste. — Détails biographiques sur ce docteur. — La St-Barthélemi 24 août 1572. — Edit de pacification de Henri III. — Sa révocation. — Raymond Cavalési et Jean de Serre. — Avènement de Henri IV au trône. — Edit de Nantes, 13 avril 1598.

La trève occasionnée par le passage de Charles IX à Nismes, fut de courte durée ; une journée de sang se préparait ; journée de réaction terrible, qui a servi depuis lors, aux ennemis de la réforme religieuse du 16.me siècle, de motif pour la flétrir devant toute la chrétienté. Nous la décrirons avec calme et impartialité, si ce n'est dans tous ses détails, du moins dans son ensemble, après avoir passé en revue les évènemens antérieurs qui en préparèrent l'arrivée.

Par l'édit d'Amboise (1563), le roi s'étant attribué le pouvoir de nommer à toutes les places de la magistrature, le protestans, quoique les plus nombreux, les plus influens et les plus instruits, en furent exclus sans exception ; en outre, l'ancien privilége que les habitans de Nismes possédaient, de temps immémorial, d'élire eux-mêmes le consulat, fut détruit, et le premier consul, nommé par lettres-patentes, s'établit dans le château royal, et se fit garder par une troupe nombreuse. Des réclamations fréquentes furent adressées aux conseillers de la couronne, et restèrent sans résultat pendant quatre ans. — De plus, une collision ouverte, qui s'était élevée entre les membres de deux familles influentes de la ville, celle des Albenas, catholiques, et celle des Calvière, protestans, les avait rendus ennemis tellement irréconciliables, qu'ils ne respiraient, les uns et les autres, qu'après le moment d'en venir aux mains. — Enfin, les massacres de Cabrières en Provence, de Vassy en Champagne, et de Tours, avaient tellement aigri les esprits et irrité les cœurs, qu'ils cherchaient, tous les jours, des prétextes pour user de représailles.

D'ailleurs, pourquoi ne le dirions-nous pas, puisque là seulement se trouve, selon nous, la cause véritable de l'égarement et des crimes qui eurent lieu dans cette circonstance; la plupart des réformés de Nismes avaient changé d'*église*, ils avaient *protesté* contre les croyances traditionnelles des catholiques romains; ils ne voulaient ni processions, ni adoration d'images, ni culte de la vierge Marie et de la croix; mais avaient-ils réellement embrassé la doctrine évangélique par le cœur? En d'autres termes, étaient-ils devenus *véritablement chrétiens?* Et ces dogmes divins de la corruption du cœur, des secours de la grâce, de l'expiation des péchés par le sang de Christ, et de la sanctification par le St. Esprit, si clairement enseignés par la parole de Dieu, et consignés d'une manière si précise dans leur *confession de foi*, constituaient-ils bien réellement leur foi, la vie intérieure de leur âme, l'objet de leur constante méditation, et le guide de leur conduite extérieure ? Ah ! de même que, sous l'ancienne loi mosaïque, tous ceux qui portaient le nom d'israélites n'étaient pourtant point d'Israël (Rom., IX, 6), de même, tous ceux qui portaient le nom de *protestans* n'appartenaient point réellement à la réforme, qui, n'étant autre chose que la religion de l'évangile ramenée à sa pureté native, exige, par cela même, de tous ceux qui la professent avec conviction, une foi entière en Jésus-Christ, opérante par la charité et par la sanctification (Galat., 5, 6) : ce qui le prouve, c'est que, malgré les prières de leurs pasteurs, les efforts du consistoire, qui, dans cette circonstance, montra une énergie peu commune, les larmes et les supplications des chrétiens fidèles qui formaient alors, comme toujours et partout, un *petit troupeau* vivant dans l'humilité et dans l'abnégation de soi-même, ils se livrèrent à des excès coupables, que, après ces réflexions préliminaires qui tendent, non pas à les excuser, encore moins à les justifier, mais à en faire connaître l'origine, nous allons raconter sans aigreur et sans partialité.

C'était le 30 septembre 1567, second jour de la foire de St-Michel, qui avait amené beaucoup d'étrangers dans la ville ; dans la matinée, quelques soldats de la garnison ayant rencontré hors des remparts une jardinière qui apportait ses légumes au marché, sans autre motif que celui de satisfaire leur penchant pour l'exaction et le désordre, si communs dans ces temps de troubles et de relâchement de discipline militaire, après l'avoir grossièrement insultée, peut-être même battue, s'emparèrent avec violence de son jardinage, et le foulèrent aux pieds. Ses réclamations énergiques et ses cris aigus attirèrent aussitôt tous les habitans du voisinage. Un rassemblement nombreux se forma ; tous les paysans qui arrivaient encore à la foire, de ce côté de la ville, l'augmentèrent. Il y régna bientôt une grande confusion, occasionnée par la vivacité des injures et les gestes menaçans dirigés contre ces instrumens de la force publique, qui, au lieu de faire respecter les propriétés, donnaient, les premiers, le dangereux exemple de s'en emparer avec injustice, quand tout-à-coup une voix éclatante, dominant le tumulte, s'écria avec fureur : aux armes ! tue les papistes ! monde nouveau ! Ce fut le signal d'une violente émeute.

Des centaines d'hommes, en effet, sortirent bientôt de leurs maisons, où ils étaient allés, en courant, chercher leurs armes, et se réunirent sur la place publique. Le premier consul, nommé Gui-Rochette, essaya de les faire rentrer dans l'ordre et dans l'obéissance due à la loi ; mais sa voix fut méconnue et son autorité méprisée ; il dut même se dérober à leur vengeance, car, comme nous l'avons déjà dit, la place qu'il occupait, étant regardée comme une usurpation faite aux droits qu'avaient les habitans, était l'un de leurs griefs principaux contre le gouvernement du roi. Il se retira chez l'évêque Bernard d'Elbène, qui, apprenant de sa bouche les dangers auxquels son siége épiscopal était exposé, s'écria avec résignation : « Voici donc l'heure du prince des ténèbres ; que le saint nom du ciel soit béni ! » Après quoi, se mettant à genoux au milieu de ceux qui l'entouraient en ce moment dans son palais, il pria avec larmes comme s'attendant au martyre.

Dans cet instant, une compagnie de bourgeois armés, sous la conduite d'un capitaine, se présenta au devant de la porte, et menaça de la briser, si l'on ne l'ouvrait sans retard. Avant que cet ordre impérieux fût exécuté, l'évêque eut pourtant le temps de se sauver dans une maison voisine, en sortant par la petite porte de son jardin, située dans la rue du chapitre.

Le premier consul et son frère affrontèrent seuls l'orage avec calme et intrépidité ; ils furent faits prisonniers, et conduits, sous bonne escorte, rue des Greffes, dans la maison de Pierre Lhermite.

Ce fut alors que le président de Calvière, au lieu d'user de son influence, comme magistrat, pour exercer un ministère de paix et de réconciliation, excita, au contraire, ses partisans à la vengeance contre ses ennemis personnels. L'évêché fut pillé, le vicaire-général tué ; on saccagea la cathédrale, on en brûla les archives sur la place St-Castor ; on arrêta un grand nombre de moines et de prêtres qu'on enferma à l'Hôtel-de-Ville [1], et qu'on destina à la mort. — Cette mort

[1] Il était alors situé rue de l'Horloge. En 1699, cette maison consulaire ayant été cédée aux religieuses de Notre-Dame-du-Refuge, on acheta celle de la Trésorerie, sous la mairie de Monclus, pour y établir l'Hôtel-de-Ville. C'est là qu'il est actuellement.

fut cruelle, horrible, puisque les cadavres, traînés dans les rues, n'eurent d'autre sépulture qu'un puits vaste et profond, qui se trouvait dans la cour de l'évêché. — L'évêque lui-même ne dut la conservation de sa vie qu'au dévouement d'un protestant nommé Jacques Coussinal, qui le prit sous sa protection, et qui, aidé du capitaine Bouillargues, le fit sortir de la ville, après qu'il eut payé une rançon de cent écus.

L'esprit d'aveuglement fut porté jusqu'au délire : on essaya de démolir le clocher de la cathédrale, en le sapant par sa base, sans songer seulement que sa chute écraserait les travailleurs.

Au milieu de ces cris, de ce tumulte et de ce sang, que firent les pasteurs, Guillaume Mauget, Jacques de Chambrun, Pierre d'Airebandouze et Simon Compagnon? Revêtus de leurs robes pastorales, et la parole de Dieu à la main, ils se présentèrent aux factieux, pour diminuer leur rage. Aidés des membres du consistoire, ils opposèrent une digue au torrent débordé; aussi sauvèrent-ils plus d'une victime ; ce qui le prouve, c'est qu'un historien catholique, qui a eu le courage de consulter toutes les pièces et de rapporter tous les détails qui concernent ce déplorable événement, dit en propres termes : « Il ne faudrait pas, néanmoins, regarder le consistoire comme complice de ces massacres. On lit dans le registre de ses délibérations, que, le 1.er octobre, il envoya le ministre Chambrun et un diacre exhorter les chefs à mettre fin à leurs violences, et que, le 19 novembre, il força Gabriël Prades à restituer la part qu'il s'était appropriée dans la rançon de l'évêque.

On aime à voir un peu de conscience et de charité percer au milieu d'aussi déplorables excès [1]. »

Ces excès furent, en effet, et sont encore déplorables ; mais les suites, hélas ! prouvèrent avec trop d'évidence que la conscience des catholiques était sous l'empire de la vengeance, plutôt que sous celui de la charité. Dans ces temps de guerres religieuses, ce qui manquait évidemment aux deux partis en présence, c'était l'esprit de véritable *religion* ; car jamais le Seigneur Jésus-Christ n'a eu de plus mauvais disciples sur la terre que ceux qui ont porté sa croix ou son évangile à la main, pour persécuter et pour détruire, quelle que soit d'ailleurs l'église visible à laquelle ils aient appartenu. — Protestant du 19.e siècle, nous savons jeter un blâme sévère sur les fautes de nos coreligionnaires du 16.e, et nous n'acceptons leur héritage que sur inventaire de leur dévouement et de leurs vertus ; mais, de même que ce n'est qu'au milieu des ténèbres de la nuit que les étoiles brillent et scintillent, de même, au milieu de ces désordres, beaucoup d'âmes chrétiennes durent être saisies de tristesse et navrées de douleur ; des larmes abondantes durent baigner la figure de beaucoup de protestans *chrétiens*, à la vue de l'égarement de leurs frères *incrédules*, et beaucoup de prières ferventes durent monter de la terre au ciel, pour demander grâce pour ces pauvres et malheureux pécheurs, *qui ne savaient alors de quel esprit ils étaient animés* (Luc, IX, 55). S'il n'en avait pas été ainsi, Dieu,

---

[1] A. Germain ; *Hist. de l'Eglise de Nismes*, II, 121.

qui a défendu la vengeance, disant, par la bouche de St. Paul : *Ne vous vengez pas vous-mêmes, mes bien-aimés, mais laissez agir la colère de Dieu ; car il est écrit : à moi appartient la vengeance ; je la rendrai, dit le Seigneur* (Rom., xii, 19 ; Lévitiq., xix, 18), aurait certainement abandonné ce peuple de rebellion, et il se serait éteint sous le souffle impétueux des persécutions dont ces premiers excès furent, non pas la cause, mais du moins le motif.

Toutefois la justice humaine fut plus inexorable que celle de Dieu ; elle dut même l'être ; car, comme celle-ci, elle ne tient pas compte du repentir. Le parlement de Toulouse, sur un ordre du roi, du 19 décembre 1568, instruisit le procès des coupables, et, trois mois après, rendit un arrêt par lequel plus de cent chefs de famille furent condamnés à subir une mort infamante, après avoir été promenés sur un tombereau dans toutes les rues et carrefours de la ville ; leurs biens furent confisqués, et leur valeur consacrée soit aux réparations de la ville, soit à la reconstruction de la cathédrale. La maison de Pierre Lhermite, dans laquelle on avait renfermé les prisonniers, fut rasée à fleur de terre, et une colonne de pierre fut élevée sur son emplacement [1].

Cependant, presque tous les condamnés ayant pris la fuite, échappèrent de la sorte à la mort ; de ce nombre

---

[1] Regist. du parlement de Toulouse. — En entrant dans la rue des Greffes, du côté du collége, on trouve à main droite un jardin ; c'était l'emplacement de la maison de Pierre Lhermite, démolie le 18 mars 1568, par arrêt de ce parlement.

furent les pasteurs Mauget et de Chambrun, qui devinrent ainsi victimes d'un événement qu'ils avaient essayé d'arrêter aux dépens de leur propre vie; ils ne rentrèrent à Nismes que deux ans après, lors de la paix générale de 1570.

Les catholiques profitèrent de cette émigration forcée de tant de familles prépondérantes, pour se rendre maîtres de la ville, et pour user aussitôt de représailles. Le dimanche 5 septembre 1569, ils se rendirent, en effet, au temple de la Calade, entre onze heures et minuit, et, après avoir fait crier à son de trompe qu'aucun religionnaire n'eût à sortir de sa maison sous peine d'être mis en pièces [1], ils en forcèrent les portes, brisèrent les bancs et la chaire, et y mirent le feu. L'édifice entier aurait été consumé par les flammes, si les catholiques du voisinage, craignant que l'incendie n'envahît leurs propres maisons, n'étaient venus en arrêter eux-mêmes les progrès, en l'étouffant à sa naissance.

A cette nouvelle, les fugitifs prirent la résolution de se ressaisir de la ville. Partis d'Anduze le 14 novembre, ils campèrent à Nismes près de la Fontaine, sur un terrain complanté d'oliviers, dans la nuit du 15. Le capitaine Nicolas de Calvière, seigneur de St-Côme, les conduisait. Ne pouvant s'introduire dans la place par la force, il eut recours à la ruse. Par ses ordres, un charpentier de Calvisson, nommé Maduron, fit sauter une grille de fer placée non loin de la porte de la Bouquerie, et à travers de laquelle passaient les

---

[1] *Journal de Balthazard Fournier* : Ap. Ménard, IV, pr. 12.

eaux de la Fontaine pour se rendre dans le canal de l'Agau[1]. Trois cents soldats pénétrèrent, par cette ouverture, dans la ville, qui, quoiqu'elle fût remplie de catholiques et activement gardée, se rendit sans faire la moindre résistance. Plusieurs actes d'oppression et de violence signalèrent ce retour; mais ce qui contribua à les faire cesser fut l'arrivée du jeune Henri de Béarn, qui séjourna quelque temps à Nismes pour le rétablissement de sa santé.

Aussi, à la pacification de St-Germain-en-Laye, publiée l'année suivante 1570, sur les exigences de Maximilien II, empereur d'Autriche, avec la fille duquel Charles IX allait se marier, et qui, par cette raison, fut nommée *paix boiteuse* ou *mal assise*, on vit, à Nismes, les hommes des deux religions rivales tomber dans les bras les uns des autres, se promettant support et tolérance réciproques ; les églises et le temple furent restaurés à frais communs, les deux cultes se célébrèrent en liberté et sans alarmes, les consciences ne furent plus opprimées, et cet heureux calme, après un orage si terrible, permit de cicatriser les plaies que la guerre civile avait si profondément ouvertes dans tous les cœurs.....

Les protestans de Nismes profitèrent de cette trêve pour s'occuper activement de leurs affaires religieuses. Un synode provincial y fut convoqué, dans ce but, en 1571 : il élabora avec soin les questions d'intérêt général qui devaient être débattues et décidées par le

---

[1] A. Germain, *Histoire de l'église de Nismes*; II, 150.

huitième synode national, qui s'y réunit le 2 mai de l'année suivante, auquel tous les synodes provinciaux du royaume envoyèrent des députés. Jean de la Place en fut nommé président. Cette réunion d'hommes instruits et pieux fut honorée de la présence de Théodore de Bèze.

Ce célèbre historien des églises réformées, que ses coreligionnaires avaient déjà nommé le *Phénix de son siècle*, parce qu'il était devenu, selon le témoignage de Bayle, l'un des principaux pilliers de la réforme, était né à Vezelai dans le Nivernais, le 24 juin 1519, au même lieu où St. Bernard avait prêché la seconde croisade. Appartenant à une famille riche et noble, il avait été destiné à l'état ecclésiastique, et, à l'âge de vingt-cinq ans, quoique cependant il n'eût pas encore pris les ordres, il se trouvait déjà possesseur de deux ou trois riches bénéfices. Mais, imbu des principes de la réformation par Melchior Wolkmar de Rothveil, jurisconsulte et helléniste, qui professa plusieurs années à Orléans et à Bourges, il profita des réflexions sérieuses qu'il avait faites, pendant une grave maladie, sur les moyens de sauver son âme, pour se rendre à Genève en 1548, et y abjurer le catholicisme, *ainsi qu'il l'avait promis à Dieu*, comme il le dit lui-même, *depuis seize ans*. Après son changement de religion, il fut nommé professeur de grec à Lausanne, d'où il partit, l'année suivante, pour aller occuper à Genève la place de recteur de l'académie qui venait d'y être fondée par les soins de Calvin, dont il devint l'ami intime. L'éclat de son talent et son éloquence fixèrent sur lui l'attention de l'Europe politique et lettrée ; le colloque de Poissy, auquel il fut appelé avec Pierre Martyr et dix autres théologiens de la réforme, vint angmenter encore sa célébrité.

Le jour de son ouverture, Bèze et ses collègues, avant d'exposer leur doctrine, tombèrent à genoux, et il récita à haute voix cette fervente oraison, qui est restée parmi nous comme un monument précieux de la foi de nos pères, sous le nom de *confession des péchés*, que chaque pasteur prononce tous les dimanches, en commençant le service divin. Après ce colloque, dont l'issue fut sans résultat, il exerça son ministère à Paris pendant un an, et se distingua, dans toutes les occasions, par la ferveur de son zèle. Il assista à la bataille de Dreux, en 1563, comme ministre de l'armée ; immédiatement après il revint reprendre sa place à Genève, où, après la mort de Calvin, le 27 mai 1564, il fut nommé tout d'une voix modérateur ou président de la compagnie des pasteurs. Il s'occupa alors de travaux littéraires, scientifiques et religieux, et c'est à lui que nos églises doivent la première traduction en vers français des psaumes de David, que Clément Marot mit en musique.

Déjà rappelé en France pour assister au synode national de la Rochelle, en 1571, dont il fut nommé président, il le fut de nouveau eu 1572, pour assister à celui de Nismes.

Il arriva dans cette ville le 2 mai avec plusieurs de ses collègues de Genève, et il y prêcha, dans le grand temple de la Calade, un sermon qui dura deux heures, et qui servit autant à l'instruction des pasteurs du synode, qu'à l'édification du troupeau[1]. Pendant les conférences, il concourut à repousser les innovations que Jean Morel cherchait à introduire dans la discipline des églises.

Si l'orage était apaisé à Nismes, il se préparait à éclater ailleurs plus terrible et plus dévastateur que jamais. L'heure des massacres de la St-Barthélemi allait sonner.... Elle sonna, en effet, dans la matinée du 24 août 1572, et des flots de sang arrosèrent le sol de la France. Mais, à Nismes, les catholiques, qui ne partageaient pas l'atroce frénésie des ligueurs, n'attaquèrent point les protestans, quoiqu'ils en eussent reçu, comme partout, l'ordre positif et impérieux. Leur faiblesse numérique en fut-elle la cause ? C'est possible. L'influence des hommes en place y contribua-t-elle pour beaucoup ? C'est plus probable, puisque nous voyons le consul Villars réunir les habitans, les exhorter à la clémence et au pardon réciproque, et que nous trouvons à ses côtés Bernard du Luc, vicaire-général de l'évêque, s'associer à ses efforts, et joignant ses prières au langage de la raison : aussi leur mémoire doit-elle recevoir les bénédictions de tous les amis de la paix et de l'évangile[2].

[1] *Journal de Balthazard Fournier*.

[2] Nismes ne fut pas la seule ville de France où les massacres de la St-Barthélemi ne furent point exécutés ; c'est ainsi qu'à Valence, Claude Savoie de Tende, qui commandait le Dauphiné, répondit à Boniface de la Molle, qui vint lui signifier les ordres du conseil secret : « De tels ordres ne peuvent émaner de Sa Majesté, et n'ont pu être imaginés que

Les années qui suivirent furent calmes, sans froissement ni alarmes ; l'édit de pacification que donna Henri III, le 14 mai 1576, en fut une des causes prin-

par les ennemis du trône et de la tranquillité publique, qui prostituent le nom du roi pour satisfaire leurs passions. » Cette réponse si énergique lui coûta la vie, puisque, peu de temps après, il succomba à Avignon, victime du poison. — Le vicomte d'Orte, gouverneur de Bayonne, déploya le même courage, et subit la même punition : « Sire, écrivit-il au roi, j'ai communiqué les commandemens de Sa Majesté à ses fidèles habitans et gens de guerre de la garnison. Je n'y ai trouvé que bons citoyens et braves soldats, et pas un bourreau : c'est pourquoi eulx et moy supplions très-humblement Votre Majesté de vouloir employer nos bras et nos vies en chozes possibles. Quelque hasardeuses qu'elles soient, nous y mettrons jusques la dernière goutte de notre sang. » — En Auvergne, le gouverneur Saint-Héran, et à Dijon, le commandant Charny, imitèrent le généreux refus du comte de Tende et du vicomte d'Orte. — A Mâcon, le gouverneur de La Guiche, pour sauver les protestans, les fit mettre en prison, où, sous sa garde spéciale, ils se trouvèrent en lieu de sûreté. — L'histoire doit, en outre, conserver encore les noms suivans, qui, par leur héroïque résistance aux ordres du conseil secret, sauvèrent, dans quelques cités, dans quelques provinces, une population injustement proscrite : Sinagues à Dieppe ; le comte de Garces en Provence ; le premier président du parlement de Grenoble ; le président Jeannin, de Dijon ; Villars, à Nismes ; le maréchal de Matignon, à Alençon ; de Rieux, à Narbonne ; Curzaï, à Angers ; Bouillé, en Bretagne ; Hennuyer, évêque à Lizieux ; tous les Montmorency, dans leurs domaines ou dans les villes où ils commandaient. — Salignac Fénélon, alors ambassadeur à Londres, avait reçu l'ordre de justifier ces massacres auprès de la reine Elisabeth. Il répondit au roi Charles IX :

cipales : malgré qu'il fût révoqué l'année même de sa promulgation, il n'en résulta ni violences, ni effusion de sang. Deux hommes éminens, un évêque et un pas-

« Sire, je deviendrais coupable de cette terrible exécution, si je tâchais de la colorer. Votre Majesté peut s'adresser à ceux qui la lui ont conseillée. » L'ambassadeur fut menacé d'un châtiment sévère. — A Paris même, quelques traits de courage et d'humanité vinrent rompre l'épouvantable monotonie des horreurs qui se commirent pendant quatre journées consécutives. Mille hommes de la garde bourgeoise devaient se rendre au faubourg St-Germain, sous les ordres de Maugiron, favori du duc d'Anjou ; ils devaient commencer l'extermination des protestans par ceux qui habitaient la partie basse qui fait face au Louvre ; l'ordre était donné pour minuit, mais le commissaire de police Dumas, que le nouveau prévôt des marchands avait chargé de réunir cette troupe, s'était réveillé trop tard, et n'avait pu s'occuper de sa mission qu'à la pointe du jour. Un homme du peuple osa passer la Seine dans un petit bateau, et, parvenu à la rive opposée, il se rendit chez Montgoméry, auquel il apprit la mort de Coligny et les massacres dont il avait été témoin dans le quartier du Louvre. Montgoméry se hâta de prévenir les seigneurs protestans ses voisins ; quelques-uns refusèrent d'ajouter foi à ces nouvelles ; d'autres, craignant pour les jours de Henri de Navarre, se jetèrent dans des bateaux, pour se rendre au Louvre. Les plus prudens se réunirent à Montgoméry et au Vidame de Chartres, et, avant de s'enfuir de Paris, restèrent quelques instans sur le quai, d'où ils aperçurent des soldats embarqués sur des bateaux, et tirant sans pitié sur les malheureux qui se rendaient au Louvre ou en revenaient. Le roi Charles IX, délirant de fureur, et posté au balcon de ce palais, criait : « Tue, tue, par la mort Dieu ! tue ! » et lui-même, armé d'une arquebuse, *canardait* les protestans qui traversaient la Seine...... Le 28 août, il

teur, Raymond Cavalési et Jean de Serre, surent, en défendant les droits respectifs de leurs églises, éviter si ce n'est des froissemens et des disputes particulières, du moins l'émeute à main armée et les combats sanglans. Ils furent efficacement secondés par les efforts et la prudence du maréchal de Damville, gouverneur du Languedoc, qui, par haine contre le duc de Guise, avait formé, à cette époque, une liaison étroite avec le roi de Navarre et le prince de Condé.

Jean de Serre, qui est l'auteur d'un commentaire savant *sur l'Ecclésiaste*, et d'une *Défense de la véritable autorité de l'église catholique*, fut envoyé, avec André d'Anguillonnet, ancien du consistoire, au douzième synode national qui se tint, le 26 mai 1583, à Vitré, place forte sur la rive gauche de la Vilaine, et que le duc de Mercœur n'avait pu soumettre, après un siége long et habilement dirigé.

« Enfin, dit M. Nisard [1], arriva le prince *suscité de Dieu*, Henri IV, lequel débloqua Nismes, et y fit vivre en paix le prêche et la messe, sous la garantie de l'édit de Nantes et de sa parole royale, non souillée de restrictions et de parjures, comme celle des Vallois. »

---

assistait au *Te Deum* solennel, chanté à Notre-Dame pour remercier Dieu de la *victoire remportée sur les hérétiques* !!! (Voyez *Notice sur la St-Barthélemi* ; par Duffey, de l'Yonne.)

[1] *Histoire de la ville de Nismes*, pag. 96.

CHAPITRE V.

Polémique religieuse. — Abjuration de Jérémie Ferrier. — Erection d'un troisième temple. — Pasteurs de Nismes pendant le 17.me siècle. — Nouvelles agitations. — Quatrième peste. — La persécution s'organise. — Démolition du Petit-Temple. — Fermeture de l'Ecole de théologie. — Livres brûlés. — Conversions à prix d'argent. — Dragonnades. — Abjuration de M. de Lacassagne. — Révocation de l'édit de Nantes, le 22 octobre 1685.

L'ÉDIT de Nantes, publié le 13 avril 1598, assura aux protestans tous les droits civils des catholiques, leur accorda la liberté entière de leur religion, et leur laissa occuper les places fortes qui leur avaient été remises comme lieux de sûreté. De plus, il ordonna aux parlemens de ne plus, désormais, faire la moindre différence entre les catholiques et les *huguenots*, et ne permit aux premiers de travailler à la conversion des seconds que par la controverse et l'exemple d'une vie conforme aux principes de la charité.

Les armes charnelles tombèrent donc de toutes les mains ; mais la polémique religieuse les remplaça. Les Jésuites, institués par une bulle du pape Paul III, en 1539, n'avaient pas encore été chassés du royaume, comme ils le furent plus tard, après le crime de Jean Chatel. Ils avaient fondé plus de cent colléges, et celui qu'ils dirigeaient à Nismes n'était pas le moins florissant. Dès l'année 1596, il avait à sa tête le Père Cotton, qui devint, dans la suite, le guide spirituel des deux rois Henri IV et Louis XIII. Comme la mission de la compagnie dont il était profès, avait principalement pour but *d'extirper l'hérésie*, il tourna son enseignement théologique du côté de la controverse. Tant que ses leçons d'apologétique ne furent entendues que des élèves du collège, elles eurent peu de retentissement, et, par cela même, peu d'influence ; « mais, un jour, il lui prit fantaisie « d'aller faire assaut de dialectique avec le plus habile « théologien du consistoire [1] », Jérémie Ferrier, qui, à l'époque où il exerçait son ministère dans l'église d'Alais, avait été appelé par celle de Nismes à cause de son érudition et de la facilité avec laquelle il maniait la parole.

La discussion fut publique, et roula, en général, sur tous les points controversés, entre l'église romaine, qui reconnaît l'autorité du Pape et de la tradition, et l'église réformée qui n'admet que l'autorité infaillible de la parole de Dieu; et, en particulier, sur divers passages de la Bible, que Cotton soutenait avoir été corrompus par les calvinistes ; passages qu'il énuméra plus tard avec le plus grand soin dans un ouvrage qu'il écrivit contre Daniel Chamier, professeur de théologie à Montauban, et auquel Tronchin, Turretin et Capel, ont simultanément répondu.

Ces séances agitèrent la multitude ; artisans et bourgeois, clercs et laïques, dit M. Nisard, voulurent y assister, chacun prit parti, et des deux côtés on pro-

---

[1] Nisard.

clama la victoire, qui, par cela même, devint un sujet de vives contestations qui auraient pu entraîner des suites sérieuses, sans les précautions prudentes que prit la municipalité, en faisant avancer les milices, pour interdire au public l'entrée de l'arène où disputaient les deux théologiens.

L'issue de cette lutte, en apparence pacifique, occasionna pourtant un échec douloureux à l'église réformée ; son défenseur, dans cette circonstance, n'était pas sincère, et, de plus, il se trouvait ambitieux ; soit que l'abjuration d'Henri IV lui eût fait comprendre qu'il n'y avait de distinction à attendre qu'en marchant sur ses traces, soit que les argumens du jésuite eussent ébranlé sa foi chancelante, il prit la résolution secrète d'embrasser le catholicisme. Ce projet, conçu dans les ténèbres d'une conscience qui n'était pas droite devant Dieu, ne fut cependant exécuté que progressivement, puisqu'il eut l'adresse, au moyen de circonstances ménagées avec beaucoup d'art, de se faire destituer de sa place de pasteur, au lieu de s'en démettre volontairement.

Ayant été nommé, en effet, depuis quelque temps professeur à l'université de Nismes, il fut député au dix-neuvième synode national tenu à St-Maixant, dans le Poitou, le 26 mai 1609 ; c'était à l'époque de la mort d'Henri IV, et par cela même de l'avénement de Louis XIII au trône. — Dans cette réunion générale des représentans de l'église, Ferrier émit des opinions si étranges sur quelques points controversés de l'édit de Nantes, il fit tellement suspecter la pureté de sa foi à l'évangile, qu'il encourut le blâme unanime de ses collègues. Le consistoire de Nismes, auquel on en référa, jugea les accusations assez graves pour lui retirer son mandat de pasteur. — Dès ce moment, son apparente modération se transforma en rage. Quoiqu'il fût fils et petit-fils de ministre, il devint l'ennemi le plus acharné et le plus intolérant de l'église qui l'avait élevé, nourri et soigné dans son jeune âge. Il suffit de lire, dans son ouvrage : — *de l'Antechrist et de ses marques contre les calomnies des ennemis de l'église catholique* (Paris, 1615), les accusations odieuses qu'il lance sans ménagement contre ses anciens collègues, et la description satanique qu'il fait des malheurs qui avaient désolé sa propre église, pour se convaincre aussitôt qu'il n'était qu'un ambitieux et qu'un traître.

Une charge de conseiller au présidial de Nismes fut la récompense de son apostasie ; mais, lorsqu'il vint se faire installer, il fut poursuivi dans les rues, hué, couvert de boue par une populace en fureur, qui l'appelait *le traître Judas*. Il ne fut en sûreté que lorsqu'il eut reçu un asile chez le lieutenant du roi Rozel, car sa maison et son jardin furent ravagés. — Cette sédition dura trois jours, et servit de prétexte pour faire transférer le siège du présidial à Beaucaire. — Ferrier fut contraint d'abandonner Nismes ; il se retira à Paris, où il mourut, le 26 septembre 1626, après avoir été comblé de faveurs par Louis XIII et le cardinal de Richelieu.

Cet événement fit beaucoup de bruit, par la raison que ce fut la première pierre détachée d'un édifice majestueux qui devait plus tard être ruiné de fond en comble ; et, remarquez-le, c'était l'une des clefs de la voûte.

Le courage des protestans en fut abattu; leurs craintes, pour l'avenir, commencèrent à prendre une teinte sombre et alarmante : ce qui servit pourtant à les rassurer, fut l'érection d'un troisième temple. — Dans le courant de l'année 1611, en effet, le consistoire acheta la maison d'Etienne Bertrand, contigue à l'ancien hôpital St-Marc, transformé en collége depuis 1539, et sur son emplacement fit bâtir un édifice religieux qui reçut le nom de *Petit-Temple* [1].

Les pasteurs qui durent en faire la dédicace, furent Jacques de Chambrun, dont le nom paraît encore sur les registres de cette époque, avec ceux de ses collègues Moynier, Suffren et Falguerolles.

Leurs successeurs, pendant le reste du dix-septième siècle, furent : Olivier ; — Fauchet, qui soutint une polémique avec le père Antoine Ribes, recollet, natif d'Avignon ; — Cottelier, cet homme d'une science si prodigieuse, surtout dans les langues sacrées, qui, à l'âge de treize ans, était en état d'interpréter, à livre ouvert, l'ancien et le nouveau testament : il rédigea, sous Colbert, les manuscrits de la bibliothèque du

---

[1] Il dut probablement remplacer celui qui était bâti en dehors de la Porte de la Magdelaine, qui reçut une autre destination ; ce qui le prouverait, c'est que, dans les documens historiques, il n'est plus parlé que du temple de la Calade, sous le nom de *Grand-Temple*, et de celui du collége, sous celui de *Petit*.

roi, et fut nommé professeur de grec au collége royal de France. Il reste de lui plusieurs ouvrages de théologie ;

Daniel Chamier, emporté par un coup de canon en 1621, qui travailla à la rédaction de l'édit de Nantes, et qui disputa contre le père Cotton, avec Jérémie Ferrier ;

Jean Claude, l'auteur de la réponse au livre de la *Perpétuité de la foi*, par Arnaud et Nicole, qu'il publia après ses conférences avec Bossuet, évêque de Meaux ;

Michel Le Faucheur, qui a écrit contre le cardinal du Perron, et publié un volume de sermons assez connus ;

Samuel Petit, professeur de théologie, qui était versé dans la connaissance des langues, et dont les conjectures, en les expliquant, étaient savantes, mais pas toujours justes. Il fut nommé principal du collége des arts, et s'y rendit tellement célèbre, que le Pape voulut le mettre à la tête de la bibliothèque du Vatican, ce qu'il refusa, bien qu'il lui promit de ne jamais lui proposer d'abandonner sa foi ;

Enfin, Rosselet, Philippe Codur, dont la fille entra aux Ursulines en 1637, et qui se convertit lui-même plus tard ; Jean Chauvet, Josué Darnieu, Guillaume Bruguier, de St-Ferréol, Rudanel, Roure, Lombard, de Rozel, Soustel, Pierre Poisson, Henri Baudan, Paulhan, Icard, Cheyron et Peyrol.

Il serait aussi pénible pour l'écrivain, que fastidieux pour le lecteur, de détailler ici les événemens qui se passèrent à Nismes jusques à la révocation de l'édit de Nantes. Toute cette foule, qui avait été contenue dans le respect et dans le silence, par la main ferme de Henri IV, et par son habile représentant le connétable de Damville, « reprit ses habitudes d'agitation fébrile, et troubla de nouveau les rues quelque temps silencieuses ; elle se soumit aux impulsions du duc de Rohan, qui, par son mariage avec la fille de Sully, se trouva le chef du parti protestant en France. » — Voulant diviser le royaume en une grande fédération à la fois féodale et républicaine, il souleva les provinces du Midi, organisa l'émeute, et, malgré les efforts du duc de Montmorency (Damville), sut obtenir de Louis XIII l'édit de Montpellier, du 19 octobre 1622, qui confirmait celui de Nantes.

En 1625 et 1627, de nouvelles guerres religieuses éclatèrent par suite de l'infraction des traités de pacification publiés en 1622 et 1626 ; les excès furent réciproques ; la peste seule, qui éclata pour la quatrième fois, eut le pouvoir de les suspendre. Pendant sa durée, les malades abandonnés par les médecins étaient couchés dans les rues sur des planches, où ils expiraient sans secours, sans alimens et sans sépulture. La main du Dieu grand, puissant et terrible, en s'appesantissant ainsi sur son peuple, lui donnait des avertissemens sévères, dont il ne savait pas profiter pour sa régénération et son salut, puisque, après la délivrance, recommençaient aussitôt les plaisirs, les dissolutions et les querelles sanglantes.

Quand on a le courage de lire le récit de ces querelles que tracent les écrivains de l'époque, dont Ménard nous a conservé la collection dans son histoire si volumineuse et si partiale de Nismes, deux observations importantes frappent l'esprit qui a su se garantir de toute prévention pour juger les événemens avec impartialité.

La première concerne les contradictions évidentes qu'on y rencontre sur la population protestante de la ville, et la seconde se rapporte à la nature et au nombre des conversions religieuses.

Il est parlé, d'abord, d'une pétition adressée aux états-généraux, en 1561, couverte de plus de *vingt-six mille signatures*; — ensuite, de deux assemblées religieuses tenues à quelques heures de distance, composées chacune de plus de *douze mille auditeurs*. — Il est dit : que les consuls, les magistrats, les milices bourgeoises, les marchands, la jeunesse qui avait goûté les lettres, et les jeunes hommes amis de la liberté, appartenaient généralement à l'église réformée........ Et après de telles déclarations répétées plusieurs fois, consignées dans des lettres adressées au roi par les gouverneurs et les évêques, on trouve dans une déclaration du conseil municipal, en 1564 : « que, dans « les vrais habitans de la ville et maisons bourgeoises, « il y avait, sans comparaison, beaucoup plus de ca-« tholiques que de la religion nouvelle ; » et ailleurs, qu'en 1574, les catholiques formaient les neuf dixièmes de la population.... Et c'est ainsi qu'on écrit l'histoire.

Quant aux conversions, on vante, pour les opérer, les prédications éloquentes des Jésuites ; leurs succès journaliers, pour détacher de la réforme ceux qui l'avaient embrassée, et, ensuite, on accuse les calvinistes de n'être ni scrupuleux, ni délicats, quand il s'agissait d'admettre à l'abjuration les catholiques apostats. La Faille [1], en particulier, leur reproche d'avoir accueilli, à bras ouverts, un Espagnol, professeur à Toulouse, qui n'abjura publiquement, à Nismes, que pour se soustraire à la peine capitale dont il s'était rendu digne par un meurtre qu'il avait commis; et Jérémie Ferrier a écrit, que ce qui l'avait le plus scandalisé, pendant qu'il était pasteur à Nismes, c'était la facilité avec laquelle cette église admettait, et presque sans renseignemens, une multitude de moines que le libertinage seul portait à abandonner leurs couvens.

Il est vrai qu'alors, et nous en convenons volontiers, on demandait plutôt une protestation contre les formes et les cérémonies du catholicisme, qu'une conviction ferme et éclairée des doctrines vitales de l'évangile, et c'est précisément ce qui explique, à nos yeux, pourquoi tant de protestans, qui ne l'étaient que de nom, se livrèrent, à cette époque, à des excès coupables, et abandonnèrent, plus tard, sans hésitation, la bannière de Christ, qu'ils n'eurent ni le courage de défendre contre ses adversaires, ni la volonté de tenir arborée au milieu des périls et des persécutions; mais, il ne faut pas s'y tromper, parmi cette multitude ignorante, mondaine, adonnée à la dissolution, aimant le plaisir et le désordre, il y avait des chrétiens à convictions fortes, et dont la foi était aussi éclairée que sincère. Parmi ces pasteurs et ces fidèles, qui priaient avec ferveur,

---

[1] *Annales de Toulouse*, II, 523.

qui communiaient avec humilité et repentance, il se trouvait des cœurs remplis de la connaissance de Jésus-Christ, qui l'adoraient publiquement, sans craindre les hommes, comme celui *qui seul peut sauver et qui seul peut perdre* (Jacques, IV, 12). Et ces chrétiens, d'où étaient-ils sortis ? Sinon de l'église romaine. Qui les avait convertis ? Si ce n'est l'ouïe de la parole de Dieu..... Ah ! s'il y a quelque chose de certain, c'est que ce ne fut point la polémique soutenue avec plus ou moins de talens, par les Jésuites, qui affaiblit progressivement l'église chrétienne réformée de Nismes, mais qu'elle tomba plutôt peu à peu en ruines sous le poids de la persécution, si habilement organisée sous le règne de Louis XIV.

Déjà son prédécesseur avait publié, au mois de juillet 1629, *un édit de grâce*, par lequel les fortifications d'Anduze, de Sauve, de Nismes, d'Uzès, de Milhau, de Castres, de Montauban, et de toutes les places de sûreté que l'édit de Nantes avait accordées aux protestans, furent condamnées à être rasées ; de manière qu'à l'avénement de Louis XIV, Richelieu ne leur avait laissé que la liberté de leur culte. — Sous le règne d'Anne d'Autriche, en 1643, on leur laissa encore leurs temples, leurs assemblées synodales, leurs cimetières et leurs hôpitaux ; on ne leur ferma l'accès ni des écoles, ni des académies, ni des emplois publics. Aussi soumis à l'autorité, ils ne prirent aucune part à la guerre dite de *la fronde*, qui fut, comme le dit M. Laurentie, une ligue de vanité et une réaction d'intrigues contre la politique de Richelieu, tombée en héritage au souple génie de Mazarin.

Mais, quand le roi fut affermi sur son trône, et surtout après son mariage, en 1660, avec Marie-Thérèse, infante d'Espagne, *l'extirpation de l'hérésie*, qui avait été l'une des clauses du contrat de cette union, devint aussitôt l'objet des efforts de tous les courtisans. Le premier d'entre eux, qui leva ouvertement la hache de destruction pour frapper l'arbre dans ses racines, fut le cardinal Mazarin. Sous prétexte de maintenir l'édit de Nantes dans son intégrité, il nomma des commissaires choisis en nombre égal dans les deux religions, pour visiter toutes les provinces, et remédier à ses infractions. Mais cette commission, au lieu de demeurer fidèle à son mandat, ne tarda pas à devenir, entre les mains du clergé, un instrument de persécution : deux de ces commissaires furent envoyés à Nismes, et, de concert avec l'évêque Cohon, ils obtinrent du conseil d'Etat, en 1664, l'ordre de démolir le Petit-Temple, sous prétexte que, pour le bâtir, on avait usurpé un emplacement qui appartenait au collége des Jésuites. — Celui de Milhaud-lez-Nismes eut le même sort.

De plus, toutes les écoles élémentaires, non stipulées par l'édit, furent fermées. — Les relaps, c'est-à-dire, les nouveaux catholiques qui retournaient au prêche, furent condamnés au bannissement ; les enfans de sept ans purent faire abjuration, quitter la maison paternelle, et intenter procès à leurs pères, mères ou tuteurs, pour les obliger à leur faire une pension ; les malades durent tous recevoir la visite d'un prêtre accompagné d'un consul ; les cimetières communaux furent supprimés. — Les deux hôpitaux de la ville furent réunis en un seul, et les revenus particuliers de chacun (2,000 liv.) confondus et administrés par des catholiques; de plus, il fut défendu aux protestans de retirer dans leur maison aucun pauvre de leur religion. — L'école de théologie, qui florissait depuis 1561, et qui, sous la direction de professeurs aussi habiles que pieux, avait donné des conducteurs spirituels pendant plus d'un siècle à presque toutes les églises de France, fut impitoyablement supprimée.

Tout ne finit pas là, car les livres de dévotion ou de science, publiés par les pasteurs, furent brûlés; en particulier, les deux suivans, l'un composé par Guillaume Bruguier, sur les *Psaumes de David*, et l'autre par le professeur Rodon, intitulé: *le tombeau de la Messe*, furent portés en triomphe sur la place de la Trésorerie, et jetés, devant une foule immense, dans les flammes d'un bûcher, par l'exécuteur de la haute justice. — Par contre, les ouvrages de controverse catholique, furent répandus à profusion; par divers arrêts aussi vexatoires les uns que les autres, il fut défendu aux ministres de se montrer en public avec le costume de leur profession, et surtout de faire aucune prière ni de prononcer aucun discours aux convois funèbres, comme ils l'avaient toujours fait jusqu'alors en pareille circonstance; les morts ne purent être enterrés après six heures du matin et avant six heures du soir en été, après huit heures du matin et avant quatre heures du soir en hiver; il fut prescrit à tous les officiers publics, procureurs, huissiers, recors ou sergens, avocats et notaires, de ne parler, dans leurs actes publics, de la religion réformée, sans y ajouter l'épithète de *prétendue* ; des espions furent soldés pour s'introduire dans les temples, *sous la peau de brebis* (Matth., vii, 15), pour rapporter aux magistrats toutes les paroles au sens équivoque qui pourraient y être prononcées ; toutes les carrières, sans être fermées encore aux protestans, ne leur offrirent plus le moindre avancement : voilà ce qui explique pourquoi ils se livrèrent presque tous à l'agriculture et surtout au commerce. Ce sont eux principalement qui ont fondé à Nismes cette fabrique de soieries qui a rivalisé de tout temps avec celles de Lyon, de Tours, et autres villes du royaume.

Un arrêt du conseil d'Etat décida, qu'à partir du 1.er janvier 1678, les réformés seraient exclus du consulat, comme du conseil de la ville, et qu'il ne serait plus, désormais, admis dans ces corps municipaux que des catholiques.

Aux arrêts, s'unirent les séductions ; la fameuse *Boîte de Pandore*, si bien administrée par Pelisson-Fontanier, qui, pour sauver sa vie, avait abjuré le protestantisme dans la cathédrale de Chartres, versa des sommes abondantes dans la caisse des conversions de Nismes. Les archives de la préfecture du Gard possèdent encore le registre qui fut ouvert à cette époque, sur lequel les nouveaux convertis sont inscrits, par lettre alphabétique, au nombre de *cinq cent trente-sept*. — Ce nombre ne doit étonner personne, nous avons déjà observé que plusieurs protestans n'en avaient que le nom et non pas la croyance. Leur conscience dut alors facilement se vendre ; que leur importait, en effet, d'aller au sermon ou à la messe, ils ne reconnaissaient qu'un Dieu qu'on n'adore pas là, celui de l'argent. On leur offrait avec abondance de ce métail, dont ils étaient si avides ; ils l'acceptaient avec empressement, et surtout sans marchander...... A côté de ces consciences vénales, il y en avait pourtant d'autres qui auraient rougi de se livrer argent comptant ; aussi furent-elles estimées à plus haut prix ; on leur offrit des places, des honneurs, des pensions, des bénéfices, des grades, des cordons, elles devinrent dociles, accommodantes, et tombèrent, pour la plupart, dans le piége si adroitement tendu dans tout le royaume, par le ministre du roi Letellier, ce vieillard au sourire ironique et au cœur dévoré d'ambition.

Le succès dépassant l'espérance, Louis XIV, à l'instigation d'une femme qui était née protestante, Mme de Maintenon, entreprit d'en finir avec les réformés, qui étaient pour lui un sujet continuel de défiance et d'inquiétude : il résolut, pour cela, d'y employer les troupes oisives dans leurs garnisons, et les dragonnades furent organisées.

On employa tous les régimens à cette mission militaire ; mais comme, dans toutes les localités, les dragons précédaient les autres corps de l'armée, et qu'assez mal disciplinés dans ce temps-là, ils furent ceux qui commirent le plus d'excès, leur arme eut le triste honneur de donner son nom à ces barbares exécutions.....
Le duc Anne de Noailles, qui commandait en Languedoc, doit partager, avec le marquis de Boufflers, la

honte des premières dragonnades. Voici comment se faisaient ces conversions à main armée : le lendemain de l'arrivée des troupes, les autorités civiles et ecclésiastiques de l'endroit rassemblaient, sur la place publique, les principales familles calvinistes, surtout celles qu'on croyait les plus dociles ; on leur faisait connaître la volonté du roi, et elles renonçaient à leur religion au nom des autres, quelquefois par acclamations unanimes, dans d'autres circonstances, en signant une confession de foi. « A Nismes, on établit un bureau de conversion, comme dans beaucoup d'autres endroits. Après avoir inscrit le nom des néophites, on leur délivrait, sur le dos d'une carte à jouer, un certificat qui devait les préserver de la poursuite des soldats. Le peuple de Nismes nommait apocalyptiquement cette carte, la *marque de la bête*, expression d'une vérité profonde ; car, qu'est-ce que l'homme qui, pour la conservation de son être animal et mortel, abdique sa pensée, son âme, sa nature céleste et immortelle [1] ? »

Les horreurs que commirent partout les dragons chez les calvinistes réfractaires sont impossibles à décrire.

Un malheureux vieillard, de Nismes, nommé M. de Lacassagne, après avoir été privé du sommeil pendant plusieurs nuits consécutives, exténué de fatigues et de souffrances, consentit, enfin, à faire abjuration ; il fut présenté à l'évêque Seguier, qui lui dit, après avoir lu le formulaire de réception dans le sein de l'église : « Vous voilà maintenant en repos. » — « Hélas ! Mon-

---

[1] *Hist. des Past. du désert* ; par Peyrat, 1, 74.

seigneur, répondit le vieillard, je n'attends de repos que dans le ciel, et Dieu veuille que ce que je viens de faire ne m'en ferme pas les portes pour toujours [1]. »

« Les missions bottées de Louvois ayant produit leur fruit, c'est-à-dire, plus de deux cent cinquante mille conversions forcées, on parvint à faire croire à Louis XIV que ses lois avaient détruit le calvinisme en France. Pour cela, il ne fallait qu'empêcher les nouveaux convertis de retourner à leurs erreurs, en bannissant tous les ministres. La chose ne se pouvait qu'en révoquant l'édit de Nantes. Louis ne céda finalement qu'aux obsessions de Louvois et du père La Chaise, qui lui donnèrent l'assurance que la mesure qu'ils proposaient ne coûterait pas une goutte de sang. Le chancelier Letellier, sentant sa fin s'approcher, pressa l'édit de révocation, et le roi signa, le 22 octobre 1685. Colbert le contresigna. Quand on l'apporta à Letellier pour y mettre le sceau, s'appliquant les paroles du vieillard Siméon, il s'écria : *Seigneur ! tu laisses maintenant ton serviteur aller en paix selon ta parole, car mes yeux ont vu ton salut !* (Luc II, 29, 30.) — Ce fut le dernier acte de sa vie ; il ne voulut plus s'occuper de rien, et mourut content [2]. »

L'illustre évêque de Meaux prononça son oraison funèbre, félicita l'église de s'être servi efficacement de son glaive...... quand Rome elle-même garda le silence de la stupeur......... ..

[1] *Mémoires de M.me Dunoyer.*
[2] *Ch. du Rozoir.*

SECONDE PARTIE.

COMPRENANT LES FAITS HISTORIQUES QUI SONT ARRIVÉS DANS L'ÉGLISE RÉFORMÉE DE NISMES, DEPUIS LA RÉVOCATION DE L'ÉDIT DE NANTES, JUSQU'A L'ÉDIT DE RÉHABILITATION DONNÉ PAR LOUIS XVI.

1685 — 1787.

CHAPITRE PREMIER.

Effets que produisit sur les protestans de Nismes la révocation de l'édit de Nantes. — Démolition de trente-trois temples de la province. — Emigration des protestans. — Claude Brousson. — Sa mission à Nismes. — Il trouve les protestans divisés en deux partis. — Celui des *Timides*, et celui des *Zélés*. — Les pasteurs timides ou politiques. — Les pasteurs zélés. — Les premiers avec St-Cosme, président du consistoire, s'entendent avec le duc de Noailles pour faire venir des troupes. — Les pasteurs zélés, en étant avertis, se cachent. — Brousson est menacé d'être trahi. — Il sort de la ville par un égoût. — Fermeture du temple de la Calade. — Dernières prédications. — Les églises des Dominicains et des Ursulines du Grand-Couvent sont ouvertes pendant huit jours, pour recevoir les abjurations. — Apostasie scandaleuse des pasteurs *timides* Pierre Paulhan et Elie Cheyron.

Le premier effet que produisit sur les protestans de Nismes la publication de l'édit qui révoquait celui de Nantes, fut une indignation profonde, qui les porta à la révolte ; ils essayèrent de se rendre maîtres de la ville, mais, affaiblis par la persécution, sans chefs habiles pour les diriger, dépourvus d'armes et de munitions de guerre, leur projet échoua devant la résistance de l'intendant d'Aguesseau. Un procès fut instruit, à l'instant même, contre les instigateurs de la rebellion, qui n'échappèrent à la mort que par une prompte fuite. Le pasteur Peyrol fut de ce nombre ; un asile lui fut généreusement offert par un prêtre nommé Rozel, qui lui ouvrit lui-même la porte de sa maison, le reçut à sa table, lui céda son lit, et parvint, à l'aide d'un déguisement, à le faire sortir de la ville.

La sentence de mort prononcée contre les coupables ne fut par cela même exécutée qu'en effigie. Mais cet événement fut cause que l'ordre arriva de Paris de démolir *trente-trois* temples de la province, qui avaient été bâtis contrairement à l'édit.

Ces mesures rigoureuses donnèrent partout le signal de l'émigration ; les protestans par milliers sortirent du royaume. La Hollande leur ouvrit ses ports de mer, et leur accorda le droit de bourgeoisie dans toutes les villes de son territoire. Celle d'Amsterdam seule construisit mille maisons pour les loger, et fonda en leur faveur un revenu considérable. L'électeur de Brandebourg se montra plus généreux encore ; il se fit le banquier des exilés, et accepta leurs capitaux à 15 p. 0/0 d'intérêt, qu'après leur mort il remboursa à leurs héritiers. L'Angleterre suivit, plus tard, de pareils exemples. Des colonies françaises se fondèrent, dès ce moment, dans tous les pays du nord et jusque dans le sud de l'Afrique [1]. Partout elles établirent des églises, dont la plupart existent encore, et sont desservies par des pasteurs qui parlent la langue française. Les protestans de Nismes se retirèrent principalement à Genève, à cause de sa proximité ; ils y apportèrent leur fortune, leur industrie et le fruit de leurs lumières, ce qui contribua à accroître son importance commerciale, et à rehausser l'éclat de son académie, qui devint l'une des plus célèbres de l'Europe.

Un obstacle puissant s'opposa pourtant à l'émigration ; des soldats gardèrent, nuit et jour, les portes de la ville, et ne laissèrent sortir que les habitans pourvus d'une autorisation de la municipalité, ce qui obligea le plus grand nombre d'entre eux à demeurer exposés aux angoisses incessantes de poursuites qui de-

---

[1] MM. Lemue, Bisseux et Rolland, les premiers missionnaires de Paris, trouvèrent quatre mille protestans, en 1829, au Coin français, situé à douze lieues du cap de Bonne-Espérance ; toutes les familles avaient encore des Bibles in-folio, dans lesquelles la date de la naissance et le nom de tous les membres qui les composaient étaient inscrits avec soin. Cette vallée comprend plusieurs villages, la Perle, Drakenstein, Fransch-Hack (le Coin français), Charron ; tous ces villages ne forment qu'une seule paroisse. Le pasteur est fixé à la Perle ; il n'y a qu'un seul temple pour toute la population. Tous les dimanches, les fermiers des environs partent au point du jour, en voiture, pour venir à l'église. Le soir, ils s'en retournent paisiblement avec leurs familles : ce sont là tous leurs amusemens ; car on ne connait pas le jeu dans ce pays. En général, cette vallée est dans un état de grande prospérité.

(*Journal des Missions Évangéliques de Paris* ; 5.me année, pag. 205 et suiv)

vinrent, de jour en jour, plus actives et plus rigoureuses.

Aussi, tous les esprits étaient tristes et tous les cœurs abattus, lorsqu'un homme, déjà célèbre par sa science et par sa piété, Claude Brousson, arriva à Nismes, pour les consoler et les soutenir. Il y était né en 1647, de Jean Brousson et de Jeanne Paradès. Ayant atteint la trente-huitième année de son âge, il avait l'expérience des affaires, puisque, en sa qualité d'avocat, il avait plaidé devant la chambre mi-partie de Castres, transférée plus tard à Castelnaudary, et réunie ensuite au parlement de Toulouse, plusieurs causes relatives à l'oppression, sous le poids de laquelle gémissaient les églises du Languedoc. Il apportait de cette dernière ville la résolution d'un comité de résistance qui s'y était formé par les soins de ces églises, dans le but de les empêcher de périr, et qui avait décidé que partout on rétablirait le culte public, on rebâtirait les temples, après avoir rappelé les pasteurs, et qu'on se préparerait à l'exécution de ce projet énergique, dont on donnerait préalablement la connaissance au roi, par un jeûne solennel, pendant la célébration duquel on chanterait à genoux les psaumes de David relatifs aux malheurs de Sion.

Dans la cité si orageuse du Bas-Languedoc, la population protestante s'était divisée, à cette époque, en deux partis ; l'un composé des hommes *timides* ou politiques, et l'autre, des chrétiens *zélés* ou de la résistance : il en est, au reste, toujours ainsi en présence d'un danger commun, et surtout en face d'une persécution violente. Les premiers trouvèrent la délibération du comité de Toulouse trop hardie, et les seconds trop modérée, de telle sorte qu'il leur fut impossible de s'entendre, et que l'exécution en devint par cela même impossible. A la tête des âmes timorées et craintives, se trouvaient les deux pasteurs, Elie Cheyron et Pierre Paulhan, avec le baron de St-Cosme, président du consistoire ; tandis que les deux autres pasteurs, Icard et Peyrol, dirigeaient les zélateurs de concert avec Brousson et le jeune Fonfrède, fils d'un conseiller au présidial....... St-Cosme était un traître gagné par le duc de Noailles, avec lequel il s'entendit pour faire arriver des troupes, afin de mettre à la raison des adversaires qu'il appelait turbulens et séditieux.

Il se réunit avec plusieurs autres membres du parti politique, au nombre desquels se trouvait le premier président de Rochemore, pour aller ensemble, et de nuit, à leur rencontre sur la route d'Anduze. Arrivés à la croix de fer, ils se croisèrent avec un cavalier, qu'ils interrogèrent sur la distance où pouvaient se trouver encore les dragons qu'ils attendaient. Celui-ci, qui était de Nismes, reconnut ses interrogateurs mystérieux au son de leur voix comme à l'allure de leur marche, et, comme il était du parti opposé, il courut aussitô avertir Brousson et ses associés de ce qui se tramait contre eux. Sans perdre un instant, ils sortirent de leur domicile, et allèrent chercher un asile chez des amis. Le lendemain matin, malgré les plus actives recherches, on ne put trouver que Fonfrède, qui n'avait pa été averti, et qui se sauva même, parce que, à sa place, on s'empara de son frère, couché dans le même lit, et que l'on prit pour lui.

Le désappointement du duc de Noailles fut extrême, aussi fit-il défendre, sous peine de mort, aux habitans de la ville de recevoir chez eux les proscrits. Ceux qui les avaient accueillis la nuit précédente, tremblèrent aussitôt, et quelques-uns même résolurent de les livrer ; de ce nombre furent ceux chez lesquels Brousson se trouvait caché. Reculant pourtant devant cette infâmie, ils le prièrent avec instances de se retirer ailleurs. Il sortit, le soir, ne sachant où aller. Pendant deux jours et deux nuits il erra à l'aventure, se cachant dans des réduits obscurs. A force de recherches et d'observations, il découvrit, enfin, un égout près du collège ; il y entra en hésitant, le parcourut à tâtons, s'enfonçant, à chaque pas, dans une boue noire et puante, et il parvint, à force d'efforts, à sortir dans le fossé de la porte des Carmes, d'où il partit pour les Cevennes. Les deux pasteurs parvinrent, à leur tour, à échapper à la surveillance de la police, et ils se retrouvèrent plus tard tous les trois en Suisse, où ils séjournèrent ensemble quelque temps. Leur procès ne s'en instruisit pas moins, et, après avoir été jugés par contumace, ils furent pendus en effigie sur la place du Marché [1].

A la suite de cette affaire, qui eut un long retentissement, Louis XIV ordonna de fermer les temples et

---

[1] *Histoire des pasteurs du désert* ; par N. Peyrat, 1, 142, 143.

d'abolir complètement le culte. Le marquis de Montanègre, lieutenant en Languedoc, en conséquence de cet ordre, arriva à Nismes avec deux compagnies de dragons: c'était un dimanche, et il permit aux protestans de s'assembler en prières pour la dernière fois. Ils n'avaient alors que les deux pasteurs du parti politique, Pierre Paulhan et Elie Cheyron ; ils prêchèrent l'un et l'autre, et leur parole véhémente ne fut que l'accent hypocrite d'une conscience sans remords. Le premier s'écria : « plus de temples, plus de vie » ; et le second, s'inspirant de la circonstance si solennelle dans laquelle l'église se trouvait placée, dit avec emphase : « avant de descendre pour jamais de cette chaire, je déclare que je n'ai fait entendre que la vérité. J'en atteste le Seigneur, devant qui je comparaîtrai peut-être aujourd'hui, car la mort plane sur nos têtes. Mais, ô brebis d'Israel qu'il m'a confiées ! que dirai-je de vous au souverain Pasteur des âmes, s'il me demande : qu'as-tu fait de ton troupeau ? Lui répondrais-je, Seigneur, il m'a délaissé ? Ah ! jurez-moi que vous resterez fidèles à Jésus-Christ. » — « Nous le jurons », s'écria tout l'auditoire en larmes, levant les mains au ciel, au milieu d'une explosion de soupirs et de sanglots répétés par la voûte du temple, qui semblait unir à cette plainte immense son inconsolable gémissement [1].

Mais qu'y a-t-il de plus gâté que le cœur de l'homme, et qui pourrait décrire toute la méchanceté qui le corrode en le flétrissant ? Le lendemain, les scellés furent apposés sur les portes du temple de la Calade, qui

---

[1] *Histoire des pasteurs du désert* ; 1, 144, 145.

furent condamnées à ne plus s'ouvrir pour donner accès aux fidèles dans le sanctuaire du Dieu vivant ; le duc de Noailles borna à une seule semaine le délai qu'il accorda à tous les protestans pour se convertir. L'église des Dominicains et celle des Ursulines du grand couvent *entre autres*, se tinrent ouvertes à toute heure du jour, pour qu'ils vinssent en masse y prononcer leur abjuration. Et, parmi ceux qui s'y présentèrent les premiers, on remarqua.... qui aurait pu le soupçonner après les prédications de la veille ?. . Paulhan et Cheyron... qui renièrent Christ et son évangile au mépris de leurs sermens, sans honte et sans remords, l'un pour être nommé conseiller honoraire, et l'autre pour arriver à la place de consul.

De pareils faits semblent appartenir plutôt aux fictions du roman qu'à la réalité de l'histoire, mais, comme ils sont constatés par des documens irrécusables, et par le témoignage d'hommes consciencieux et probes qui en ont été les témoins, ils sont bien propres à remplir toutes les âmes chrétiennes du sentiment profond d'une vive douleur. Ce qui seul peut les consoler et en même temps exciter leur reconnaissance envers le Seigneur qui n'a pas abandonné son église, c'est que ce sont précisément les deux édifices religieux dans lesquels se firent, en 1685, les abjurations forcées des protestans en masse, qui leur servent aujourd'hui même à célébrer leur culte public sous le nom de *Grand-Temple* et de *Petit-Temple*, et que c'est, en outre, au conseil municipal de la ville que ce premier doit uniquement son élégante restauration.

Le peuple garda rancune à Cheyron, qui ne put plus sortir qu'environné de soldats. Il ne chercha point cependant à se venger des insultes qu'on lui prodiguait sans cesse. Un jour qu'il se rendait à sa maison de campagne, située dans la plaine du Vistre, et qui porte encore son nom (*mas de Cheyron*), il entendit crier; au loup !..... Il demanda à un passant où se trouvait l'animal ; « ne craignez rien, lui répondit-il, on veut seulement désigner par là un berger qui a livré son troupeau au loup. » Il comprit l'allusion qui remplit son cœur d'amertume, peut-être de regrets. Il mourut peu de temps après, ainsi que Paulhan : Dieu seul sait dans quelles dispositions d'esprit, et dans quel état de conscience.

CHAPITRE II.

Apostasie du baron de St-Cosme. — Tous les protestans vont à la messe. — Le temple de la Calade tombe en ruines. — Son inscription se conserve long-temps. — La croyance évangélique n'est pas éteinte. — Elle commence à se raviver par le culte domestique. — Prophétie de Jurieu. — Explication de l'Apocalypse par du Moulin. — Assemblées nocturnes. — Un vieillard y sert de ministre. — Il n'y avait plus de pasteurs en France. — Supplice de Fulcrand Rey. — L'évêque Fléchier et l'intendant Bàville. — Une citadelle est construite pour contenir les protestans. — Retour de Brousson. — Après quelles circonstances.

Dès ce moment, tout paraissait fini; le triomphe était complet; il n'y avait plus de pasteurs à Nismes, plus d'anciens du consistoire, le plus marquant d'entre eux, celui qui les présidait, le baron de St-Cosme, avait apostasié, pour obtenir la place de colonel des milices avec une pension de 2,000 liv. par an; les livres étaient brûlés; presque tous les protestans, subissant un joug de fer, allaient à la messe, et ceux qui n'y paraissaient pas encore étaient poursuivis jusque dans leurs maisons par des missionnaires, qui arrivaient la bouche souriante, mais qui en sortaient en lançant les foudres de l'église sur ceux qui n'avaient pas voulu les écouter, ou qui les avaient contredits.

Le temple de la Calade existait bien encore, mais l'accès en était sévèrement interdit. Il tomba peu à peu en ruines, mais il conserva long-temps une pierre placée au dessus de son frontispice, sur laquelle on lisait ces paroles du livre de la Genèse (chap. XXVIII, 17) : *c'est ici la maison de Dieu, c'est ici la porte des cieux*[1].

Si les conversions avaient été le résultat de la conviction, comme elles auraient dû l'être, et non celui de la force comme elles étaient, c'en était fait pour toujours du protestantisme à Nismes, il n'en aurait pas resté la moindre trace. — Mais le feu n'était pas éteint, il couvait seulement caché sous la cendre. Il ne fallait qu'un léger souffle de l'esprit de Dieu pour le raviver, et il ne se fit pas attendre ; il souffla d'abord non pas sur l'église tout entière, mais sur quelques fidèles isolés, pleins de foi aux promesses gracieuses de l'évangile ; honteux de leur lâcheté, se souvenant que Jésus-Christ a dit : *quiconque me confessera devant les hommes, je le confesserai aussi devant mon Père, qui est aux cieux. Mais, quiconque me reniera devant les hommes, je le renierai aussi devant mon Père qui est aux cieux.* (Matth. x, 32, 33.) Ils retirèrent leurs Bibles des cachettes où ils les avaient enfouies à l'heure du danger, et se remirent à les lire, d'abord seuls, enfermés dans leurs chambres, après en avoir soigneusement fermé les portes, comme s'ils commettaient un délit déshonorant et punissable par les lois. Bientôt ils éprouvèrent le besoin de se réunir

---

[1] Cette pierre existe même encore, et se trouve adossée à l'une des maisons de la rue de la Magdelaine, qui servait de porte latérale au temple ; l'inscription en a été effacée du temps de la terreur révolutionnaire.

en famille. Voilà le culte domestique, dont les fruits de sanctification sont si abondans dans les maisons chrétiennes, où il est célébré régulièrement encore malgré les secours religieux de tout genre qui sont partout offerts à la piété. Cette piété, par ce moyen, se ralluma peu à peu dans les âmes, elles acceptèrent d'un côté, comme une prophétie, la promesse que le pasteur Jurieu avait faite, que Dieu délivrerait prochainement son peuple, et l'explication de l'Apocalypse par du Moulin [1] leur parut renfermer, de l'autre, la certitude d'un si prochain rétablissement dans leurs droits et dans leurs priviléges, que bientôt le cercle domestique fut trop étroit pour contenir tous ceux qui demandaient à être nourris de la prière et de l'ouie de la parole de Dieu. Il se forma par cela même des conventicules nocturnes ; le lieu en fut choisi avec discernement et confié sous le sceau du secret à quelques personnes, sur la discrétion et la fidélité desquelles on pouvait compter. Comme, dans la ville, quelques

---

[2] Pierre du Moulin fut d'abord pasteur de l'église de Charenton, ensuite professeur en théologie de l'académie de Sédan. Ses écrits sont très-estimés. Il réfuta les catholiques avec tant de force, qu'ils obtinrent de Louis XIII un ordre qui le condamnait à sortir de France ; il retourna pourtant, quelque temps après, à Sédan, où il mourut à l'âge de quatre-vingt-dix ans.

Jurieu, son neveu, fut aussi professeur d'hébreu à Sédan. Il a écrit neuf ouvrages. Tout le monde s'accorde à louer le feu et la véhémence de son éloquence. Ses plus terribles adversaires furent, d'un côté, le fameux sceptique Bayle, et, de l'autre, l'illustre évêque de Meaux.

précautions que l'on prît, le danger était imminent et pour ainsi dire inévitable, on chercha des lieux solitaires dans la campagne, comme une caverne souterraine, une clairière au milieu d'un bois épais, un fossé profond, une bergerie isolée : là on se réunissait en armes, on plaçait des sentinelles et on se mettait après cela en prières. Un vieillard faisait la lecture de la parole de Dieu, sa voix lente résonnait solennelle et lugubre dans ces nouvelles assemblées du désert : par prudence le chant des psaumes y était interdit. A ce culte, si simple qu'il se trouvât, il fallait cependant des pasteurs pour le célébrer, et il n'y en avait plus en France, la vieille cohorte sacrée, qui comptait dans ses rangs des hommes, tels que Claude, du Bosc [1], du Moulin, Jurieu, Beausobre et Lenfant [2], avait été exilée sur la terre étrangère.

[1] Pierre du Bosc, né en 1651, pasteur à Caen, mort en 1692. C'était l'homme le plus éloquent du royaume. Il est l'auteur de sermons très-estimés.

[2] Isaac de Beausobre, ministre d'une petite ville de la Tourraine, fut forcé de quitter la France, après avoir osé briser les scellés qu'on avait apposés sur son temple. Il se retira alors à Dessau, et s'y fit connaître comme prédicateur éloquent et écrivain judicieux. Il fut nommé par le roi de Prusse aumônier de sa chapelle, inspecteur de l'hospice du collége et des temples français. Il fut chargé de publier une nouvelle version du *nouveau Testament*, avec Lenfant, qui faisait, comme lui, partie de la Société des savans réfugiés, connue alors sous le titre d'*Anonymes*. Ce fut la première version française faite sur le texte grec par des protestans.

Des laboureurs, des tisserands, des cardeurs de laine, hommes sans instruction, mais pleins de foi et de courage, les remplacèrent ; celui qui prêcha ainsi le premier, sans mission spéciale, dans les assemblées de Nismes, qui rappelaient celles qui furent organisées en 1551, derrière la Tour-Magne, fut le proposant Fulcrand Rey : c'était seulement trois mois après la révocation de l'édit de Nantes. Le marquis de La Trousse, successeur du duc de Noailles, en fut bientôt averti ; il lança ses dragons à sa recherche, qui s'emparèrent de sa personne avec facilité ; il fut aussitôt conduit à Beaucaire, jugé, condamné et pendu en 1686.

L'année suivante, Esprit Fléchier fut nommé évêque de Nismes. De concert avec Bâville, qui en était intendant, ils surent comprimer l'élan religieux par la terreur et les menaces ; sur leur demande une citadelle redoutable fut élevée aux frais du roi, sur les débris du fort Rohan ; deux ans de travaux suffirent à peine pour la construire, et, dès ce moment, le canon, braqué nuit et jour sur la ville, sut en contenir tous les habitans dans une soumission passive aux édits les plus injustes et les plus rigoureux.

Bâville se glorifiait de son ouvrage, lorsqu'un jour une lettre qu'il reçut de la Suisse, troubla tout-à-coup son repos en renouvelant ses inquiétudes. Elle était de Claude Brousson, qui l'avertissait des motifs qui l'avaient déterminé à rentrer dans sa patrie.

Depuis son départ de Nismes, en 1685, il avait vécu à Lausanne avec sa femme et son fils unique, né d'un premier mariage. Il y exerçait ses fonctions d'avocat, lorsque ses frères, fugitifs comme lui, l'envoyèrent, avec un ancien pasteur des Cevennes, en députation vers le roi de Prusse. Arrivé à Berlin, on lui offrit de le nommer professeur de l'université de cette ville, si célèbre par ses institutions scientifiques et littéraires; mais il le refusa sans hésitation, parce qu'un projet hardi, qui demandait autant de dévouement que de sacrifices dans son exécution, couvait au fond de son cœur. Il se reprochait de laisser ses co-religionnaires sous la croix des persécutions, sans venir au secours de leurs pauvres âmes, qui languissaient errantes, sans bergers pour les conduire, sans *eaux courantes* pour les désaltérer. Pendant l'insomnie de la nuit, il croyait entendre ces longs gémissemens, ces sanglots de désespoir, ces plaintes déchirantes, que les nombreux prisonniers de la tour de Constance d'Aiguesmortes et de la citadelle de Nismes poussaient à l'envi l'un de l'autre, sans autre perspective de délivrance qu'un infâme gibet, ou qu'un douloureux bûcher; et l'esprit de Dieu, agitant sa conscience, le poussait à venir à leur aide, pour adoucir leurs souffrances ou mourir avec eux. De retour à Lausanne, il fut atteint d'une maladie si grave, que les médecins la jugèrent mortelle après en avoir cherché vainement la cause; lui seul au monde la connaissait. Et ce fut précisément, lorsque son corps, affaibli par la fièvre, pouvait à peine se tenir debout, qu'il prit la résolution énergique d'aller en France consoler ses frères en la foi. Il la communiqua à sa femme et à ses amis, qui la trouvèrent si périlleuse, si au dessus de ses forces, dans un moment où sa vigueur physique se trouvait tarie, qu'ils cherchèrent, d'un commun accord, à l'en détourner par leurs instances et leurs prières. Il demeura inébranlable ; sans consulter la chair et le sang, il se mit en chemin à peine convalescent, et le Seigneur, comme il l'apprenait lui-même dans sa lettre à l'intendant Bâville, lui rétablit la santé dans son voyage.

Ce fidèle serviteur de Jésus-Christ arriva, pour la seconde fois, à Nismes, en 1689 ; c'était l'année où Jacques II, roi d'Angleterre, ayant soulevé contre lui ses sujets, en essayant de rétablir dans son royaume la religion romaine, venait d'être détrôné par Guillaume, prince d'Orange, son gendre, investi de la royauté par le vœu du peuple tout entier, et où ce dernier prince, contre le consentement duquel s'était conclue la paix de Nimègue, était devenu l'âme d'une ligue qui prit le nom de *ligue d'Ausbourg*, ville où l'union des puissances fut arrêtée. Par conséquent l'Allemagne, l'Espagne, la Hollande, la Savoie, et presque toute l'Italie, se trouvaient coalisées contre la France. Le péril était imminent ; il fallut tout le génie de Louis XIV pour le conjurer.

CHAPITRE III.

A son retour en France, Brousson se fait consacrer au saint ministère par Vivens. — Surnom qu'il prend. — Ses prédications nocturnes. — Ses visites pastorales. — Ses services funèbres. — Copie de ses sermons. — Son cabinet d'études. — Son bureau portatif. — Accusations lancées contre lui par Brueys. — Leur injustice. — Travaux littéraires de Brousson. — Sa tête est mise à prix. — Sa vie agitée. — Une délivrance particulière. — Il retourne à Lausanne en 1693. — Il en revient en 1695. — Pays qu'il traverse. — Il se réfugie, pour la troisième fois, en Suisse. — Il rentre en France l'année suivante, pour aller au martyre. — Son séjour dans le Dauphiné et dans le Vivarais. — Bâville double le prix de son arrestation. — Il est découvert à Nismes. — Il se cache dans une citerne. — Il part pour le Béarn. — Il est arrêté à Pau. — Conduit à Montpellier. — Condamné à mort et exécuté le 14 novembre 1698. — Douloureux retentissement de sa mort. — Effet qu'elle produit sur Peyrol, un jour qu'il prêchait à Genève.

CLAUDE Brousson, de retour dans sa patrie, se fit immédiatement consacrer au ministère évangélique dans les Cevennes par le pasteur Vivens, de Valleraugue, qui venait lui-même de recevoir l'ordination apostolique en Hollande [1].

[1] François Vivens était précédemment un simple ouvrier cardeur de laine ; il quitta son atelier à vingt-deux ans, avec une quarantaine de Cevenols de sa condition et de son âge, pour devenir *prédicant du désert*. Bâville négocia avec lui, et le laissa sortir de France : cinquante personnes l'accompagnèrent. Après avoir erré long-temps, il arriva en Hollande, où il fut consacré au ministère évangélique. Il rentra en 1689,

Dès ce moment, après avoir, pour sa sûreté, pris le surnom de *Paul Beauclose*, son zèle ne connut plus de bornes ; sa vie cessa de lui être précieuse ; il se dévoua complètement et sans réserve au service du Seigneur et Sauveur Jésus-Christ, et, quoique sa constitution physique fût d'une extrême faiblesse, elle n'eut pas le pouvoir de l'arrêter dans l'exercice de ses pénibles fonctions. Il réunissait les fidèles de l'église la nuit, entre deux rochers, dans un lieu éloigné et solitaire, et là, à la lueur de quelques torches, ou à la pâle clarté de la lune, il annonçait, tous les jours de la semaine, avec la foi la plus vive, Christ et sa justice, Christ et son salut, à des assemblées plus ou moins nombreuses, formées de la réunion des protestans accourus de tous les lieux des environs. En descendant de chaire, quoique couvert de sueur et exténué de fatigue, il baptisait des enfans, bénissait des mariages, profitait du reste de la nuit pour se rendre, accompagné d'un guide, et à la faveur des ténèbres, dans quelque église du voisinage, afin d'y célébrer un service funèbre à l'occasion d'un mort que l'on était obligé de cacher, en creusant sa tombe ou sous le hangar d'une remise, ou au fond d'une écurie, quelquefois même à côté du lit sur lequel il avait rendu le dernier soupir. En face de ce cadavre proscrit après sa mort, la voix du pasteur s'élevait lente et mélancolique, et, dans une prière que

pour organiser la résistance dans les Cevennes. Il fut tué dans une grotte par la milice de Chantereine, gouverneur d'Alais.

l'émotion des assistans groupés autour de lui, et éclairés par la pâle lumière de quelques lampes, devait rendre aussi impressive que solennelle, il implorait les bénédictions de Dieu, et sur la famille en larmes, et sur l'église en deuil.

Brousson, ne pouvant, malgré son activité apostolique, satisfaire tous les besoins spirituels qui se manifestaient autour de lui, conçut l'idée ingénieuse de faire tirer des copies de ses sermons, et de les envoyer dans les localités nombreuses qui réclamaient sa présence, et que l'affaiblissement graduel de ses forces ne lui permettait pas de visiter. Il les accompagnait de lettres pastorales, de modèles de prières, de formulaires liturgiques et de règlemens d'organisation ecclésiastique, où l'on trouvait l'empreinte de l'humilité la plus profonde, unie à la conviction chrétienne la mieux affermie. Ces sermons étaient lus par des congrégations entières ; ils relevaient leur courage abattu, en tournant leurs regards vers cette patrie des cieux, où il n'y a plus ni tribulations, ni angoisses, ni deuil, ni cris, ni larmes, et où l'on n'arrive cependant que par le chemin des afflictions et de la douleur.

Son cabinet d'études était, pour l'ordinaire, le dessous d'un chêne de la forêt, dont le feuillage touffu le préservait des ardeurs du soleil, et son bureau n'était autre qu'un pupitre léger, qu'il plaçait sur ses genoux, et qu'il appelait, par cette raison, *la table du désert*. Son style était figuré ; son langage, quelquefois mystique ; mais son âme s'épanchait vive et ardente devant un auditoire de malheureux proscrits voués à la mort ; et, souvent croyant voir le glaive de la loi levé sur leurs têtes, il s'écriait dans un pieux transport: « frappe ! frappe !.... mais toi, Seigneur, convertis-nous !...... »

Quoique l'historien Brueys[1] l'ait accusé d'avoir pris

---

[1] David-Augustin de Brueys était originaire d'Aix, où il naquit en 1640, d'une famille ancienne et protestante. Il se dégoûta de l'étude de la jurisprudence, et se livra avec ardeur à celle de la théologie, de telle manière qu'il devint, plus tard, un membre distingué du consistoire de Montpellier. Il attira l'attention de l'évêque de Meaux, par une réponse qu'il fit à son *Exposition de la doctrine catholique*; dès ce moment, ce prélat essaya de le convertir, et y réussit avec facilité, par la raison qu'il n'y avait dans son cœur aucun germe de foi véritable en l'évangile, et que sa science était purement spéculative. En changeant d'église il ne changea pas de sentiment, puisque sa vanité contribua tout autant à sa conversion que l'éloquence persuasive de l'évêque. Il se montra toutefois, dit un de ses biographes modernes, aussi zélé défenseur des doctrines qu'il venait d'embrasser, qu'il l'avait été précédemment des croyances de ses pères, et divers écrits vinrent successivement témoigner, sinon de la sincérité de sa conversion, du moins de la merveilleuse facilité avec laquelle son style et son raisonnement avaient su se plier à sa nouvelle position. — Le clergé et le roi l'ayant comblé de pensions et de bénéfices, il prit les ordres après la mort de sa femme. Mais le nouveau prêtre catholique, ayant fait un voyage à Paris, fréquenta les théâtres, quitta la soutane pour devenir auteur dramatique, et s'associa dans ce but avec Palaprat. Dès ce moment, de sa plume abondante et facile sortirent un mélange disparate de comédies et de méditations pieuses. — Claude et Jurieu, qui ont refuté ses écrits, le représentent comme un ennemi dangereux et condamnent sévèrement sa mémoire. C'est aux comédiens seuls, en effet, qu'elle peut être chère. Il mourut à Montpellier le 26 novembre 1723, à l'âge de 83 ans.

part au complot militaire que le fougueux Vivens avait tramé avec le colonel Schomberg, dont le régiment était alors en Savoie, et qui devait venir s'emparer des Cevennes, il est cependant positif qu'il y demeura tout à fait étranger. Il le fit, d'abord, par caractère, dont la mansuétude et la douceur étaient devenues proverbiales ; par principes religieux ensuite. Son but, en effet, était de prêcher Christ et de lui gagner des âmes pour le ciel : « Je ne suis pas un perturbateur du repos public, dit-il dans une lettre écrite à l'intendant Bâville, mais un fidèle serviteur de Dieu, qui travaille à l'instruction, au salut et à la consolation de son peuple désolé [1]. »

La vie active de Brousson ne lui faisait pas négliger ses travaux littéraires ; il écrivait sans cesse, parce que écrire était pour lui un délassement : c'est ainsi qu'après avoir rédigé, *une Confession de foi des prédicateurs du désert*, il l'envoya à la cour accompagnée de dix-sept sermons, pour faire connaître la doctrine qu'il professait ainsi que ses collègues, qui, tous unis en esprit, confessaient Christ comme l'auteur unique de la vie, de la mort, de la justification et du salut. Il composa un commentaire du *nouveau Testament*, et plusieurs mémoires, dans lesquels il réclamait, en faveur des chrétiens réformés du royaume, protection, liberté de conscience et de culte, droits civils et individuels ; mais sa voix généreuse fut étouffée par les clameurs de ses ennemis, dont le nombre croissait à mesure que son influence devenait plus étendue. Quelques faux frères même l'ayant

---

[1] *Biographie de Brousson*, en tête de ses œuvres.

dénoncé à Bâville comme un ennemi du roi plus dangereux qu'il ne l'avait cru jusqu'alors, cet intendant, par arrêt du 26 juin 1693, mit sa tête au prix de *cinq cents louis d'or*.

Dès ce moment, sa vie devint plus agitée que jamais, car que de fatigues n'eut-il pas à endurer? que de voyages pénibles ne fut-il pas forcé d'entreprendre? Il ne couchait jamais deux nuits de suite dans la même maison; quelquefois même, au moment où il venait de se jeter sur un lit hospitalier, une alerte soudaine l'obligeait à se lever pour courir dans les bois et se cacher parmi les broussailles, où il attendait, des heures entières, qu'un messager affidé vînt lui annoncer la cessation du danger, car les dragons le poursuivaient sans relâche; son signalement avait été envoyé dans tous les villages, et chacun pouvait facilement le reconnaître à son teint brûlé par le soleil ardent du midi, comme à sa figure amaigrie par les souffrances. Et cependant il échappa à toutes les poursuites, parce que la main du Seigneur le conduisit loin des embûches de ses ennemis; aussi aimait-il à proclamer sa reconnaissance envers lui, dans toutes ses lettres et dans tous ses sermons.

Cette protection fut visible et immédiate dans une circonstance particulière de sa vie, où il courut personnellement les plus grands dangers. Il avait réuni dans une gorge de montagne une nombreuse assemblée; au milieu du service, les soldats apparaissent, fondent avec impétuosité sur la multitude, blessent les uns, tuent impitoyablement les autres, ce qui reste est fait prisonnier ou dispersé avec violence. Au milieu de ce tumulte, Brousson disparaît. Où s'est-il caché? se demandent les chefs de l'expédition ; il faut le trouver, quoi qu'il en coûte !..... Les recherches les plus actives s'organisent, plusieurs compagnies de soldats y sont employées ; on sonde le terrain deux lieues à la ronde ; on en suit les détours ; on abat les taillis des forêts ; on pénètre avec des flambeaux dans toutes les excavations ; plusieurs heures sont employées sans relâche à ces perquisitions, qu'une pluie battante qui survient n'a pas la puissance de suspendre......; et le fugitif ne se trouve nulle part.... Qu'était-il devenu? Il s'était glissé inaperçu dans l'angle d'un rocher, contre lequel il se tint collé et immobile, et les dragons étaient passés cent fois à ses côtés; mais, frappés d'aveuglement, comme les Syriens qui furent envoyés pour s'emparer d'Elie, le prophète, ils ne l'avaient pas aperçu.

Toutefois ces dangers si incessans et ces courses si pénibles altérèrent complètement sa santé, et il ne lui fut plus possible d'annoncer l'évangile. Ce fut alors que, sur les instances de ses amis, il alla chercher du repos en Suisse, auprès de sa femme et de son fils. Il partit dans le courant de l'automne en 1693 ; mais, arrivé à Lausanne, son esprit ne put se livrer à l'inaction ; il se mit aussitôt en relation avec les Français réfugiés sur la terre étrangère. Il alla en Hollande faire valider sa consécration au saint ministère par une assemblée régulière de pasteurs, comme l'exigeait la discipline ecclésiastique, et ce fut dans ce pays qu'il fit imprimer un recueil de ses sermons, sous le titre de *Manne mystique du désert*.

En 1695, il repassa en France, en traversant la forêt

des Ardennes, sous la conduite d'un guide expérimenté. Il arriva à Sédan [1], où il risqua d'être pris par des archers. De là il se rendit en Normandie, parcourut la Flandre et l'Artois, au milieu des voleurs, à pied, marchant de nuit dans les déserts, supportant la fatigue avec courage, faisant en chemin trois ou quatre prédications par semaine, exposé aux orages, témoin des maux qu'occasionnaient partout la mortalité et la guerre civile ; et, après un an de courses dans les églises du nord de la Loire, il fut découvert en Bourgogne, et ne se sauva de la mort qu'en rentrant en Suisse en 1696.

Mais son esprit n'était pas content dans le repos, car, comme il le disait lui-même dans une lettre à sa femme : « ce n'était que dans le travail que le Seigneur lui donnait un vif sentiment de sa grâce et de son amour, en accomplissant sa force dans son infirmité. » Aussi, dans le courant de 1697, il rentra en France par le Jura, pour aller au martyre.

Il fut retenu dans le Dauphiné, pendant tout l'hiver, par des neiges abondantes ; mais là il trouva des amis et des frères, qui se groupèrent avec d'autant plus d'empressement autour de lui, que depuis quatre mois ils n'avaient pas entendu annoncer la parole de la réconciliation par le sang de Jésus-Christ. Plusieurs rendirent un témoignage éclatant de leur foi, ce qui inonda son

---

[1] C'est la patrie du grand Turenne, qui y naquit en 1611. Le duc de Bouillon, son frère, céda, en 1642, la principauté de Sédan au roi de France. Il s'y fonda une académie célèbre pour les protestans, dont les pasteurs du Moulin, Jurieu, etc., furent professeurs.

âme d'une joie que le monde dédaigne, parce qu'il ne la connaît pas.... Au printemps suivant, après avoir passé le Rhône et visité le Vivarais, il arriva dans les environs de Nismes.

La persécution y était aussi ardente qu'au commencement de son ministère; les exactions et la violence tenaient les âmes accablées sous le poids de la terreur: il fallait aller à la messe, ou voir confisquer ses meubles et ses provisions. L'intendant Bâville, informé de son retour par ses agens toujours aux aguets, augmenta de *cent louis* la mise à prix de sa tête. Les perquisitions devinrent, par suite de cela, plus actives; mais Bousson, les affrontant avec audace, eut l'imprudence d'entrer dans la ville, et d'y mettre à la poste une requête signée de sa main, qu'il envoyait au roi. Ce fut un indice qui mit les espions sur ses traces; ils le serrèrent de près, mais, par un stratagème adroit, ou plutôt par la protection spéciale de Dieu, il eut le bonheur de s'échapper encore.

Il fut pourtant suivi dans sa retraite hors de la ville, et la maison qui lui servit d'asile dans un bourg voisin, fut aussitôt cernée par les dragons. Comment fuir? toutes les issues étaient gardées avec vigilance. Où se cacher? aucune retraite n'était possible.... Il avait décidé de se rendre sans résistance, lorsque son hôte vint à son secours; il le fit cacher dans une vieille citerne, au fond de laquelle il y avait une excavation où il put se tenir blotti. Mais un des soldats en connaissait l'existence, et s'y fit descendre par ses camarades, quelques instans après lui. Le fugitif et le gendarme allaient se trouver en face, l'heure de l'arrestation avait irrévocablement sonné ; cependant, ô surprise ! ô faveur inespérée ! ce dernier, arrivé au fond, se sentit tout à coup saisi d'une froideur glaciale ; ses membres, échauffés par une marche rapide, se mirent à trembler convulsivement, ses dents s'entrechoquèrent avec violence, et il demanda qu'on le tirât au plus vite de ce lieu ténébreux, qui allait devenir mortel pour lui. Sa prière fut écoutée, et il sortit sans avoir aperçu le proscrit..... qui fut délivré plus tard par les mains hospitalières de son ami, sans avoir éprouvé aucun mal..... Après quelques heures de repos, Brousson se mit en route, et se retira sans autre accident dans la principauté d'Orange, au sein de laquelle, sous la protection du roi Guillaume de Nassau, le culte public se célébrait sans empêchement et sans entraves [1].

Le retour de Brousson à Nismes était impossible ; il le comprit lui-même, et, sur l'invitation de ses amis les plus intimes, il se décida, quoique à regret, à partir pour le Béarn. Chemin faisant, il s'arrêta dans les nombreuses églises qui se trouvèrent sur son pas-

---

[1] Depuis la paix de Riswick, la principauté d'Orange, en effet, berceau de la maison de Guillaume III, roi d'Angleterre, jouissait du privilége exclusif, en France, d'une liberté complète de conscience et de culte. Chaque dimanche, un si grand nombre de religionnaires traversaient le Rhône pour venir y assister au culte divin, que Bâville créa un gouverneur spécial, dont le siége était à Roquemaure, pour les en empêcher. (*Histoire des pasteurs du désert*: I, 248.)

sage, et les encouragea à la persévérance et à la fidélité à l'évangile, par ses exhortations et par son exemple. Il s'arrêta principalement à Beziers, à Castres et à Foix ; mais, arrivé à Pau, le séjour qu'il y fit lui devint funeste, puisqu'il occasionna sa mort.

Une méprise en fut cause ; au lieu de remettre une lettre de recommandation dont il était porteur, à la personne même à laquelle elle était adressée, il la donna à une autre qui portait le même nom, mais qui avait renié la foi de ses frères, et s'était jointe à leurs ennemis ; elle le dénonça, à l'instant même, aux autorités de la ville, qui mirent avec promptitude leurs agens à sa poursuite pour s'emparer de lui. Averti du danger par un ami fidèle, Brousson n'eut le temps que de s'évader de la ville, et de se diriger en poste vers Oloron. Les soldats l'y suivirent, y arrivèrent en même temps que lui, et s'emparèrent de sa personne. Il ne fit aucune résistance ; il ne cacha ni son nom, ni sa profession, ni le but de son voyage, et se laissa amener, avec la docilité d'un agneau, à Lescar, devant Pinon, intendant de la province, qui le fit conduire à Pau, où le château dans lequel était né Henri IV lui servit momentanément de prison. Lorsque son dénonciateur vint réclamer les 3,000 *liv.* promises à ceux qui vendaient les ministres du désert, Pinon lui répondit avec indignation : « Misérable ! ne rougis-tu pas de voir les hommes, quand tu trafiques de leur sang ? Retire-toi, je ne puis supporter ta présence [1] ! »

---

[1] *Répertoire ecclésiastique ;* par Rabaut le jeune, p. 213.

Ces paroles annoncent une âme compatissante. L'intendant du Béarn, bien différent de son prédécesseur Foucauld, qui, avec Marillac, avait organisé les dragonnades dans cette province, était, en effet, un magistrat affable, doux et plein d'humanité ; ce qui le prouve, c'est que, lorsqu'il se vit dans l'obligation d'envoyer son prisonnier à Bâville, qui l'avait réclamé à cause de son origine nîmoise et des fonctions pastorales qu'il avait exercées pendant neuf ans dans les environs de la ville, il ne voulut point charger ses mains de chaînes, et le laissa marcher en liberté au milieu des soldats qu'il lui donna pour escorte, comptant plutôt sur la parole qu'il lui avait donnée de ne point s'évader, que sur leur surveillance.

Brousson, de son côté, ne trompa point la confiance qu'il lui avait accordée d'une manière si loyale et si généreuse ; car, embarqué à Toulouse sur le canal du Languedoc, il s'aperçut, arrivé à l'écluse de Négra, que ses gardes étaient tous plongés dans le plus profond sommeil ; il n'avait qu'à sortir de la barque pour recouvrer sa liberté et échapper encore une fois à une mort certaine ; mais il n'en conçut pas même la pensée, il avait promis de rester prisonnier, et sa promesse était inviolable, car un chrétien ne sauve jamais sa vie au prix d'une lâcheté [1].

Il arriva à Montpellier le 30 octobre 1698. Cinq jours après, son procès s'instruisit ; la salle d'audience se trouva envahie, immédiatement que les portes en

---

[1] *Histoire des pasteurs du désert ;* 1, pag. 250.

furent ouvertes, par une foule d'ecclésiastiques, de gentilshommes et de bourgeois. Bàville, qui, pendant sa captivité dans la citadelle, avait eu quelques attentions pour lui, l'interrogea avec soin, mais sans trop de malveillance ; il lui fit rendre un compte détaillé des motifs de sa conduite dans les Cevennes, du but qu'il avait eu en s'unissant, pour conspirer contre l'Etat, avec le pasteur Vivens et le colonel Schomberg, et surtout de la déclaration qu'il avait lui-même rédigée à Toulouse, comme président du comité de résistance, et qu'il avait envoyée au roi, après l'avoir soumise à l'église de Nismes. Il répondit sur tous ces points avec calme et précision ; s'il avait été avocat distingué, il était devenu pasteur fidèle, voilà pourquoi il n'employa, dans sa défense, aucun artifice oratoire, aucun argument captieux, aucun moyen échappatoire, aucun subterfuge adroit : il parla comme en la présence de Dieu, *qui connaît seul le cœur de tous les hommes* (1. Rois, viii, 39), *qui découvre les pensées de leur esprit une par une* (Ezéchiel, xi, 5), et *qui pèse leurs entreprises* (1. Sam. ii, 3); niant d'avoir trempé dans aucune conspiration ayant pour but de troubler la tranquillité du royaume, mais aussi, avouant, sans déguisement et sans honte, qu'à l'exemple des apôtres, il s'était fait un devoir et de plus une gloire d'annoncer partout l'efficace de la croix de Christ, à tous les pécheurs qui sentaient leur misère morale et leur corruption profonde, puisqu'à ses yeux l'évangile était une *puissance* propre à renverser toutes les forteresses de ses ennemis.

L'application était directe ; tous les assistans en comprirent le sens et la portée ; Bâville en éprouva une indignation qui se manifesta par ses gestes d'impatience et par son regard courroucé, et, comme le loup ne peut entendre les avertissemens de l'agneau sans le déchirer, à l'heure même, de sa dent meurtrière, après une courte consultation avec les juges qui siégeaient à côté de lui, il prononça la sentence de Claude Brousson, qui fut condamné, 1.º à subir la question ordinaire et extraordinaire ; 2.º à être ensuite rompu vif sur la roue ; 3.º enfin, à être attaché, après sa mort, à un infâme gibet.

La victime était dévouée ; elle baissa humblement la tête, et se mit mentalement en prières. A l'exemple de St. Etienne, le premier martyr de l'église chrétienne, qui fut lapidé à Jérusalem l'an 31 de l'ère vulgaire, et surtout à l'imitation de Jésus, son Sauveur, mourant sur la croix du calvaire, Brousson pria d'abord pour ses juges, et ensuite pour ses bourreaux. Cette requête ne fut ni inutile, ni vaine, puisqu'elle eut pour effet immédiat d'adoucir la cruauté de Bâville à son égard, car il lui épargna la torture, et ordonna qu'il fût étranglé avant de lui rompre les quatre membres.

Mais l'heure du délogement n'en était pas moins arrivée ; le pasteur de Nismes marcha au supplice le 4 novembre 1698, à l'âge de cinquante-un ans, sans faiblesse comme sans orgueil. Il fut conduit à pied de la citadelle sur la place du Peyrou, et là, levant les yeux au ciel, il fit sa dernière prière.... ; prière solennelle ! puisqu'elle fut le dernier accent d'une bouche qui allait se fermer pour toujours sur la terre ! et le dernier recours d'une âme pécheresse à la grâce du Dieu sauveur...... Elle ne fut point entendue des oreilles impures qui l'entouraient, et le Seigneur seul l'accueillit dans sa miséricorde...... Après cela il se livra au bourreau, qui, tout tremblant et tout ému, exécuta son terrible et sanglant ministère, en présence d'un peuple immense, avide de pareils spectacles, parce qu'il est dans la nature de l'homme, depuis sa dégradation par le péché, d'être cruel, et d'aimer à voir souffrir [1].

La mort de Brousson eut un douloureux retentissement, non-seulement dans les églises du royaume, mais encore dans celles de tous les pays étrangers. Une tristesse sombre et un deuil général se répandirent, en particulier, dans le cœur des protestans de Nismes, qu'il avait pendant si long-temps instruits et édifiés. Peyrol, qui avait été son collègue, apprit la nouvelle de sa mort tragique un jour de dimanche, au moment où il allait monter en chaire dans l'un des temples de Genève; il en fit part à son auditoire avec tous ses détails, et en versant d'abondantes larmes. Après avoir parlé de sa foi vivante, de son zèle infatigable et de son dévouement à toute épreuve, il se reprocha vivement à lui-même de n'avoir pas marché sur ses traces, s'accusant hautement de faiblesse et d'indignité, pour avoir préféré le repos de l'exil au martyre de la patrie. Son émotion fut si vive, son âme si profondément ulcérée et attendrie, qu'en rentrant dans sa de-

---

[1] M.me Dunoyer. — Brueys. — *Hist. des past. du désert;* 1, pag. 254.

meure, après avoir célébré le service divin, il se mit aussitôt au lit, sur lequel il expira quelque temps après de douleur [1]...... ; douleur salutaire, puisqu'elle fut l'expression visible de *cette repentance à salut, dont on ne se repent jamais* (2. Corinth., vii, 9), par la raison qu'elle produit le pardon des péchés, et un libre accès au trône de la grâce, sur lequel le sacrifice expiatoire de Christ a changé l'exercice de la justice par celui de la miséricorde.

Après la mort de Brousson, trois édits [2] successifs vinrent rendre la position des protestans du royaume intolérable. Un procès rigoureux fut intenté à ceux qui essayèrent d'en sortir ; il fut, de plus, défendu à tout capitaine de navire français ou étranger de les recevoir sur son bord, sous peine de confiscation de son vaisseau ; enfin, le droit de vendre leurs propriétés immobilières leur fut enlevé pendant trois ans. Ils durent donc forcément rester, par cela même, sous le joug d'une persécution implacable, qui remplit toutes les prisons et tous les bagnes de malheureux proscrits, dont le seul crime était de servir Dieu selon leur conviction : aussi le désespoir fut-il porté à son comble ; et de toutes parts retentirent des cris d'angoisses et de longs gémissemens de douleur.....

[1] *Répertoire ecclésiastique* de Rabaut jeune.
[2] Le premier fut du 13 décembre 1698, et les deux autres, du 11 février et du 13 septembre 1699.

CHAPITRE IV.

Commencement du 18.me siècle. — L'extase religieuse éclate dans les Cevennes. — Prophètes Cevenols. — Guerre des Camisards. — Pourquoi elle ne se lie qu'indirectement à l'histoire de Nismes. — Actes coupables qui furent pourtant commis aux portes de cette ville. — Incendie du moulin de l'Agau. — Conduite du maréchal Montrevel. — Victimes de cet incendie. — Une jeune fille seule est sauvée. — Sa condamnation, ainsi que celle de son libérateur. — Paroles de l'évêque Fléchier sur ce massacre. — Alarme qu'il occasionne dans la cathédrale. — Entrevue du maréchal de Villars avec Cavalier, dans la ville de Nismes. — Sa population en 1715. — Position religieuse des protestans. — Leur nombre. — Antoine Court.

Au commencement du 18.me siècle, le principe de la réforme paraissait de nouveau éteint à Nismes par le souffle de la persécution, et l'intendant Bâville se félicitait de cette dernière victoire qu'il croyait décisive, lorsque l'extase religieuse, qui avait commencé à se manifester dans le Vivarais et dans le Dauphiné, éclata aussi dans les Cevennes avec une force tellement irrésistible, qu'elle occasionna la guerre désastreuse des *Camisards*.

L'histoire des *prophètes cevenols* renferme des traits d'une nature si extraordinaire, qu'il ne faut ni tourner en ridicule, ni accepter pour vrais avec trop de facilité. Cette exaltation ardente de l'esprit s'explique par la position affreuse dans laquelle la révocation de l'édit de Nantes avait placé les protestans français. Privés de culte, d'instruction morale et religieuse, poursuivis sans relâche, se cachant dans les bois, sans cesse en proie aux plus vives alarmes et aux plus imminens dangers, n'ayant d'autre perspective que l'exil, la prison, les galères ou la mort, il leur fallait, de deux choses l'une, ou renier leur croyance et abandonner l'église dans laquelle ils étaient nés, ou trouver dans leur conviction évangélique elle-même un aliment assez actif pour soutenir leurs forces, relever leur courage et leur faire affronter les supplices, au milieu de tant de fatigues physiques et de tant de persécutions violentes. D'ailleurs, pourquoi le taire ; quelques hommes adroits, peut-être ambitieux, car où ne s'en trouve-t-il pas? essayèrent par ce moyen d'exciter leurs co-religionnaires à la révolte, et la suite fit voir qu'ils ne s'étaient pas trompés, puisqu'elle éclata le 24 juillet 1702.

La guerre des Camisards ne se lie à notre histoire que d'une manière indirecte. Nismes, en effet, gardée par les canons de la citadelle, et les archers de Bâville, resta immobile et calme, alors que la Vaunage, cette *petite Chanaan* des chrétiens réformés, retentissait du bruit de la fusillade, ou célébrait par des prières publiques et des chants de triomphe, les succès militaires que Cavalier, Rolland et Ravanel, avaient remportés sur les milices redoutables de Louis xiv.

Toutefois quelques actes sanglans furent commis à ses portes. Outre que les prêtres de Milhaud, de St-Cesaire et de Caissargues, furent obligés d'abandonner leurs presbytères pour chercher un asile protecteur derrière les remparts de la cité languedocienne, le 7 juillet 1703, une jeune fille catholique fut maltraitée sur le chemin de la Bastide, et un officier irlandais fut mis à mort demi-lieue plus loin, on ne sait avec quelles circonstances [1].

Mais ces violences n'étaient que de bien faibles représailles du massacre qui avait déjà eu lieu le dimanche précédent, voici à quelle occasion :

Quelques centaines de femmes, avec leurs enfans et plusieurs vieillards (car les hommes en état de porter les armes, réunis aux Camisards, guerroyaient dans la Vaunage et dans les Cevennes), s'étaient assemblées en prières dans un moulin situé sur le canal de *l'Agau*, et dont un nommé Mercier était le meunier. C'était le premier jour de la semaine sainte, pendant la durée de laquelle l'église chrétienne a toujours célébré avec une dévotion fervente et un zèle plus ardent la mémoire de la mort et de la résurrection de Jésus-Christ, en s'approchant de la sainte Cène. L'assemblée, réunie derrière les épaisses murailles du château du roi, était donc humiliée, recueillie et attentive, mais elle eut l'imprudence d'entonner en chœur l'un de ces cantiques que le pasteur Benedict Pictet [2] a composés pour les fêtes

---

[1] *Archives de la préfecture du Gard* ; liasse 808, n.º 91.
[2] Il naquit à Genève en 1655, où il fut pasteur et professeur. Sa mort arriva en 1721. Il s'acquit la réputation d'un homme pieux, amical et bienfaisant ; en effet, il exerça ses emplois avec une grande prudence et avec une application infatigable. Ses ouvrages sont écrits avec beaucoup de solidité. On trouve dans ses sermons et dans les cantiques qu'il a composés pour l'usage tant public que particulier, la preuve d'une vraie intelligence, et l'indice certain que son cœur se repaissait de l'Evangile de Jésus-Christ. (*La saine Doctrine* ; préface.)

solennelles, et dont les paroles sont confiées à toutes les mémoires, et les airs connus même des petits enfans. Ce chant, entendu du dehors, fit aussitôt découvrir leur retraite. Le maréchal Montrevel, qui était, ce jour-là, dans Nismes, en fut aussitôt instruit par ses agens; il se trouvait alors à table et en nombreuse compagnie; il se leva à l'instant, assembla la milice, fit cerner le moulin, et, par son ordre et sous ses yeux, le feu ayant été mis aux quatre coins de cette maison bâtie en bois, la fumée obscurcit bientôt l'horizon, les flammes apparurent à jets élancés et lumineux, et un long gémissement de douleur, poussé par la voix de *trois cents* victimes, remplit d'effroi le cœur même des satellites du maréchal : lui seul resta impassible et froid, et, lorsque quelque mère, plutôt pour sauver la vie de son enfant qu'elle pressait contre son sein, que la sienne propre, chercha à se dérober par la fuite à ce supplice d'horreur, il ordonna de la saisir et de la rejeter sans compassion dans cette nouvelle fournaise.

Tous périrent, à l'exception d'une jeune fille, qu'un domestique de Montrevel, plus humain que lui, essaya de sauver ; mais, hélas ! son action héroïque eut une triste récompense, car le maréchal, avec une cruauté inexorable, ordonna, le lendemain, que l'enfant et son libérateur fussent attachés au gibet sur la place publique. La sentence était sans appel ; elle fut exécutée sur l'heure ; la jeune fille était déjà morte, et le domestique allait partager son sort, lorsque de compatissantes religieuses, qui passaient sur le lieu de l'exécution, ayant appris la cause honorable du supplice qu'il allait subir, obtinrent qu'il fût différé de quelques instans ; elles allèrent ensemble se jeter aux pieds de Montrevel, lui parlèrent au nom du Dieu de miséricorde, qui *pardonne afin qu'on le craigne* (ps. cxxx, 4), et, si leurs sollicitations ne fléchirent pas complètement son injuste courroux, elles ne furent pas du moins tout à fait infructueuses, puisqu'elles eurent pour résultat d'obtenir une commutation de peine ; l'honnête criminel, en effet, dut subir, au lieu d'une mort infamante, un exil immédiat, non-seulement de la ville, mais encore de toute la province du Languedoc [1].

Tous les historiens catholiques, qui sont si sévères lorsqu'ils ont à flétrir les crimes commis par les protestans, n'ont qu'une voix pour louer la justice du massacre du moulin de *l'Agau* : Brueys, Labaume et Fléchier sont de ce nombre..... Fléchier, un serviteur de Jésus-Christ, l'appelle, dans ses lettres choisies [2] « *la réparation d'un scandale occasionné par le chant des psaumes dans le temps qu'on était à vêpres.* » — Il célébrait, en effet, ce service religieux du soir dans la cathédrale, lorsqu'un bruit confus arrivant du dehors, accompagné d'une décharge de mousqueterie, fit croire à une attaque soudaine des Camisards ; l'alarme se manifesta aussitôt dans l'église ; l'agitation des auditeurs devint extrême ; ils cherchèrent, sans plus tarder, à organiser des moyens de défense : plusieurs, munis de pierres énormes, montèrent dans le clocher ; d'autres entassèrent les chaises

---

[1] Court : *Histoire des Camisards ;* i, 241.
[2] Lettre cxxxviii : du 25 avril 1703.

derrière la porte d'entrée ; tous s'attendaient à un combat prochain, lorsque des émissaires, envoyés aux informations, revinrent et firent connaître le véritable état des choses. Le péril n'étant plus personnel, chacun reprit sa place, et l'office interrompu fut continué. Le lendemain, la population entière assistait à la démolition du moulin que Montrevel fit abattre sous ses yeux, et dont il fit disparaître jusqu'au dernier vestige [1].

Toutefois il est vrai d'ajouter que le roi ignora ce massacre, et que M.me de Maintenon et tous les ministres le blâmèrent hautement.

Les événemens de la guerre des Cevennes se succédèrent avec rapidité. L'armée de Cavalier grandit et se rendit redoutable. Après plusieurs combats meurtriers sans résultat pour la pacification de la province, le maréchal de Villars, à qui le gouvernement en avait été confié, ayant employé, dans le courant d'une année, tour à tour l'indulgence et la force, fatigué de répandre un sang précieux à la patrie, chercha à amener les Camisards à la soumission au roi, par une démarche extérieure et inespérée de clémence, qui pût les flatter et les désarmer. Dans ce but, il fit proposer à Cavalier d'avoir une entrevue avec lui, afin d'en venir ensemble à des voies pacifiques d'accommodement. Celui-ci, qui venait de perdre, dans un combat à Nages, une grande quantité d'armes, toutes ses munitions de guerre, son argent et un corps de soldats faits au feu et à la fatigue,

---

[1] Court : *Hist. des Camisards* ; 1, 240. — De Labaume, liv. 1.

accepta sans difficultés, ajoutant toutefois, comme avertissement préalable, qu'il ne mettrait jamais bas les armes, si on ne rétablissait pas dans le pays l'exercice public de sa religion.

Le rendez-vous fut fixé à Nismes, pour le 16 mai 1704, dans le jardin des Recollets [1], couvert de grands arbres, et situé hors de la ville, entre les portes de la Bouquerie et de la Magdelaine. La veille, Cavalier vint coucher à Langlade, d'où il partit le lendemain matin pour se rendre à Nismes, à la tête de son infanterie et de cinquante cavaliers, accompagné de son frère, de d'Aigaliers et de Lacombe. Chemin faisant, il rencontra le lieutenant-général Lalande, entre Caveirac et St-Cesaire, qui lui remit pour ôtages la Duretière, capitaine des dragons de Firmaçon, un capitaine d'infanterie, quelques autres officiers, et quelques dragons, qu'il laissa dans ce dernier village, sous la garde de son infanterie. Ses cavaliers seuls l'accompagnèrent; il les mit en vedettes sur les bords du Cadereau, depuis le Jeu de mail jusqu'au temple de Diane. Après cela, suivi de son frère, de trois capitaines de ses amis, et de huit soldats, il s'avança du jardin des Récollets, dans lequel se trouvait déjà Villars avec l'intendant Bàville et Sandricourt. Ayant vu, en entrant, la garde du maréchal rangée en bataille d'un côté de la porte, il fit placer la sienne parallèlement de l'autre côté. — L'entrevue dura deux heures : il y fut convenu que Cavalier s'en remettrait à la

---

[1] C'est l'emplacement sur lequel est aujourd'hui bâti le Théâtre, en face de la Maison-Carrée.

clémence du roi, et que Villars écrirait de suite à Sa Majesté, pour qu'il lui fût permis, ou de sortir du royaume avec sa troupe, ou de servir à sa tête dans les armées royales. Il fut stipulé, en outre, que, jusqu'à l'arrivée d'une réponse de Versailles, une trêve serait conclue, pendant la durée de laquelle les Camisards séjourneraient à Calvisson, avec la liberté d'y célébrer publiquement leur culte.

En sortant du jardin, Cavalier traversa une foule immense, accourue de tous les quartiers de la ville avec le désir de le voir de près. Personne ne l'insulta; aucun propos malveillant ne fut tenu sur son compte; la multitude s'ouvrit respectueuse à son approche, pour lui laisser sans gêne continuer son chemin. Arrivé au milieu de son escorte, il entonna d'une voix forte et sonore le *psaume* CXXXIII, que ses soldats continuèrent à chanter en chœur jusqu'à St-Cesaire, en gravissant la colline du Puech-d'Autel. Arrivé dans ce village, il y trouva plus de cinq cents de ses co-religionnaires de Nismes, qui lui offrirent des rafraîchissemens. Après avoir caressé tout le monde, renvoyé ses ôtages, il partit pour St-Dionisy, où, après le repas du soir, au milieu de ses soldats prosternés en silence, il adressa une requête fervente à Dieu, dans laquelle il pria pour le roi, pour le maréchal de Villars, pour la pacification du royaume et l'affranchissement de l'église de Jésus-Christ [1].

Cette entrevue n'amena cependant aucun changement dans les affaires, la guerre continua; les Camisards, à

---

[1] Court: *Hist. des Camisards;* II, pag. 291 et suiv.

la longue, furent et trahis, et vaincus ; les uns s'exilèrent, les autres subirent le supplice des criminels. Nismes continua à courber docilement la tête sous le poids énervant de la force, qui engendre la terreur. Sa population avait pourtant beaucoup diminué, puisqu'en 1715, époque de la mort de Louis xiv, elle ne comptait que 18,141 habitans..... ; et malgré cela, après de si longues luttes et une si cruelle persécution, *six mille* d'entre eux professaient encore en cachette la religion chrétienne réformée. — Mais leur position religieuse était bien déplorable. Privés de temples, de culte, d'écoles, de livres, de pasteurs, d'organisation ecclésiastique, de discipline, de consistoire et de synodes, que seraient-ils devenus, si le Seigneur Jésus, que *Dieu a établi, sur toutes choses, pour être le chef de l'église, qui est son corps* (Eph., i, 22), n'était venu lui-même à leur secours.

La paix d'Utrecht porta un léger soulagement à leurs souffrances, et les dispositions tolérantes de Philippe d'Orléans, régent de Louis xv, leur firent concevoir un avenir moins douloureux : aussi recommencèrent-ils leurs assemblées du désert. Mais là, encore, à défaut de ministres dûment établis pour les célébrer, d'anciens Camisards, entraînés par les souvenirs de leur jeune âge, prenaient la parole, et, après avoir invoqué l'assistance du St. Esprit, assuraient que son inspiration immédiate leur était communiquée, et se présentaient comme de nouveaux prophètes, à qui les destinées futures de l'église avaient été révélées.

Pour remettre de l'ordre dans ce chaos, et rétablir

l'église réformée en France dans sa constitution primitive, il aurait fallu l'expérience d'un vieillard, et Dieu, dont *les voies sont incompréhensibles* (Rom. xi, 33), mit en œuvre la faiblesse d'un enfant, sans doute pour confirmer, par un exemple de plus, la vérité de cette déclaration scripturaire, qu'*il choisit les choses faibles du monde, pour rendre confuses les fortes* (1. Corinth., 1, 27). — Cet ouvrier nouveau, envoyé dans le champ du Seigneur en friche, pour le cultiver et l'ensemencer en son nom, s'appelait Antoine Court.

CHAPITRE V.

Enfance d'Antoine Court. — A l'âge de dix-sept ans, il conçoit le projet de restaurer le protestantisme en France. — Ses premiers travaux dans le Vivarais. — Il devient le fléau des *prophètes*. — En 1715, il vient au service de l'église de Nismes. — Situation où il la trouve. — Quatre moyens lui paraissent indispensables pour la réorganiser. — Il convoque dans ce but tous les *prédicans* des Cevennes et du Bas-Languedoc. — Premier synode. — Nomination d'anciens. — Deux autres synodes s'assemblent — Culte domestique recommandé. — Prière liturgique pour le célébrer. — Court soumet ses travaux à Basnage. — Pierre Corteis. — Il va se faire consacrer à Zurich. — A son retour, il confère l'imposition des mains à son collègue Court. — Ce dernier forme des *proposans*. — Un article d'un synode en 1723. — Fragment d'un sermon de Court. — Une de ses tournées missionnaires. — Propos malveillans sur son compte. — Il se concerte avec M. Duplan, d'Alais, pour fonder un séminaire. — Les secours arrivent d'Angleterre. — Il est fondé à Lausanne en 1730. — Court quitte Nismes pour aller le diriger. — Jacques Saurin.

Antoine Court était né, en 1696, à Villeneuve-de-Berg, autrefois dans le Vivarais, aujourd'hui dans le département de l'Ardèche, le même bourg qui a été la patrie d'Olivier de Serres, en mémoire duquel les amis de l'agriculture ont élevé un monument devant la maison qu'il habitait. Sa condition sociale était obscure. Ayant perdu son père dès son bas âge, il se trouva l'unique soutien et la seule espérance selon le monde d'une mère, que le veuvage avait placée dans l'isolement, mais que le Seigneur Jésus avait appelée à sa connaissance, en ouvrant son cœur aux impulsions de sa parole. Née au milieu des persécutions violentes du 17.me siècle, elle avait vécu au milieu des *prophètes*, qui, avec une ardeur qualifiée, dans nos temps modernes si positifs et si froids, de fanatisme et d'extravagance, exaltaient les esprits et les portaient à la révolte ; mais, dans son humilité chrétienne, au moyen de la parole de Dieu méditée dans un esprit de prière, elle avait su éviter et les écarts d'un zèle amer, qui ne produit que le trouble, comme les systèmes accommodans d'une raison orgueilleuse, qui n'engendrent que l'indifférence, quand ce n'est pas l'incrédulité. Aussi éleva-t-elle son fils dans la foi pure de l'évangile, dans la charité fraternelle et dans le dévouement chrétien, et cet enfant, que Dieu fit grandir en le douant à la fois d'une constitution robuste, d'une âme courageuse, d'une parole éloquente, de beaucoup de tact dans les affaires, et d'une intégrité de mœurs qui rendit sa conduite irréprochable, devint *le restaurateur du protestantisme français*.

A l'âge de dix-sept ans, Antoine Court conçut le généreux projet de sauver l'église de deux dangers qui menaçaient d'occasionner sa ruine : l'un intérieur, l'esprit de prophétie ou d'inspiration immédiate ; l'autre extérieur, la persécution systématique. Dans ce but, après avoir embrassé sa pieuse et excellente mère, il parcourut le Vivarais, dont la terre était encore humide du sang que plusieurs de ses co-religionnaires avaient versé, soit en périssant dans le combat, soit en montant sur l'échafaud ; et, comme l'erreur et l'imposture avaient partout obscurci la véritable foi, et refroidi la charité chrétienne, il dut combattre les préjugés, dissiper les illusions, démasquer les abus, s'opposer aux progrès de l'ignorance, et vaincre la superstition ; que pouvait-il, seul et si jeune, contre tant d'obstacles ? Il essaya pourtant d'en affaiblir quelques-uns ; pour cela, il commença par réunir quelques fidèles autour de lui, pour les instruire et les édifier ; mais la piété sincère s'était tellement relâchée, la tiédeur avait si bien engourdi les âmes, que, d'abord « il ne put décider que six, dix, tout au plus douze personnes à le suivre dans quelque trou de rocher, dans quelque grange écartée ou en rase campagne, pour rendre à Dieu leurs hommages et entendre les discours qu'il avait à leur adresser. » Si le succès ne fut pas rapide, il ne devint cependant que plus solide, en avançant lentement, car la parole de Dieu n'est jamais annoncée en vain, et celui qui la sème est appelé tôt ou tard à en moissonner les fruits : c'est ce qui arriva à Antoine Court. Sans autre mission que celle qu'il tenait de son zèle, sans autre autorité que celle que lui communiquèrent son dévouement et sa piété, il sut faire taire les *prédicans*, devenir, comme un autre Elie, le fléau des *faux prophètes*, et rétablir la discipline ecclésiastique au sein d'une église, où la désorganisation avait introduit la licence.

En prêchant de caverne en caverne, il passa du Vivarais dans les Cevennes ; des Cevennes dans le Bas-Languedoc, et, en 1715, à l'âge de dix-neuf ans, il plut au Seigneur de l'appeler au service de l'église de Nismes. Nous laissons à sa plume le soin de décrire l'état où se trouvait, à cette époque, et cette église, et la religion chrétienne réformée, en France. « A peine, dit-il, en connaissait-on quelques traces. La persécution, d'un côté, l'ignorance et le fanatisme, de l'autre, l'avaient entièrement ou anéantie, ou défigurée. Le plus grand nombre de ceux qui conservaient dans leur cœur le plus d'attachement pour elle, démentaient et déshonoraient cet attachement par leur conduite extérieure. Ils tenaient, pour ainsi dire, d'une main l'évangile, et de l'autre l'idole. Pendant la nuit, ils rendaient à Dieu, dans leurs maisons, un culte secret, et, pendant le jour, ils allaient publiquement à la messe. Quels soins ne fallut-il pas pour les retirer d'une conduite aussi déshonorante et si contraire aux maximes de l'évangile? Combien n'en fallut-il pas, surtout, pour retirer la religion, de l'état déplorable où les causes dont j'ai parlé l'avaient réduite [1]. »

Quatre objets, mûris d'avance dans la méditation et dans la prière, lui parurent indispensables : 1.º la convocation du peuple en assemblées religieuses et régulières ; 2.º le retour à des croyances plus saines et plus évangéliques que celles qu'avaient propagées les prophètes cevenols ; 3.º le rétablissement, selon l'ancienne discipline, des consistoires, des colloques et des synodes provinciaux ; 4.º enfin, l'érection d'une école spéciale ou séminaire, pour y former de jeunes prédicateurs ayant le courage et le dévouement nécessaires de s'exposer au martyre, en travaillant au service de Jésus-Christ et au salut de leurs frères.

Ce plan, qu'il avait conçu dès sa plus tendre jeunesse, occupa sans relâche les quarante années consécutives de sa vie, qu'il employa à l'exercice de son ministère.

[1] *Mémoire justificatif du 18 janvier* 1742.

Ses premières démarches pour l'accomplissement d'un aussi vaste dessein, furent de convoquer, le 21 août 1715, aux approches de la ville et dans un lieu désert, tous les prédicans des Cevennes et du Bas-Languedoc, avec quelques autres fidèles, choisis parmi les plus pieux et les plus éclairés. Il ne s'en rendit que huit : Etienne Arnaud[1], Pierre Durand, Jean Crotte, Jean Huc, Jean Vesson[2], Pierre Corteis et Montbonnoux. Antoine Court, qui formait le neuvième, s'appliqua d'abord à leur faire sentir la nécessité pressante de jeter, ce jour-là même, et avant toutes choses, les premières bases du rétablissement de la discipline. Tous ayant accédé à cette proposition qui leur parut des plus opportunes, ils procédèrent immédiatement à la nomination d'un modérateur de cette assemblée, qui fut qualifiée de *premier synode*. Cette présidence fut dévolue à Court avec mission de dresser procès-verbal de tout ce qui serait délibéré.

On conféra la charge d'anciens à des laïques, qui leur imposa l'obligation de surveiller la conduite des fidèles et des pasteurs, de trouver des lieux convenables et sûrs pour se réunir en prières ; d'y convoquer les assemblées ; d'y faire des collectes pour les pauvres et les prisonniers ; d'indiquer des retraites assurées aux prédicateurs, et de les faire conduire d'un lieu à l'autre.

---

[1] Etienne Arnaud fut le dernier ministre par la mort duquel Bâville termina sa carrière administrative. Il le fit attacher au gibet, à Alais, le 22 janvier 1718.

[2] Louis-Basile de Bernage, comte de St-Maurice, qui succéda à Bâville, commença la sienne, en livrant au supplice Jean Huc et Jean Vesson, à Montpellier, le 22 avril 1723.

Après cela, le synode défendit la prédication aux femmes, selon cette parole de St. Paul, *que la femme apprenne dans le silence en toute soumission ; car je ne permets point à la femme d'enseigner* (1. Tim., II, 11, 12). Il fixa ensuite l'Écriture sainte de l'ancien et du nouveau Testament, comme règle unique de la foi, et condamna par cela même l'inspiration surnaturelle et immédiate du St. Esprit. Il termina cette séance, qui avait duré tout un jour, par l'examen des mœurs des membres présens, malgré l'opposition de Huc et de Vesson, qui, à la fin, en reconnurent cependant la nécessité, et se soumirent comme leurs collègues.

A ce synode en succédèrent deux autres, l'un qui fut tenu le 22 août 1716, et l'autre convoqué le 2 mars 1717 ; pendant la durée desquels, des hommes simples et graves, représentans d'un peuple proscrit, assis aux pieds de chênes majestueux, parmi les rochers, s'occupèrent d'améliorer l'organisation des églises renaissantes.

Dans ce but important, tous les pères de famille furent sérieusement exhortés à célébrer, *trois fois par jour*, le culte domestique avec leurs enfans et leurs serviteurs, et à y faire prendre tour à tour la parole à tous les assistans, afin de les porter à ce saint exercice avec plus de diligence. Pour en faciliter l'exécution, un modèle de prière fut rédigé avec soin, et des copies en furent distribuées avec profusion, parmi les membres de l'église ; en voici la copie littérale, telle qu'on la trouve dans un livre imprimé plus tard à Amsterdam, en 1758.

« *Prière pour les fidèles qui lisent ensemble la parole de Dieu et un sermon, mais qui sont privés de l'exercice public de leur religion.* »

« Grand Dieu ! que les cieux des cieux ne peuvent comprendre, mais qui as promis de te trouver où deux ou trois sont assemblés en ton nom, tu nous vois assemblés dans cette maison pour t'y rendre nos hommages religieux, pour y adorer ta grandeur et pour y implorer tes compassions. Nous gémissons en secret, et d'être privés de nos exercices publics, et de n'entendre point dans nos temples la voix de tes serviteurs. Mais, loin de murmurer contre ta providence, nous reconnaissons que tu pourrais avec justice nous accabler par tes jugemens les plus sévères ; aussi nous admirons ta bonté au milieu de tes châtimens. Nous sommes sans temple ; mais remplis cette maison de ta glorieuse présence ! Nous sommes sans pasteur ; instruisnous des vérités de ton évangile. Nous allons lire et méditer ta parole. Imprime-la dans nos cœurs ! Fais que nous y apprenions à te bien connaître, et ce que tu es et ce que nous sommes, ce que tu as fait pour notre salut et ce que nous devons faire pour ton service ; les vertus qui te sont agréables et les vices que tu défends ; les peines dont tu menaces les impénitens, les tièdes, les timides, les lâches et les profanes, et la récompense glorieuse que tu promets à ceux qui te seront fidèles. Fais que nous sortions de ce petit exercice plus saints, plus zélés pour ta gloire et pour ta vérité, plus détachés du monde, et plus religieux observateurs de tes commandemens. Exauce-nous par ton Fils. Amen. »

Ces travaux préliminaires terminés, A. Court voulut les soumettre à un homme dont les nombreux et estimables écrits font preuve du riche fonds de science et d'érudition qu'il possédait surtout en histoire ecclésiastique, à l'illustre Jacques Basnage [1], ancien pasteur de Rouen, mais alors retiré en Hollande et établi à la Haye. Son approbation était d'autant plus à désirer, qu'il était connu autant par la douceur de son caractère que par la fermeté de sa foi fondée sur la réconciliation, opérée par le sang de Jésus-Christ, ainsi que par son tendre amour pour lui, qu'il appelait avec Thomas : *son Seigneur et son Dieu*. (Jean, xx, 28). Court lui adressa du désert, le 21 mai 1719, après la tenue d'un synode, auquel avaient assisté plus de soixante anciens, un *Mémoire instructif* sur ce qui se passait alors dans l'église désolée de France, et dans lequel, parmi les renseignemens principaux qu'il renferme sur le gouvernement et la conduite

---

[1] Jacques Basnage naquit à Rouen l'an 1653. Il étudia la théologie à Genève, et fut reçu ministre dans sa ville natale. Il y demeura jusqu'en 1685, époque à laquelle la révocation de l'édit de Nantes l'obligea à s'expatrier, ainsi que plusieurs milliers de ses co-religionnaires. Il se retira en Hollande, et fut établi pasteur à la Haye, où il termina sa carrière en 1723.

Il avait épousé Suzanne Dumoulin ; il était le gendre de Pierre Dumoulin et le cousin de Jurieu.

de l'église, on lit le passage suivant sur la nomination des pasteurs.

« S'il se présente, dit-il, quelqu'un qui ait le pieux désir d'être admis à la charge de pasteur, on s'informe d'abord de sa vie, de ses mœurs et de sa doctrine, et, après avoir procédé à l'examen de l'un et de l'autre, et lui avoir fait connaître l'excellence de sa charge, les peines et les travaux qu'il faut endurer pour s'en acquitter avec fidélité, et surtout dans l'état où l'on se trouve dans ce malheureux pays, s'il persiste dans son pieux dessein, on le reçoit pour *proposer* la parole seulement ; car on ne donne la permission d'administrer les saints sacremens qu'à ceux qui sont capables de recevoir entièrement la sainte vocation. »

Un des premiers ministres qui furent élus de la sorte, fut le jeune Pierre Corteis, de Castagnols, que le synode associa à Antoine Court pour évangéliser l'église de Nismes ; ni l'un ni l'autre n'étaient pourtant pas consacrés, ils ne pouvaient donc que *proposer* la parole, et non point *administrer* les sacremens du Baptême et de la sainte Cène ; il n'y avait même dans le royaume qu'un seul ministre du Dauphiné, nommé Jacques Roger[1], qui eût reçu l'impo-

---

[1] Jacques Roger était né à Boissières, près Nismes, en 1675 ; il était par cela même contemporain des camisards : il sortit du royaume en 1711, alla s'établir dans le Wurtemberg, où il demeura quatre ans. Au bout de ce temps, il rentra en France, se mit au service des églises du Dauphiné, et accomplit dans cette province la réorganisation religieuse que A. Court opérait dans le Bas-Languedoc. Après

sition des mains dans le royaume de Wurtemberg, au milieu des montagnes de la Forêt-Noire, où l'industrie des habitans a de tout temps été unie à la foi la plus pure et au dévouement chrétien le plus absolu. — Il fallut remédier au plus tôt à cet inconvénient, car les deux proposans auxquels fut bientôt adjoint Maroger, n'ayant d'autre titre que celui qu'une assemblée synodale de laïques leur avait conférés, d'annoncer l'évangile, ne pouvaient remplir aucune autre fonction pastorale proprement dite. Dans ces conjectures, Court décida son courageux collaborateur Corteis à partir pour Zurich, afin d'y recevoir une consécration régulière selon le rit de la discipline helvétique. — Ce dernier, dont le dévouement égalait la piété, n'hésita pas à entreprendre au plus tôt ce périlleux voyage..... A son retour, il consacra son ami dans un synode convoqué dans ce but spécial, et ainsi fut rétablie la filiation de l'ordination pastorale, suivant la règle qu'en ont donnée les apôtres, et qui avait été suspendue pendant si long-temps par suite des ravages de la guerre civile, et des malheurs de la persécution religieuse.

trente-neuf ans de ministère, il fut arrêté par trahison, dans le bois des Petites-Vachères, près de la ville de Crest, dans le mois d'avril 1745. Conduit à Grenoble, il fut condamné au gibet le 22 mai suivant. Son cadavre resta exposé vingt-quatre heures sur la place du Breuil, et jeté ensuite dans l'Isère. La commune de Boissières, qui ne compte que 278 habitans, presque tous protestans, a fourni de nos jours cinq ministres du saint évangile à l'église réformée ; il y en a deux du nom de Roger, qui descendent probablement de la famille du vénérable patriarche du Dauphiné.

Dès ce moment, le pasteur de Nismes ajouta à ses fonctions, déjà si pénibles et si nombreuses, celle d'instruire les jeunes gens qui se sentaient du goût pour le ministère évangélique : il comprenait mieux que personne toute l'importance qu'il y avait pour le maintien de la foi chrétienne dans sa pureté native, de remplacer les prophètes camisards par des pasteurs dont la science égalât le zèle. Mais il était difficile de trouver des candidats pour une vocation qui les conduisait au martyre; Court les chercha lui-même dans les ateliers, les manufactures, les comptoirs des marchands, et jusque derrière la charrue des agriculteurs : il en groupa un petit nombre autour de lui, qu'il instruisit, en les faisant assister à ses visites de malades, à ses instructions de catéchumènes, à ses prédications journalières et à ses travaux de cabinet. Il leur fit donc faire un cours de théologie pratique, qui a des avantages pour la religion, si ce n'est pour la science, que n'égalent peut-être pas les études académiques de nos jours.

De si constans efforts attirèrent sur lui l'attention générale, et non-seulement lui acquirent le titre de *chef apostolique du désert cevenol*, mais encore auraient pû lui faire jouer un rôle politique important, si son humilité chrétienne ne lui eût fait préférer avec Moïse *l'opprobre de Christ* (Héb. xi, 26), aux distinctions du monde.

Aussi son ministère ne fut point sans efficace pour la conversion des âmes, nous pouvons en fournir deux preuves : l'une tirée d'un article inséré dans le règlement d'un synode tenu dans le Bas-Languedoc en 1723, et l'autre, contenue dans un fragment de discours qu'il prononça un jour de jeûne général convoqué le 19 mai 1720, dans le but d'apaiser la colère de Dieu envers l'église, à cause de son impénitence.

L'article du synode est conçu de la sorte : « Il est « délibéré que, dans les villes et lieux où il n'y a point « d'anciens, on en établira incessamment, et, faute de « ce faire, et, s'il y a un refus de la part des fidèles, « ils ne seront pas visités par les pasteurs, *ni avertis* « *pour aller aux assemblées.* » Ce dispositif fut pris à l'époque où les réunions publiques de prières étaient proscrites dans tout le royaume avec une telle sévérité, que ceux qui étaient convaincus d'y avoir assisté, étaient condamnés, par ce seul fait, aux galères perpétuelles. Il devait donc y avoir dans les âmes un ardent amour pour le Sauveur, et un besoin impérieux de le confesser devant les hommes, pour que la menace *de ne pas être avertis* du lieu, du jour et de l'heure où l'église s'assemblerait pour célébrer, au milieu d'un bois ou au fond d'une caverne ténébreuse, le culte public, se trouvât un mobile puissant pour décider les fidèles à procéder sans délai à l'organisation ecclésiastique de leur congrégation.

Quant au fragment de sermon, il termina la célébration d'un jour de jeûne, puisqu'il est conçu en ces termes : [1]

---

[1] M. Charles Coquerel l'a trouvé dans les manuscrits de Paul Rabaut, transcrit par la main d'Ant. Court sur le verso d'un procès-verbal en grosse de l'un des premiers synodes.

« Cependant, puisque la colère de Dieu paraît toujours embrasée sur le peuple de ce royaume, à cause de son impénitence, et que, d'un autre côté, notre prince ne se trouve pas en état de nous redonner la précieuse liberté que ses prédécesseurs nous ont injustement ôtée, que la persécution semble redoubler toujours quand nous attendions quelque soulagement, que d'ailleurs vous ne pouvez donner gloire à Dieu dans ce royaume, sans vous exposer à de grands maux..... Dieu veuille graver dans vos cœurs et dans vos mémoires les salutaires instructions qu'il a plu à sa bonté de vous donner aujourd'hui par mon ministère, d'un caractère qui ne s'efface jamais ; Dieu veuille que le jeûne que nous avons célébré aujourd'hui, ne soit pas seulement une abstinence de deux repas de viande, mais une entière privation du péché, et de tout ce qui serait capable de nous perdre, et d'allumer de plus fort la colère de Dieu contre nous ; Dieu veuille que notre humiliation lui soit agréable, que nos prières parviennent au trône de sa miséricorde ; qu'elles lui fassent tomber les verges qu'il a en main pour nous frapper ; qu'elles fassent découler sur nous et sur nos troupeaux affligés les richesses de sa grâce, et les influences de sa miséricorde ; Dieu veuille nous fortifier lui-même par son Saint Esprit, et mettre lui-même ses paroles dans notre bouche, afin que vous puissiez édifier et

---

D'après les ratures et le désordre de la rédaction, il est sans aucun doute l'écriture hâtive et le premier jet du style d'une composition du désert, prêchée cinq ans après la mort de Louis XIV. Voyez *Hist. des égl. du désert*; t. I, p. 107.

désarmer ceux qui vous affligent ; Dieu veuille sanctifier et consoler vos cœurs ; Dieu veuille toucher lui-même, convertir et bénir ceux qui persécutent sa vérité, sans la connaître ; Dieu veuille nous donner des jours de paix et de consolation, après les jours malheureux auxquels nous avons senti tant de maux ; Dieu veuille encore ouïr les cris et gémissemens de nos pauvres frères prisonniers, galériens, exilés ou en fuite, et leur donner matière de joie et de consolation en les délivrant de leurs souffrances ; Dieu veuille enfin rétablir sa pauvre Jérusalem, nous combler tous de ses bénédictions les plus précieuses, et nous élever, un jour, dans le palais de sa gloire, pour nous y rendre éternellement heureux ! »

« O grand Dieu, qui es le Dieu de compassion et de miséricorde ! aie pitié de ta pauvre colombe, de ta chère Sion de France ; mets fin bientôt à toutes ses misères et à toutes ses souffrances ; hâte le jour de ta venue, fais bientôt échoir ce temps assigné de sa délivrance ! — Seigneur, tes serviteurs sont affectionnés à ses pierres, et ont pitié de la voir toute en poudre. »

Court ne se bornait pas à évangéliser l'église de Nismes, mais il entreprenait encore de temps en temps des tournées missionnaires dans le district protestant du Bas-Languedoc, par la raison qu'il fallait empêcher de nombreuses églises, privées de pasteurs, de s'affaiblir et de s'éteindre. En 1728, il entreprit une de ces courses pastorales ; dans l'espace de deux mois, du 4 mai au 5 juillet, il parcourut 98 lieues et demie de pays, prêcha trente-deux fois dans des lieux différens, situés à des distances énormes l'un de l'autre, dérangé par la pluie, arrêté par des torrens débordés, brûlé le jour par le soleil ardent du Midi, et s'égarant, la nuit, au milieu des montagnes des Cevennes, quelquefois sans asile pour se reposer, sans pain pour se nourrir, mais marchant toujours, évangélisant sans cesse, visitant des malades et des mourans, résolvant des cas de conscience, baptisant des enfans, bénissant des mariages, et donnant la communion à une si grande quantité de personnes, que souvent quatre pauses de psaume et tout le cantique 11, étaient chantés par l'assemblée pendant l'administration de ce sacrement, qui se faisait pourtant fort à la hâte, à cause du soleil qui dardait ses rayons brûlans sur la tête des auditeurs.

Après l'exercice, quand le temps le permettait, les fidèles s'asseyaient sur le gazon, et prenaient, en famille, un sobre et simple repas avec les alimens que chacun avait eu soin d'apporter de son domicile, et qui se terminait toujours par le chant d'un cantique entonné en chœur [1].

Voilà pourtant ce qui se faisait après l'édit funeste de 1724 [2], que Louis XV publia treize mois après sa

---

[1] Lettre de A. Court à M. Duplan, d'Alais.

[2] Sa rédaction est due au vieux intendant Bâville, qui s'était retiré à Paris depuis six ans. Ce fut l'adieu qu'il laissa à ses victimes. Mais la mort le saisit lui-même, comme il en achevait les pages sanglantes; de sorte que, du fond de son tombeau, le farouche proconsul régna jusqu'à la fin sur les potences cevenoles. (N. Peyrat, *Hist. des Past. du désert*; II, 393.

majorité, et qui avait été conçu, comme le porte son préambule lui-même, dans le dessein d'*éteindre entièrement l'hérésie* dans tout le royaume. L'hérésie, en effet, peut s'éteindre, car elle n'est autre chose que l'erreur ; mais la vérité est plus forte que les hommes ; ils peuvent l'obscurcir, la défigurer, la mettre *sous le boisseau*, mais jamais l'éteindre. *Les cieux et la terre passeront*, a dit Jésus ; *mais mes paroles ne passeront point.* (Matth., xxiv, 35.)

Des serviteurs tels que Court sont bien faits pour donner de l'efficacité à une telle promesse ; et cependant cet homme infatigable n'échappa point aux attaques de la médisance, alors qu'il dépensait sa vie au service de son Maître. Des propos malveillans circulèrent sur son compte au sein même des frères et des amis auxquels il rendait d'aussi périlleux services, uniquement dans l'intérêt du réveil des âmes et de leurs progrès dans la foi au Seigneur et Sauveur Jésus-Christ.... On l'accusa, en effet, de perdre son temps, tantôt dans l'oisiveté auprès de sa femme, tantôt dans l'exercice immodéré des plaisirs de la chasse. Son ami, M. Duplan, d'Alais, lui en fit des observations sérieuses ; il y répondit en lui envoyant le journal de sa vie missionnaire, dont les détails qui précèdent sont extraits.

Ses visites pastorales dans le Bas-Languedoc constatèrent à ses yeux, d'une manière irrécusable, que les protestans y étaient plus nombreux qu'il ne l'avait cru jusqu'alors ; les ministres Chapel et Roger avaient acquis la même certitude, le premier dans le Poitou et la Saintonge, et le second en Dauphiné. Dès ce

moment, les études imparfaites que les proposans faisaient auprès de pasteurs, vénérables sans doute, mais plus zélés qu'instruits, ne pouvaient plus suffire. A. Court fut le premier à le reconnaître. S'étant concerté avec M. Duplan, « il écrivit dans les pays étrangers,
« savoir : à Londres, en Hollande, en Suisse, et à
« Genève, pour faire rentrer des ministres. Ses lettres
« étaient des plus pressantes et contenaient les tableaux
« les plus propres à les émouvoir, en leur représen-
« tant des cardeurs de laine, des tailleurs d'habits,
« des garçons de boutique, des commis de négo-
« cians, obligés à remplir, par nécessité, l'œuvre à
« laquelle ils avaient été appelés eux-mêmes, ce qui
« vérifiait, à la lettre, ces paroles de l'évangile : *si*
« *ceux-ci se taisent, les pierres même parleront* (Luc,
« XIX, 40). Mais toutes ces semonces furent inutiles ;
« elles n'engagèrent pas même un seul pasteur à rentrer
« dans le royaume, c'eût été *augmenter les dangers*
« *du troupeau!* La grande raison était qu'on ne se sen-
« tait pas de vocation pour le martyre, et le martyre,
« dans cette périlleuse mission, était comme inévitable.

« Après cela, quel parti restait-il à prendre ? Il n'en
« vit pas d'autre que celui de l'établissement d'un sé-
« minaire, où les jeunes gens en qui se trouvait la
« bonne volonté de se consacrer au salut de leurs frères,
« pussent y être envoyés pour y acquérir les lumières
« et les connaissances nécessaires, et s'y mettre en
« état de servir ensuite les églises avec fruit ; mais il
« fallait pour cela des secours, et les églises n'étaient
« pas en état de les fournir. Comment l'auraient-elles

« pu, elles qui, jusqu'alors, n'avaient pas pu même
« assigner des émolumens à ceux qui sacrifiaient, tous
« les jours, leur vie pour elles, et qui, lorsqu'elles
« commencèrent à le faire, ne purent porter ces émo-
« lumens qu'à 75 livres par an pour chacun, sans y
« comprendre la nourriture?

« Il fallait donc chercher ailleurs ce secours ; il le
« fit en écrivant à l'illustre William Wake [1], archevêque
« de Cantorbery, qui, touché de cette lettre, en parla
« au roi de la Grande-Bretagne, qui promit de s'in-
« téresser à ces églises qui renaissaient de leurs cen-
« dres [2]. »

Le savant Alphonse Turretin, de Genève [3], promit sa coopération personnelle. Des secours en argent arrivèrent d'Angleterre pour payer des professeurs et fonder des bourses pour les étudians, et le séminaire protestant de Lausanne fut érigé sous la direction d'un comité genevois, et sous la protection spéciale des princes protestans de l'Europe.

Antoine Court en devint lui-même le premier doyen, en 1730, et là, pendant le reste de sa vie, qui se

---

[1] William Wake était un savant anglais qui, avant d'être promu au siége archi-épiscopal de Cantorbery, en 1716, avait demeuré à Paris, comme chapelain de Lord Peston, en 1682.

[2] *Manuscrits des Arbitres,* par Court; pag. 3 et 4.

[3] Jean-Alphonse Turretin était alors professeur en théologie et en histoire ecclésiastique, à Genève ; son père, François Turretin, et son grand-père Benedict Turretin, avaient occupé cette même chaire avant lui.

prolongea plus de trente ans encore, puisqu'il ne mourut qu'en 1760, il donna, par son activité et sa vigilance, de l'éclat à cet établissement religieux, qui, pendant quatre-vingts ans, a fourni des pasteurs à la France, et qui n'a cessé d'exister qu'en 1809, époque de la création d'une faculté de théologie à Montauban.

L'année de la création du séminaire de Lausanne, les églises réformées firent une perte irréparable dans la personne de Saurin.

Cet éloquent orateur de la Haye, en Hollande, était né à Nismes le 6 janvier 1677, d'un père, habile avocat, originaire de Calvisson, et qui, à l'époque de la révocation de l'édit de Nantes, fut du nombre de ceux qui émigrèrent pour se fixer à Genève; son fils Jacques n'avait alors que neuf ans. Admis bientôt dans la célèbre académie de cette ville, il y fit d'excellentes études, et s'y distingua par son aptitude pour les sciences, comme par ses progrès vraiment étonnans. Il les suspendit, toutefois, pour embrasser la carrière des armes, et fut nommé enseigne dans un régiment piémontais, sous les ordres du colonel Renault. Mais, après que le duc de Savoie eut fait la paix avec la France, il retourna à Genève, au sein de sa famille, s'assit de nouveau sur les bancs de l'académie, reprit l'étude des langues sacrées et des sciences théologiques, et fut reçu pasteur de l'église réformée.

Il visita, pour la première fois, la Hollande, dans l'année 1700; de là il passa en Angleterre, où il demeura quatre ans à Londres, au service de l'église Walonne : ce fut à cette époque, et dans cette ville, qu'il se maria. Au bout de ce temps, il revint en Hollande; se fixa à la Haye, où, pendant vingt-cinq ans, il exerça le ministère évangélique avec bénédiction et succès.

Ce prédicateur célèbre était un croyant rigide de l'école calviniste; aussi, tous les dogmes fondamentaux de l'évangile, tels que la misère complète et radicale de l'homme, l'élection par grâce, le salut gratuit par la foi, la sanctification par le Saint Esprit, et surtout la divinité éternelle et absolue de Jésus-Christ, ont été traités successivement dans ses discours avec une logique admirable, une clarté peu commune, et sans faire la moindre concession aux doutes philosophiques que le trop fameux Pierre Bayle avait commencé à répandre par la publication de son Dictionnaire. — Mais, s'il était intolérant pour les principes erronés, il était plein de tolérance, de douceur et de support pour les personnes; rien ne le prouve mieux que la manière dont il a traité la controverse, puisque, nonobstant les exemples d'irritation, de malveillance, d'accusations injustes, de soupçons injurieux, de personnalités malignes, et de citations tronquées, que lui avaient déjà donnés ceux qui étaient entrés avant lui dans cette carrière si épineuse et si difficile à parcourir, il sut toujours, comme le témoignent ses biographes contemporains, allier la tolérance avec le zèle, et distinguer entre les injures et les argumens.

Le support fraternel était en lui le résultat d'une piété profonde, unie à une charité inépuisable. Il priait souvent dans le secret de son cabinet d'études; et, autant il était éloquent et majestueux dans la chaire évangélique, autant il devenait simple et onctueux dans l'exercice du culte domestique qu'il célébrait régulièrement tous les jours avec tout le personnel de sa maison.

— L'accès auprès de sa personne était facile, et, dans un temps où un si grand nombre de protestans, exilés comme lui, se trouvaient privés de ressources pécuniaires, et par cela même de nourriture et de vêtemens, il avait l'occasion de faire d'abondantes aumônes, et jamais un refus de sa part ne servit de réponse à une demande de secours dictée par les besoins réels, et appuyée de recommandations honorables.

Pour augmenter ses revenus, et cela uniquement dans le but de prodiguer des secours plus abondans à ses frères dans la foi, il fit imprimer, en 1721, cinq volumes de sermons qui eurent un débit si rapide à la Haye et dans les autres villes de la Hollande, que, trois ans après, en 1724, il fut obligé d'en faire tirer une seconde édition. — Plus tard, parurent ses *Discours historiques, théologiques et moraux sur les événemens mémorables de l'ancien et du nouveau Testament.* Ce magnifique ouvrage, connu, de nos jours, sous le nom de *Bible de Saurin*, sert d'explication à deux cent douze belles planches gravées aux frais de Vandermarek, d'après les dessins de trois célèbres peintres hollandais. — Après cela, il écrivit, pour l'instruction de l'enfance, et publia un *Abrégé de la théologie et de la morale.* Enfin, ses *Lettres sur l'état du christianisme en France* furent son dernier ouvrage. — Cependant le recueil de ses sermons fut porté à douze volumes, tels que nous les avons maintenant ; ils trouvèrent place non-seulement dans toutes les bibliothèques publiques, mais même dans toutes les maisons protestantes de France. Le commerce en devint si considérable, qu'en 1735, pendant la foire de Beaucaire, les livres qu'y avait apportés André Degoin, libraire de Lyon, ayant été saisis comme *hérétiques*, et condamnés à être brûlés, on jeta deux cent vingt-cinq volumes de ces éloquens discours dans le bûcher élevé devant l'Hôtel-de-Ville, en présence du subdélégué de l'intendance, du maire et des consuls.

Les dernières années de sa vie furent troublées par des discussions théologiques, qui, en remplissant son esprit d'inquiétude, altérèrent vivement sa santé. Quoique le dogmatisme de Saurin fût toujours logique et parfaitement arrêté, il se trompa cependant une fois, lorsque, examinant, dans une dissertation théologique, la nature des voiles dont le prophète Samuel s'enveloppa pour tromper Saül, il fit l'apologie du mensonge officieux. Son travail fut blâmé par un synode, et comme, dans ce jugement sévère, on dénatura quelques expressions qu'il avait employées, et dont il repoussa en vain l'interprétation malveillante, il en éprouva un chagrin si vif, que, depuis ce moment, ses forces physiques ne firent que décroître : une maladie de poitrine se déclara, et il mourut le 30 décembre 1730, à l'âge de cinquante-quatre ans.

CHAPITRE VI.

Corteis se trouve seul pasteur à Nismes. — Sa mission dans le comté de Foix. — Certificat qu'il obtient du synode provincial. — Paul Rabaut. — Son origine. — Il s'attache à un prédicant. — Il commence ses études théologiques en 1735. — Jean Pradel se joint à lui. — Première peur de Paul Rabaut. — Il annonce l'évangile dans les familles. — Il devient proposant dans l'église de Nismes, en 1738. — Il s'y marie avec Magdeleine Gaidan. — Il va étudier à Lausanne, en 1740. — Il est consacré en 1743, et devient aussitôt pasteur en titre de Nismes.

Après le départ d'Antoine Court pour Lausanne, Pierre Corteis resta seul chargé de la direction de l'église de Nismes. S'il était moins instruit que son ancien collègue, il était aussi actif et peut-être plus intrépide que lui ; il le seconda efficacement dans plusieurs circonstances difficiles, et, ayant été nommé, plus tard, député dans le comté de Foix, pour y organiser les églises, il fut poursuivi, dans cette mission, avec une extrême rigueur, condamné à mort par contumace, et brûlé en effigie. Aussi, lorsqu'en 1752 il se vit dans l'obligation, par suite du délabrement complet de sa santé, et pour échapper aux poursuites de ses persécuteurs, de quitter la France, il obtint du synode provincial du Bas-Languedoc le certificat suivant :

« L'assemblée, édifiée de plus en plus de la doctrine de Pierre Corteis, de son zèle infatigable, et de la sainteté de ses mœurs, après lui avoir témoigné le vif regret qu'elle a de se voir à la veille d'être privée d'un si digne pasteur, lui accorde sa juste demande, avec d'autant plus de raison que ledit pasteur a été exposé et l'est encore à la plus violente persécution et aux périls les plus imminens, de la part des ennemis de la vérité; car, outre les dangers ordinaires annexés au ministère sous la croix, il a été pendu deux fois en effigie, comme appert des jugemens rendus par les intendans de Montpellier et d'Auch, poursuivi plusieurs fois par les détachemens de dragons, et recherché par des particuliers mal intentionnés, ce qui le met dans la nécessité indispensable de se réfugier dans un pays de liberté. Sur ces fondemens, nous prions Dieu de le combler de ses grâces les plus précieuses, et de le couvrir de sa divine protection partout où la Providence le conduira. Fait en l'assemblée pastorale du désert, le 18 août 1752. »

De pareils témoignages sont précieux à recueillir et à conserver, car ils montrent jusqu'à quel point l'église réformée de France en général, et celle de Nismes en particulier, ont possédé, dans tous les temps, des pasteurs fidèles, prêchant Christ en portant sa croix, et sachant dépenser leur vie à l'avancement de son règne dans les âmes confiées à leur houlette pastorale.

Toutefois, après le départ de Court, son collègue Corteis ne demeura pas long-temps seul à la tête d'un troupeau aussi remarquable par le nombre de ses membres, que par son zèle et son dévouement chrétien. Le Seigneur préparait, dans le silence et dans la retraite, un homme qui devait lui servir de guide et de conducteur pendant cinquante années de suite, au milieu d'une persécution de jour en jour plus grande et plus redoutable. Son nom est devenu illustre parmi tous ceux dont se glorifie le protestantisme en France ; c'était Paul Rabaut.

Né à Bédarieux, petite ville de France, à neuf lieues nord-ouest de Béziers, sur la rive gauche de l'Orbe, le 9 janvier 1718, Paul Rabaut était le fils d'un honnête marchand de draps qui avait élevé sa famille dans les sentimens de la plus solide piété ; sa maison servait de retraite à tous les pasteurs du désert qui venaient de temps en temps visiter l'église dont il était un des membres les plus zélés, et qui, comme toutes les autres, a compté un grand nombre de confesseurs de l'évangile et de martyrs de la vérité. Le jeune Paul se plaisait à leur servir de guide, et, si, dans ces courses dangereuses, il partageait leurs souffrances, il était aussi témoin de leur résignation à toute épreuve, comme de leur constance à braver le péril ; souvent, dans les assemblées convoquées au désert, on lui confia, quoique bien jeune encore, le soin de faire la lecture publique de la parole de Dieu ; il s'en acquittait toujours avec tant de sérieux et de zèle, que l'un des *prédicans* de cette époque, croyant reconnaître en lui des dispositions au saint ministère, l'engagea à s'y vouer ; c'était lui dire, en d'autres termes, renonce au repos de la vie, à la tranquillité si attrayante du foyer de famille, aux jouissances du monde, comme à ces succès qui flattent les sens, parce qu'ils enrichissent ou honorent ; charge-toi de la croix de ton maître, promène-la triomphante au milieu des angoisses, des privations, des injures, des poursuites, des déserts inconnus, des cavernes profondes,

des ténèbres épaisses de la nuit, des ouragans et des tempêtes, pour finir ces travaux, si pénibles à la chair et au sang, sur le gibet d'un carrefour ou sur le bûcher d'une place publique........ Mais Paul Rabaut savait déjà que là où il n'y a point de croix, il n'y a pas non plus de couronne; il s'humilia donc en prières devant Dieu, qui accomplit sa force dans nos infirmités, et il ne se releva qu'avec la résolution de consacrer sa vie au service de son église.

Ses parens apprirent cette décision avec une certaine douleur peut-être, mais sans le moindre étonnement, puisqu'ils lui facilitèrent aussitôt les moyens de perfectionner ses études. — C'était en 1735; il avait, par conséquent, atteint sa seizième année, et avait, par cela même, reçu quelques élémens d'instruction primaire dans une école publique de Bédarieux, dans laquelle il s'était fait remarquer par tant de facilité à apprendre, et tant d'aptitude à retenir, surtout par un goût si prononcé pour les exercices extérieurs de la religion, qu'il avait reçu le surnom de *Ministre de Charenton*. Il s'agissait alors d'acquérir des connaissances plus étendues et plus profondes dans les langues sacrées, l'exégèse, l'histoire ecclésiastique et la théologie; mais les livres qui contenaient le principe et les développemens de ces diverses sciences, étaient aussi difficiles à se procurer pour les lire, que les professeurs versés dans chacune d'elles pour les expliquer. Un de ses jeunes amis, Jean Pradel [1], dit plus tard *Vernezobre*, se

---

[1] Jean Pradel, après un long et périlleux ministère dans les églises du Bas-Languedoc, se fixa à Marsillargues, où il mou-

joignit à lui, et ils se firent, de concert, recevoir *proposans*, c'est-à-dire, disciples ambulans d'un pasteur du désert, pour le suivre dans ses courses apostoliques, l'aider dans ses travaux d'évangélisation, et recevoir des leçons uniquement de son zèle, de sa prudence pastorale, de ses catéchèses et de ses prédications. — Plusieurs années se passèrent de la sorte, allant de lieu en lieu, sans s'arrêter nulle part.

« Un jour, en marchant ainsi sur les pas de leur conducteur vénérable [1], après avoir traversé les montagnes pour éviter les agens du gouvernement, qui surveillaient de près leurs démarches, ils arrivèrent, à la tombée de la nuit, dans le village de Congénies, où la famille Guérin leur offrit l'hospitalité. A peine ces étrangers eurent-ils achevé leur repas, que la garnison de Calvisson, avertie par des espions, entrait en hâte pour s'emparer des *prédicans*. Les nouveaux proposans, qui en étaient au début de leur carrière apostolique, frappés de terreur, cherchaient partout un asile, en s'écriant : qu'allons-nous devenir? — Rassurez-vous...., répondent quelques jeunes hommes qui entraient précipitamment dans la maison, et au nombre desquels se trouvait le frère de Paul Vincent [2]......, et aussitôt les proposans

rut. Ses deux fils ont été pasteurs ; l'aîné, après avoir exercé ses fonctions à Toulouse et à Mauvesin, fut nommé professeur, et devint plus tard doyen de la faculté de Montauban. Son fils exerce maintenant le saint ministère à Puy-Laurens.

[1] Quelques-uns ont cru que c'était A. Court ; mais des lettres manuscrites prouvent qu'ils ne se connurent qu'à Lausanne.

[2] Plus tard, en 1760, collègue de Paul Rabaut, à Nismes.

furent enlevés par leurs amis jusqu'en un lieu désert, une garrigue pierreuse, nommée la *Combe-de-Biau*. Ce fut là que Paul Rabaut passa une première nuit de terreur, qui fut suivie de tant d'autres plus périlleuses sans doute, mais dans lesquelles son âme fut moins péniblement émue, parce qu'elle avait grandi dans le courage en grandissant dans la foi [1] ».

La piété de Paul Rabaut, en effet, augmenta avec l'âge, puisque le désir le plus ardent qui agita son cœur, fut de se trouver en état d'annoncer en public l'évangile du royaume de Dieu. Il s'y essayait avec zèle, toutes les fois qu'il en avait l'occasion, dans les réunions intimes de ces familles hospitalières chez lesquelles il était logé, et qui, le soir, avant de se livrer au sommeil, lui demandaient de faire la prière et de lire un chapitre du nouveau Testament à la lueur d'une lampe, dont la faible clarté était l'image trop fidèle de la foi chancelante de beaucoup d'âmes que le Saint Esprit n'avait pas éclairées, et qui se trouvaient, par cela même, plongées dans le sommeil du péché et de la mort spirituelle.

Lorsqu'il fut capable de prêcher avec assurance, il fut placé par le synode, en 1738, comme simple proposant, dans l'église de Nismes, auprès du pieux Corteis.

Quelque temps après, il se maria avec Magdeleine Gaidan, jeune fille de cette ville, aussi pieuse et aussi courageuse que lui, à la famille de laquelle il dut, plus tard et dans diverses circonstances, la conservation de sa vie.

[1] E. Frossard; *Archives protestantes,* pag. 142.

Ne se trouvant pas à la hauteur de son poste, à cause des études incomplètes qu'il avait faites, puisque sa position, dans une ville aussi importante, exigeait qu'il pût combattre les adversaires de la réforme avec les armes de l'Ecriture sainte, de l'histoire et de la philosophie, il se décida à quitter momentanément sa femme, et à partir pour Lausanne, afin d'y suivre les cours de théologie. Dans ce but, il écrivit à Antoine Court, qui était le doyen du séminaire, et qui lui répondit, le 7 mars 1740 : « J'ai demandé votre admission dans le séminaire, et je l'ai obtenue ; ainsi vous pouvez faire vos préparatifs de départ. Je me félicite par avance de l'heureux moment qui me procurera le plaisir de vous connaître et de vous dire de vive voix une partie des choses que je sens pour vous, aussi bien que de vous offrir ce qui sera en mon pouvoir et qui pourra vous être utile [1]. »

La plus étroite union s'établit, en effet, bientôt entre le maître et le disciple. Paul Rabaut sut gagner la confiance non-seulement de Court, mais encore de tous les autres professeurs, sous la direction desquels il étudia trois années consécutives, après l'expiration desquelles il fut consacré en 1743, et revint aussitôt trouver sa femme et ses parens à Nismes, où, confirmé par le synode en qualité de pasteur, il commença à y remplir des fonctions qui ne cessèrent qu'en 1785, par suite des infirmités de sa vieillesse.

[1] Charles Coquerel : *Hist. des églises du désert* ; I, 406 ; note.

CHAPITRE VII.

Les protestans jouissent de quelques momens de calme, à cause de la guerre de 1741. — A Nismes, les assemblées religieuses se multiplient. — Elles se tiennent de jour et près de la ville. — Le comte de St-Priest arrive. — La dragonnade est de nouveau organisée. — Paul Rabaut se cache. — Il prêche, au désert, à des assemblées de dix à douze mille auditeurs. — Sa manière d'instruire. — Il a des rapports avec M. de Becdelièvre. — Son ascendant sur le peuple à l'occasion du ministre Désubac. — Nouvelles persécutions. — Résolution prise par tous les pasteurs de la province. — Menace de révolte. — Paul Rabaut l'apaise. — Passage du marquis de Paulmy. — Diminution des poursuites.

Lorsque Paul Rabaut fut placé à la tête de l'église de Nismes, les protestans du royaume jouissaient d'un moment de calme, parce que la guerre qui éclata au sujet de la succession d'Autriche, en 1741, avait forcé le gouvernement du roi de retirer les troupes des provinces pour les envoyer contre les ennemis du dehors; par suite de cet événement, l'édit de 1724 ne fut plus observé avec la même rigueur; les commandans de place, n'ayant plus à leur disposition les forces nécessaires pour dissiper les attroupemens, attaquer les assemblées religieuses, mettre garnison chez les protestans insoumis, prirent le parti de fermer les yeux sur ce qui se passait dans leur juridiction militaire, de manière que leur impuissance de persécuter les rendit tolérans.

Les chrétiens réformés de Nismes en profitèrent pour multiplier leurs réunions religieuses; au lieu de les tenir de nuit, à la clarté de la lune ou à la lueur des torches enflammées qui projetaient au loin l'ombre des arbres comme des géans, ils les fixèrent non-seulement à une heure convenable de la journée, mais encore dans des endroits tellement rapprochés de la ville, que les canons de la citadelle auraient pu les atteindre de leurs boulets, si l'intendant Lenain, baron d'Asfeld [1], avait donné ordre d'y mettre le feu. Ce n'était pas là, il est vrai, du courage, mais de la témérité ; ils en firent bientôt l'expérience ; car, en 1751, le vicomte Guignard de Saint-Priest [2], ayant succédé à Lenain comme intendant du Languedoc, fit observer sévèrement l'ordonnance qui prescrivait aux protestans de faire baptiser leurs enfans dans les églises catholiques. Il commença par la ville de Nismes, et, après

[1] Lenain fut intendant du Languedoc depuis 1745 jusqu'en 1751. Il était l'un des amis intimes de Montesquieu. C'est à lui que s'adressa le consul de la commune de St-Jean-du-Pin, diocèse d'Alais, Denis Fabre, demeurant au lieu d'Audabias, qui fut arrêté le lundi 17 juillet 1745, pour avoir assisté à une assemblée religieuse, quoiqu'il s'y fût rendu pour savoir ce qui s'y passerait, et en rendre compte au commandant du fort d'Alais, Lebrun. Sa détention ne fut pourtant que temporaire. Son domaine d'Audabias possède, dans son étable, une cachette pratiquée dans l'épaisseur d'un mur, et destinée à abriter les ministres dans les temps de persécution. On peut à peine s'y tenir debout, et ressemble à un tombeau, dont l'entrée est introuvable à quiconque n'en connaît pas l'exacte position.

[2] Le chevalier Guignard de St-Priest succéda à Lenain en 1751 ; il était de la même famille dauphinaise que le ministre de St-Priest, illustre par la constance de son attachement à la cause de Louis XVI.

avoir convoqué les notables de la ville, il leur fit connaître ses ordres : — « Nous les recevons avec respect, lui fut-il répondu ; mais notre croyance religieuse ne nous permet pas de nous y soumettre. » — Le fort de Brescou, la Tour de Constance et le château d'Iff, regorgèrent aussitôt de prisonniers ; la dragonnade fut de nouveau organisée, et la désolation des familles recommença[1]. Parmi celles qui eurent le plus à souffrir, on remarque les suivantes :

1.º Guillaume Issoire, meunier à Nismes, qui fut condamné à trois ans de galères, pour être « dûment convaincu d'avoir introduit dans la province des livres à l'usage de la religion *prétendue* réformée. »

2.º Paul Matthieu, maréchal de la ville de Nismes, condamné à vie par M. Guignard de St-Priest, pour avoir été aux assemblées religieuses : âgé de soixante-sept ans.

3.º Antoine Mortier, fabricant de bas, condamné à vie, le 15 mars 1751, pour avoir été aux assemblées : âgé de 72 ans.

3.º Marie Robert, du hameau de St-Césaire, mise, par ordre du roi, à la Tour de Constance, pour avoir fait partie d'une société où l'on priait Dieu.

5.º Magdeleine Nivard, veuve d'Antoine Savanier, maître maçon de la ville de Nismes, mère de quatre filles, âgée de soixante-cinq ans, prise à une assemblée où l'on priait Dieu.

6.º Catherine Rouvière, veuve de Jean Marsel, ou-

---

[1] *Hist. des past. du désert* ; II, 417.

vrier en bas de laine, de la ville de Nismes, même peine pour même délit.

7.º Suzanne Bouzige, veuve de Pierre Bourette, ouvrier en bas de laine, prise, par ordre du roi, pour avoir assisté à une assemblée à prier Dieu, âgée de trente-cinq ans, traduite au couvent de la Providence, à Nismes, et, deux ans après, transférée, par lettre de cachet, dans la Tour de Constance.

8.º Gabrielle Gingues, femme de Paul Matthieu, ouvrier en bas de laine, de la ville de Nismes, condamnée par M. de Saint-Priest, en 1751, à l'âge de soixante-cinq ans.

9.º Suzanne Pagès, fille de feu Pierre Pagès, jardinier, et de Marie Blancher, de la ville de Nismes, prise par ordre du roi, traduite au couvent de la Providence, et transférée, deux ans après, à Aiguesmortes[1].

Paul Rabaut, qui, pendant le court répit accordé à ses frères sous la croix, s'était montré publiquement à Nismes, avait soutenu même quelques relations sociales avec l'intendant Lenain, auquel il avait dit : *qu'il se regardait comme une victime dévouée à la mort;* qui était allé de maison en maison visiter les membres de son troupeau, pour les exhorter et les instruire selon la mesure de leurs connaissances et le degré de leur foi, fut alors obligé de se cacher, et de borner les fonctions de son ministère à la prédication du culte public, qui, de nouveau, fut refoulé dans les anciennes cavernes de Barutel ou dans les bois touffus de Vallon-

---

[1] *Hist. des églises du désert*; I. Pièces justificatives.

gue et de Vaqueroles. Les protestans y accoururent cependant en si grand nombre et avec un tel empressement des villages environnans, qu'il n'était pas rare que l'assemblée fût composée de dix à douze mille auditeurs ; et, comme il avait une voix claire, sonore et distincte, il se faisait entendre, quoique en plein air, de ce vaste auditoire, et aucune âme ne restait privée ou de quelque pensée sérieuse, ou de quelque leçon salutaire.

Les sermons de Paul Rabaut, en effet, qui existent encore manuscrits [1], ne sont, en général, que le développement des vérités évangéliques qui intéressent directement le salut ; vérités qu'il a développées d'une manière plus simple et en même temps plus claire dans l'abrégé du *Catéchisme d'Ostervald*, qu'il publia à Nismes, pour satisfaire aux besoins spirituels de ses nombreux catéchumènes, dont il soignait l'instruction avec un zèle d'autant plus indispensable, qu'ils se trouvaient, tous les jours, exposés aux attaques des missionnaires envoyés exprès pour les convertir.

Le pasteur de Nismes pensait que le meilleur moyen de faire de la controverse était d'exposer la foi chrétienne dans toute sa force et avec tous ses développemens, c'est-à-dire, de bâtir la tour bien solidement sur des fondemens inébranlables, parce qu'alors elle

---

[1] Ils sont la propriété de M.me Rabaut-Pommier, veuve du second fils de Paul Rabaut, mort pasteur à Paris, en mars 1820, et belle-sœur de Rabaut St-Etienne. — M. Rabaut-Pommier a légué par testament une somme de 500 fr. aux pauvres de l'église de Nismes.

serait en état de soutenir le siége de ses ennemis, sans risquer d'être détruite. Par suite de ces principes, il parlait le plus souvent de l'abondance du cœur, et, comme il avait une connaissance approfondie des saintes Ecritures, il en faisait un usage si fréquent et une application si émouvante, que des larmes coulaient souvent des paupières de ses auditeurs, surtout lorsque dans ses onctueuses prières, il faisait une peinture si vraie du triste état du cœur de l'homme, de sa misère, de son endurcissement, et qu'il implorait sur lui les lumières du Saint Esprit, pour le renouveler et le faire devenir *un cœur nouveau*. (Ezéch., XVIII.)

Il était de petite taille [1] ; son regard était doux, son maintien grave, son caractère affable, ses mœurs simples, sa patience admirable, et sa nourriture frugale ; tant de qualités personnelles le rendirent recommandable non-seulement auprès des membres de son troupeau, mais encore auprès des catholiques éclairés, à la tête desquels il faut placer Charles-Prudent de Becdelièvre, qui s'était assis, après de la Parisière, sur le siége épiscopal de Fléchier. Il saisit, en effet, toutes les oc-

---

[1] Voici son signalement donné à tous les agens de la force publique par le comte de St-Florentin, en 1755 : Paul Rabaut, ministre, âgé d'environ quarante ans ; taille de cinq pieds moins deux pouces ou environ ; visage uni, long et maigre, un peu basané ; cheveux noirs, portant perruque ; le nez long et pointu, un peu aquilin ; les yeux noirs, assez bien fendus ; le corps un peu penché du côté droit ; les jambes fort minces, la droite contournée en dedans. On prétend qu'il lui manque une dent sur le devant de la mâchoire supérieure. *Hist. des églises du désert*, I, 168.

casions que les événemens fournirent pour se concerter avec lui dans le but d'opérer un rapprochement entre les habitans de la ville, si cruellement divisés.

« La conduite de Paul Rabaut, dans l'affaire du ministre Désubac, fut au dessus de tout éloge ; elle rappelle les beaux temps de la primitive église, et prouve l'influence toujours croissante de sa fermeté et de sa modération. — Ce jeune ministre, arrêté à St-Agrève, atteint et convaincu d'avoir prêché l'évangile, fut condamné à mort. Il ne s'agissait plus que de le conduire aux prisons de Montpellier, qui était le lieu désigné pour son exécution. A l'ouï de cette arrestation, on entendit les Cevennes rugir. La Gardonnenque se leva comme un seul homme, et ses jeunes hommes d'élite se mirent en marche dans le but d'enlever la victime pendant sa translation de Nismes à Montpellier. Paul Rabaut apprit leur projet, et son cœur en fut alarmé. Cette démarche hardie était une violation des lois du royaume ; elle était de nature à compromettre la cause protestante, puisqu'elle compromettait celle de la soumission aux lois ; elle privait Désubac de la gloire du martyre, par une révolte illégale et coupable ; par leur résistance, les persécutés allaient s'abaisser au niveau des persécuteurs. Paul Rabaut ne pouvait supporter cette idée, et, fort de ses intentions honnêtes et irréprochables, il traverse seul les garrigues sauvages, il se jette dans une embuscade, il se nomme, et à la vue d'un pasteur si vénéré, les Cevenols baissent respectueusement les armes. Paul Rabaut les exhorte, il supplie, il conjure, mais les jeunes hommes persistent dans leur dessein, et comme le pasteur de Nismes leur représente que les troupes du roi, averties de leur intention, hâteront elles-mêmes le supplice de Désubac à la vue du moindre danger, ils s'écrient, dans leur fureur aveugle : « n'importe ! nous le voulons ! mort ou vif, nous le voulons !..... » Alors Paul Rabaut les conjure de nouveau, il leur parle de leurs ancêtres, si patiens dans l'affliction, et de cet adorable Sauveur Jésus-Christ, qui fut le modèle de la résignation et de la douceur ; il leur parle de ce jeune ministre lui-même, dont ils vont déshonorer pour jamais la mémoire. « Ah ! mes amis ! que ce pasteur que vous voulez sauver, et qui aurait donné son sang pour vous, s'il pouvait vous entendre et vous parler, vous blâmerait de votre aveugle amour pour lui ; il vous désavouerait hautement, et vous ordonnerait de vous retirer. Ah ! si Dieu me destine à une pareille fin, je vous en conjure d'avance, et je l'exige de votre amour, laissez-moi mourir en paix ! que je ne sois point la cause des calamités qui suivraient une si coupable révolte. » Ces paroles, prononcées d'un ton à la fois plein de fermeté et de douceur, calmèrent l'exaltation des jeunes protestans, qui se retirèrent en silence et en formant des vœux pour que la vie du pasteur de Nismes fût long-temps épargnée. — Heureux les ministres des autels, quand ils peuvent exercer une si puissante influence ! heureux les peuples qui savent profiter de telles leçons ! Désubac fut exécuté à Montpellier le 2 février 1746 [1], et sa mort chrétienne excita l'ad-

---

[1] Le ministre Matthieu Majal, dit Désubac, n'était âgé que de vingt-six ans, lorsque l'intendant Lenain le condamna

miration et les larmes de tous ceux qui en furent les témoins [1]. »

à la potence. Il sortit de prison dépouillé de ses vêtemens et les jambes nues. Lorsqu'il fut arrivé au bas de l'échelle du gibet, il se mit à genoux et pria avec ferveur. On eut soin toutefois de le faire arrêter au second échelon, jusqu'à ce qu'il eût vu brûler sous ses yeux plusieurs livres de piété et un cahier de notes synodales qu'on avait saisis sur lui. Personne n'entendit ses dernières paroles, parce que, selon la coutume, quatorze tambours étouffèrent sa voix; enfin, monté courageusement au haut de l'échelle, il fit paraître, jusqu'au dernier moment, tant de constance et de piété, que tout le monde, sans distinction de protestans et de catholiques, fondaient en larmes; les premiers bénissant Dieu de l'édification que leur donnait le martyr, et les seconds les félicitant de l'honneur que leur faisait le martyr. Une complainte touchante fut composée sur ses derniers momens, et confiée à la mémoire de tous les montagnards du Gévaudan et du Vivarais. En voici une stance choisie parmi les neuf dont elle est composée :

> Etant à la potence,
> Ce martyr généreux
> Implora l'assistance
> Du Monarque des cieux,
> D'un courage héroïque
> A l'échelle il monta ;
> Vers la troupe angélique
> Son âme s'envola.

(*Mém. historiq.* de 1754. — *Histoire des églises du désert ;*
I, 387.)

[1] E. Frossard ; *Archives protestantes,* pag. 14, 15.

La paix d'Aix-la-Chapelle, signée en 1748, donna quelques momens de relâche aux malheureux protestans français ; mais deux édits qui parurent en 1750, en rappelant les dispositifs de la déclaration de 1724, renouvelèrent toutes leurs alarmes, et augmentèrent la somme de leurs douleurs. Dès le mois de novembre, en effet, les détachemens recommencèrent à parcourir la campagne, et rendirent impossibles les assemblées religieuses du jour du Seigneur ; celles de la semaine même durent devenir plus rares et plus secrètes, à cause du péril auquel elles furent exposées. C'est ainsi que, le 15 de ce mois, les soldats mirent en fuite les membres d'une réunion convoquée au dessus de la métairie *de Granon*. — Le 22, ils firent prisonnières près de deux cents personnes qui écoutaient une prédication du pasteur Pradel, près d'Uzès ; cinq d'entre elles furent condamnées aux galères perpétuelles ; deux femmes furent envoyées à la Tour de Constance, leur vie durant, et trente-huit autres furent retenues à Nismes pendant six mois. — De plus, sept protestans, pris le 20 décembre, à l'issue d'un service célébré par Paul Rabaut près le *Mas de Ponge*, furent enfermés dans la citadelle ; deux d'entre eux furent envoyés aux galères, et une femme dans les prisons d'Aiguesmortes [1].

Malgré ces poursuites et ces condamnations, on continua cependant à tenir des assemblées aussi souvent que cela fut possible, parce que les pasteurs et le troupeau étaient convaincus, qu'en elles résidait le seul moyen

---

[1] Journal de Paul Rabaut.

efficace d'entretenir et de propager la religion et la foi, et qu'y renoncer, ç'aurait été évidemment laisser perdre l'église sur les débris de ses temples, brûlés ou démolis ; mais alors on décida de se réunir en aussi grand nombre que la localité le comporterait, toutefois sans ostentation et sans armes, et de s'offrir tous ensemble, quand on serait surpris, aux commandans de la force publique, au lieu de leur laisser, comme auparavant, choisir leurs prisonniers au milieu de la multitude, en donnant pour raison, que les uns étaient aussi coupables que les autres. Cet expédient avait pour but de rendre les arrestations impossibles ; en outre, pour faire devenir les surprises plus rares, il fut prescrit de ne jamais convoquer les réunions publiques deux fois de suite dans le même endroit et à la même heure, et surtout de ne jamais les tenir la nuit. — Ces résolutions furent prises entre Paul Rabaut et ses collègues de la province, Defferre, Redonnel, Gibert, Pradel, Encontre, Coste et Bastide.

Elles ne furent pas inutiles, car les troupes se mirent de nouveau en campagne, non-seulement pour dissiper les assemblées religieuses, mais encore pour forcer les pères et les mères de famille qui avaient fait baptiser leurs enfans au désert, de les apporter aux prêtres pour les rebaptiser. Cette injonction fut personnellement faite par l'intendant de Nismes aux notables de cette ville, Maigre, Rey fils, Valz et David ; mais, malgré toutes les menaces, ils refusèrent d'obéir.

Ces mesures de rigueur s'étendirent partout dans les environs, de manière que quelques personnes, réduites au désespoir par les vexations auxquelles elles se virent de nouveau soumises, se révoltèrent ouvertement, et essayèrent d'organiser l'insurrection ; quelques actes de vengeance furent même commis, principalement à Lédignan, où les curés de Ners et de Quillan furent blessés à mort. Cet événement tragique, le seul de ce genre qui fût arrivé depuis la guerre des Camisards, épouvanta l'intendant de St-Priest, qui, ne voulant pas renouveler les luttes sanglantes, eut recours à des mesures de conciliation. Dans ce but, il s'adressa à Paul Rabaut, qui, sur son invitation, employa l'influence de son ministère, et qui, par ses exhortations et ses prières, parvint, non sans quelques difficultés, à calmer les esprits et à faire rentrer tout le monde dans l'obéissance ; l'autorité militaire s'arrêta, de son côté, dans les poursuites rigoureuses qu'elle avait recommencées partout, et l'ordre et le calme furent complètement rétablis.

Aussitôt que cet orage se trouva dissipé, les églises du Bas-Languedoc reprirent leurs exercices de piété avec un redoublement de zèle ; mais il n'en fut pas pourtant de même dans les Hautes-Cevennes, où l'agitation, croissant de jour en jour, pouvait occasionner de graves désordres.

A cette époque, le marquis Paulmy d'Argenson, chargé, par le roi, de faire l'inspection de tous les établissemens militaires situés sur la ligne du Rhône et du Var, traversa le Languedoc ; Paul Rabaut, connaissant ses dispositions bienveillantes qui se manifestèrent en ce qu'il fit cesser la dragonnade, résolut de remettre entre ses mains un mémoire justificatif de la conduite des protestans, pour qu'il pût, à son retour à Versailles, le présenter lui-même au roi. L'entreprise était difficile autant que périlleuse ; mais, si le danger lui conseillait la prudence, il n'était pas assez grand pour arrêter son dévouement. Accompagné d'un seul guide, il se rendit, à cheval, le 19 septembre 1752, entre le village d'Uchaud et l'hôtellerie dite la *Baraque de Codognan*, pour y attendre le marquis, qui se rendait de Nismes à Montpellier. Lorsqu'il fut arrivé, il s'approcha seul de la voiture avec une contenance respectueuse, déclina aussitôt son nom, sa qualité, le but de son message, et présenta l'écrit qu'il tenait à la main..... Le général, dont les pouvoirs militaires étaient immenses, et qui, d'un seul mot, pouvait le faire arrêter par son escorte, pour le faire pendre sans jugement....., touché de son courage et de sa confiance en sa loyauté, se découvrit devant lui, accepta le mémoire, et promit de le remettre lui-même au roi. — Il tint religieusement parole, et, dès ce moment, les poursuites contre les réformés commencèrent à perdre dans tout le royaume de leur consistance et de leur sévérité.

En effet, le duc de Richelieu, qui arriva à la fin de l'année en Languedoc, mit un terme aux excès des logemens militaires, diminua de beaucoup la sortie des détachemens, et laissa quelque temps les pasteurs exercer paisiblement leur ministère.

CHAPITRE VIII.

Le calme continue jusqu'en 1754. — Règlemens d'organisation. — Tout-à-coup la tolérance disparaît, sans qu'on puisse en assigner les causes. — Paul Rabaut est poursuivi à St-Césaire. — On décide d'arrêter sa femme. — Conduite courageuse de Magdelaine Gaidan. — Le prince Louis Bourbon de Conti éprouve de la sympathie pour les malheurs des églises persécutées. — Il appelle Paul Rabaut à Paris. — Son entrevue avec ce prince. — Mémoire qu'il lui adresse en 1756. — Honoré Turge et Jean Fabre, l'honnête criminel. — Sept proposans arrivent de Lausanne, et sont consacrés au désert. — La tête de Paul Rabaut est mise à prix. — Sa cachette sous un tas de pierres et de ronces. — Sa vie errante.

La tranquillité du pays dura jusqu'en 1754, époque de la naissance du duc de Berry, qui fut l'infortuné Louis XVI ; le consistoire de Nismes en profita pour faire des règlemens d'organisation intérieure, concernant principalement la bénédiction des mariages, l'administration des baptêmes des enfans, l'admission des catéchumènes à la sainte Cène, et la distribution des secours accordés aux pauvres, aux prisonniers et aux galériens.

Tout renaissait à l'ordre et à la prospérité ; déjà les haines commençaient à disparaître ; le commerce reprenait son activité, et plusieurs émigrés rentraient dans leur domicile ; lorsque tout-à-coup, sans que l'on pût en connaître les causes, la tolérance disparut, les rigueurs recommencèrent, et ce fut le duc de Richelieu lui-même qui, changeant de conduite, en devint l'instrument. Le 16 février 1754, en effet, il publia des instructions pour les commandans de place de son ressort, qui firent revivre les mesures les plus arbitraires qui avaient été mises jusque-là en vigueur contre les assemblées, les ministres et les prisonniers.

Les protestans de Nismes en furent intimidés à tel point, que cinquante à soixante personnes, au plus, osèrent se rendre à deux réunions de prières convoquées successivement par Paul Rabaut, par crainte du nombre des soldats qui avaient reçu l'ordre de les surveiller et de les poursuivre. — Sur une simple indication, en effet, trois cents hommes partirent pour St-Césaire, afin de s'emparer du pasteur qui y officiait, et ce ne fut qu'en descendant immédiatement de chaire, et en prenant la fuite à travers champs, qu'il échappa.

On voulait pourtant s'en emparer à tout prix, ou plutôt, comme cette capture n'aurait pas manqué de susciter de graves embarras, on avait décidé de le forcer à sortir du royaume. Dans ce but, le commissaire de Nismes conçut un stratagème adroit, celui d'arrêter Magdelaine Gaidan, son épouse, avec ses enfans, ou du moins de l'intimider à tel point, qu'elle fut la première à décider Paul Rabaut à fuir avec elle en pays étranger.

Un jour donc, à trois heures du matin, la maison qu'elle habitait dans l'un des faubourgs de la ville, fut investie par cent hommes armés; le commandant frappa avec violence à la porte, se la fit ouvrir au nom du Roi, chercha Paul Rabaut dans tous les appartemens, et, ne le trouvant nulle part, il mit en délibération, avec ses officiers, s'ils n'arrêteraient pas la femme du pasteur fugitif, avec sa mère Mme veuve Gaidan, fort avancée en âge, et infirme. Mais l'épouse courageuse, sans se laisser intimider par ces menaces, soutint avec calme et énergie, que, puisque sa maison ne contenait rien de suspect, elle ne pouvait pas et ne devait par conséquent pas être arrachée de son domicile, à moins qu'on ne voulût violer, avec connaissance de cause, ce que la loi civile avait de plus sacré, le respect des familles et le repos des citoyens. Elle défendit sa cause avec tant de sang-froid et de raison, qu'on n'osa point s'emparer, pour le moment, de sa personne.

Toutefois, de nouvelles perquisitions se renouvelèrent le 22 octobre et le 2 novembre suivans, toujours avec une rigueur croissante et des menaces plus terribles ; ce qui obligea la *femme-forte* de céder à l'orage, en sortant de sa maison avec sa vieille mère et ses deux jeunes enfans. — Pendant deux années consécutives, cette famille persécutée erra de lieu en lieu, sans domicile fixe, recevant de ses amis une hospitalité généreuse, souffrant des privations qui auraient découragé une âme moins intrépide que celle que possédait Magdelaine Gaidan, qui ne se rebuta jamais, soignant sa mère infirme avec un dévouement tel que la foi vivante en Jésus-Christ peut seule en produire de semblable, et qui, au lieu de faire cesser ses peines, en conseillant à son mari de s'expatrier avec elle et ses enfans, l'exhorta, au contraire, à persévérer dans ses fonctions pastorales, et à consacrer sa vie au service de *Celui* qui a tant souffert pour arracher les âmes à la puissance des ténèbres, au péché et à la mort.

A la fin, lorsque le duc de Mirepoix fut devenu intendant de la province, touché d'une si grande résignation et d'une telle persévérance à préférer les persécutions à l'exil, il donna des ordres pour que l'on cessât de tourmenter des femmes estimables qui avaient excité son admiration, tout en résistant aux moyens employés pour les faire sortir du royaume.

A cette époque, le prince Louis Bourbon de Conti, chef de la branche cadette des Condé, ayant éprouvé une sympathie assez vive pour les malheurs des églises persécutées, fit concevoir à ces dernières l'espérance d'avoir acquis un protecteur du sang royal. — Dans une correspondance secrète, ce prince manifesta le désir de connaître Paul Rabaut, qui, par ses talens et ses vertus chrétiennes, était devenu en quelque sorte le chef de tous les protestans du royaume. Il partit donc pour Paris le 18 juillet 1755, avec M. Béchard, son parent, qui devait lui servir de guide et d'introducteur; mais, ce compagnon de voyage ayant été enlevé par une mort subite, il se trouva si isolé dans cette ville immense, qu'il lui fallut une grande force d'âme pour ne pas succomber au découragement. Il lutta avec efforts contre sa timidité naturelle, et, malgré son peu d'usage du monde, surtout de la cour, il se présenta seul à Louis de Bourbon-Conti, qui se trouvait au château de l'Ile-Adam.

Les documens diffèrent sur les circonstances de cette entrevue; les uns disent que le prince n'adressa au pasteur que des questions insidieuses, auxquelles, pour ne pas compromettre son caractère et ses principes, il n'opposa que des réponses évasives. — Les autres, au contraire, assurent que, pendant deux audiences consécutives, ces deux hommes d'élite élaborèrent en commun des projets tendant uniquement à l'adoucissement prochain des protestans du royaume. Ce qui établirait l'exactitude de ces derniers renseignemens, préférablement aux autres, c'est que le prince de Conti fit parvenir, plus tard, des marques particulières de son estime à Paul Rabaut, et que c'est à lui-même que ce pasteur adressa, l'année suivante, un mémoire au sujet de la surprise d'une assemblée, dans laquelle il devait consacrer trois candidats au saint ministère, et dont voici la teneur :

« *Mémoire concernant le massacre fait par un détachement du régiment de Brissac sur une assemblée de réformés, tenue dans le Bas-Languedoc le 8 août* 1756.

« Le temps, qui apporte des changemens dans toutes les choses du monde, n'en apporte aucun aux infortunes des protestans du royaume de France. A la honte de la nation, et malgré les lumières du siècle, on voit renouveler de temps en temps, contre eux, les scènes tragiques qui ensanglantèrent tant de fois notre chère patrie. Ce serait peu d'avancer qu'on les traite comme s'ils étaient les ennemis déclarés de l'Etat, on agit avec eux précisément comme avec des bêtes féroces, dont on aurait résolu de purger la terre. On laisse là un grand nombre d'exemples qu'on pourrait citer en preuve, pour se borner à celui qui vient de se passer dans le Bas-Languedoc.

« Personne n'ignore que, nonobstant les horreurs qui accompagnèrent la révocation de l'édit de Nantes, et qui firent perdre à l'Etat tant de citoyens utiles, il resta dans le royaume une quantité très-considérable de protestans toujours fort attachés à leur religion, persuadés, comme le dit l'évêque d'Agen dans sa lettre au contrôleur-général, que l'observation du culte extérieur est la partie la plus essentielle pour un honnête homme; et, ne pouvant d'ailleurs, sans trahir leurs lumières, participer au culte de l'église romaine, il ne leur restait d'autre parti à prendre que celui de s'assembler entre eux plus ou moins ouvertement, selon les circonstances, pour rendre à la divinité le culte spirituel et raisonnable qu'ils savent lui être dû, et qu'ils croient ne pouvoir négliger sans crime. L'ordre, la décence et la gravité dont la célébration du culte public doit être accompagnée, demande nécessairement que quelqu'un y préside, et par conséquent qu'il y ait des pasteurs, dont on a aussi besoin, soit pour expliquer les devoirs et les vérités de la religion, soit pour administrer les sacremens; c'est pour remplir ce double objet, qu'une assemblée avait été convoquée dans le Bas-Languedoc, et fixée au dimanche 8 du mois d'août de la courante année 1756. Le nombre des ministres actuellement en exercice ne pouvant pas suffire à toutes les fonctions pastorales, on devait, ce jour-là, en consacrer trois par l'imposition des mains, après la prédication et la prière.

« Le local de l'assemblée est un fonds attenant à une montée vide, entre l'orient et le septentrion, laquelle bornait la vue d'où l'on pouvait être aisément surpris.

La solennité de l'action y avait attiré une quantité prodigieuse de gens ; il n'était que huit heures du matin, et déjà il s'y était rendu de dix à douze mille personnes : on avait lu plusieurs chapitres de l'écriture sainte, et on était occupé à chanter un psaume, lorsqu'on aperçut de quinze à dix-huit soldats ayant chacun son fusil, et courant de toute leur force vers l'assemblée ; c'était un détachement qui est en garnison au lieu de Fons, outre-Gardon, du régiment de Brissac ; on ne s'en défiait point, parce que la garnison est à environ une lieue et demie du local de l'assemblée. Que pouvait faire cette multitude, à laquelle on prêche sans cesse la soumission et la patience, et qui se ferait scrupule de porter d'autres armes aux assemblées que des livres de piété, et, tout au plus, un bâton pour se soutenir? Il ne lui restait d'autre parti, que celui de la fuite ; c'est aussi celui qu'on prit ; c'en devait être assez, ce semble, pour satisfaire et le détachement et le sergent qui le conduisait. S'ils avaient été capables de quelque compassion, ils auraient été touchés des cris perçans que poussaient vers le ciel, les femmes, les enfans, les vieillards ; mais ils voulaient répandre du sang, et ils eurent cette satisfaction. Sitôt qu'ils furent à bout portant, ils tirèrent, à plusieurs reprises, douze à quinze coups de fusil, sans que personne leur fît la moindre résistance, et malheureusement ces coups ne portaient pas à faux. Déjà plusieurs personnes sont mortes de leurs blessures : on est incertain si quelques autres seront mortelles ; ceux qui ont été blessés légèrement sont le plus petit nombre. Quoiqu'on entendît le bruit de la mousqueterie et qu'on vit plusieurs personnes étendues sur le carreau, et répandant tout leur sang, on avait peine d'en croire ses yeux et ses oreilles. Leur rapport n'était pourtant que trop certain ; aussi fit-on l'impossible pour se tirer de cette boucherie ; mais il en a coûté cher à quantité de particuliers, qui, se précipitant dans leur course, ont eu, les uns les bras, les autres les jambes, cassés ou disloqués. Dans ce nombre, il y avait des femmes enceintes.

« Comme on se pique de sincérité, et qu'on n'avance rien dans ce mémoire qui ne soit exactement vrai, on ne fera pas difficulté d'ajouter, que plusieurs personnes, pénétrées d'horreur du massacre que l'on venait de faire de plusieurs de leurs frères, et ayant lieu de craindre que le détachement n'immolât un plus grand nombre de victimes, si on les laissait faire, firent face, et jetèrent même des pierres, car elles n'avaient pas d'autres armes, contre quelques soldats; deux ou trois de ceux-ci, les seuls qui n'eussent pas tiré, lachèrent pour lors leurs coups, et ce ne fut pas sans succès ; ils firent deux blessures, l'une mortelle, l'autre très-fâcheuse.

« On comprend bien que le sergent et sa troupe, qui, sans doute, verront tout ce que leur procédé a d'horrible et de déshonorant, ne négligeront rien pour se disculper et pour noircir les protestans de l'assemblée ; mais le gouvernement est trop équitable pour s'en rapporter au témoignage de gens si visiblement intéressés à déguiser la vérité, et l'on proteste, en conscience, qu'on a rapporté les choses telles qu'elles se sont passées.

« On supplie ce même gouvernement de jeter un œil

de compassion sur l'état des protestans du royaume, plus triste que celui d'aucun peuple de la terre, quoiqu'on ne puisse leur reprocher autre chose qu'un inviolable attachement à leur religion ; ils aiment leur roi ; ils sont attachés à leur patrie ; ils contribuent de tout leur pouvoir à la prospérité de l'Etat. S'ils continuent à être traités comme des bêtes, pourra-t-on les blâmer de chercher des climats où on les traite comme des hommes!. »

L'année 1756, dans laquelle se passa le fait si déplorable dont nous venons d'emprunter la narration à la plume de Paul Rabaut lui-même, avait été ouverte par la surprise d'une autre assemblée de ce genre, qui eut lieu le 1.er janvier, dans laquelle plusieurs citoyens de la ville de Nismes, entre lesquels se trouvèrent Honoré Turge, âgé de 59 ans, et Jean Fabre, âgé de 78 ans, furent faits prisonniers. Pour donner un exemple sévère qui pût intimider le peuple et le porter à ne plus transgresser ouvertement les édits, ces deux derniers, qui étaient les chefs de familles honorables et respectées dans la ville, furent condamnés aux galères perpétuelles. Fabre était vieux, et, de plus, infirme ; ses mains débiles n'auraient pu soulever ses fers, et son corps, affaibli par la souffrance, aurait bientôt succombé sous les rigueurs des travaux du bagne : il avait un fils jeune et vigoureux, qui, lors de la capture de son père, avait trouvé le salut dans la fuite ; mais, se repentant bientôt de la légèreté de sa conduite, il prit la résolution de

---

[1] Manuscrits de Paul Rabaut, cités par Ch. Coquerel dans son *Histoire des églises du désert ;* II, 237.

soustraire l'auteur de ses jours au sort affreux qui lui était destiné. Il revint donc sur ses pas, se présenta hardiment au commandant de la troupe, et, se jetant à genoux au milieu de tous ses soldats, il le conjura avec larmes de rendre la liberté à son père, en offrant généreusement de prendre sa place. Il serait difficile de rendre la scène qui se passa, en ce moment, entre le père et le fils, devenus si intéressans par leur position. Après un long débat, dans lequel se manifesta toute la tendresse de l'un et tout le dévouement de l'autre, les vœux du fils furent exaucés : on consentit à ce qu'il remplaçât son père.

Ce trait de piété filiale, que les Grecs et les Romains auraient admiré, n'eut pas même le pouvoir de fléchir l'intolérance du duc de Mirepoix, qui gouvernait la province; il offrit seulement de rendre la liberté au prisonnier, à condition que Paul Rabaut quitterait non-seulement la contrée, mais encore le royaume. Mais Jean Fabre, déjà glorieux, en quelque sorte, des fers qu'il allait porter, refusa la liberté qu'on lui offrait à ce prix, et n'hésita pas à faire, pour l'église qui l'avait vu naître, le même sacrifice qu'il avait fait pour son vénéré père. « Il est du devoir de notre pasteur, dit-il, de s'occuper, avant tout, des malheurs publics, avant de songer à ceux qui accablent les individus, et il ne doit abandonner son poste que lorsque son divin maître, Jésus-Christ, l'ordonnera. » — Paul Rabaut eut, comme il le dit lui-même dans une lettre adressée à M. Court de Gebelin, de très-fortes raisons pour partager cet avis, et il accompagna de ses vœux et de ses prières l'honnète criminel, qui fut conduit à Toulon, revêtu de la livrée du crime, et confondu avec les plus vils scélérats. Après six ans de souffrance, pendant lesquels il éprouva, de la part du comte de St-Florentin, qui se montra toujours inexorable envers lui, des rigueurs qui rendirent sa position des plus affreuses, il dut, enfin, sa délivrance au duc de Choiseul, alors chargé du département de la marine [1].

[1] Jean Fabre était né à Nismes le 8 août 1727 ; il était âgé de 29 ans lorsqu'il fut conduit au bagne ; il en sortit le 12 mars 1762. Un nouveau chagrin l'attendait dans sa famille. Son infortuné père, dont tous les jours s'étaient écoulés dans les larmes, ne put supporter l'émotion que lui causa le retour de son fils, et expira, peu de temps après, dans ses bras, en le comblant de bénédictions. — Fabre retrouva libre une parente qui lui était destinée lorsqu'il se sacrifia pour son père, et l'épousa. — C'est ce trait remarquable de piété filiale, que M. Fenouillot de Falbaire a mis en action dans son drame intitulé : *l'honnête Criminel*. Le comte de St-Florentin, lors de la représentation de cette pièce, qui inspira beaucoup d'enthousiasme, et qui servit aussi à ouvrir les yeux de la cour sur la législation intolérable qui désolait les églises depuis si long-temps, s'opposa à une souscription de 100,000 fr., qu'on voulut faire en faveur de Fabre, et montra par là combien il était implacable dans ses haines. Le héros de cette pièce fut pourtant mandé à Montpellier par le prince de Beauveau, qui lui fit, ainsi que la princesse, l'accueil le plus gracieux. — Fabre reprit le commerce, et, après vingt-cinq ans de mariage, il perdit son épouse, qu'il chérissait tendrement : le chagrin qu'il en éprouva, joint à la faiblesse de sa santé, le déterminèrent à renoncer entièrement aux affaires. Il mourut à Cette le 31 mai 1797, chez son fils, qui lui ferma les yeux.

(Vincens-St-Laurent : *Biographie des Contemporains.*)

Quelque temps après la condamnation de Fabre, Paul Rabaut eut une entrevue avec le duc de Mirepoix, qui lui dit : « Si vous aviez voulu quitter le royaume, l'on aurait mis en liberté ce prisonnier auquel tant de personnes s'intéressaient. » Il répondit : « la persécution enfante aussi le fanatisme dans les persécutés ; si les pasteurs instruits abandonnent leurs troupeaux, il en naîtra de fanatiques, et le gouvernement ne doit pas le désirer. L'on accusera les persécutés, tandis que les persécuteurs seront seuls coupables [1]. »

Le malheureux sort d'Honoré Turge et de Jean Fabre n'arrêta cependant pas l'élan religieux des protestans de Nismes, car, deux mois après, le 26 février 1756, nous les trouvons extraordinairement réunis pour assister à la consécration de sept proposans, qui, après avoir passé trois ans à Lausanne, étaient arrivés avec des certificats honorables constatant qu'ils avaient satisfait à toutes les épreuves exigées par la discipline, pour être revêtus du caractère de ministres de la parole. Paul Rabaut leur imposa les mains *au désert*, et ils furent immédiatement attachés, par le synode, au service des églises du Bas-Languedoc. C'étaient Pierre Saussine, François Saussine, Pierre Allègre, Jean-Pierre Lafont, Paul Vincent, Jean Guizot et Jacques Matthieu.

---

[1] *Réflexions philos. et politiq. sur la tolérance religieuse;* par J. P., docteur.

L'accroissement du nombre des pasteurs augmenta la surveillance de l'autorité ; elle éprouva une indignation profonde de ce que Paul Rabaut, pour lequel elle s'était montrée bienveillante, au point de soutenir des relations personnelles avec lui, eût osé consacrer de ministres aux portes de la ville, et, pour s'emparer plus sûrement de sa personne, elle mit sa tête à prix. Ce fut alors que, pour se mettre en sûreté, il habita long-temps une cachette que l'un de ses guides fidèles avait ménagée, dans un champ inculte, sous un tas de pierres et de ronces, et, lorsqu'elle fut découverte par un berger, il regretta encore cet asile, qui, tout indigne qu'il était, lui offrait, du moins, pendant la nuit, un repos assuré et tranquille, qu'il ne trouvait nulle autre part que là ; car des espions étaient sans cesse à ses trousses, et il était bien rare que les maisons de campagne, dans lesquelles on l'avait vu entrer pendant le jour, ne fussent pas cernées et visitées avec la plus minutieuse attention pendant la nuit suivante. Aussi, ce n'était qu'à la faveur des déguisemens, ou par son sang-froid, ou par sa présence d'esprit, ou par la vitesse de son cheval, qu'il échappait aux poursuites de ses ennemis, qui, malgré leur nombre et leur activité, ne purent jamais s'emparer de sa personne [1] : ce qui prouve combien les

---

[1] Un jour, entre autres, surpris dans la maison d'un boulanger qui lui avait momentanément donné asile, il n'eut pas le temps de s'évader ; mais son calme ordinaire, sa présence d'esprit, le sauvèrent. Il s'affubla du costume enfariné d'un mitron, il prit à la main un flacon vide, dit à la sentinelle qui était déjà postée à la porte d'entrée, qu'il allait chercher

protestans savaient s'exposer au péril pour sauver un pasteur dont la personne leur était si chère, et les prédications si utiles. Et cette vie de luttes, de privations, de craintes sans cesse renaissantes, a duré plus de trente années consécutives, et, s'il n'a pas été saisi dans ses courses vagabondes, c'est qu'après la protection visible que lui accorda en tout temps le Seigneur, il se trouva constamment entouré d'amis fidèles qui l'avertissaient de l'approche du danger.

du vin pour rafraîchir ses camarades, et elle le laissa passer. Mais il fallait aussi sortir de la ville, et passer devant les sentinelles qui en gardaient les issues. A ce moment décisif, il affecta beaucoup de gaîté, et franchit ce dernier obstacle sans difficulté. — Pour se dérober aux poursuites, il changea fréquemment de nom. Ainsi, il se fit appeler tour à tour : M. Paul, — M. Denis, — Pastourel, garçon boulanger (en souvenir, sans doute, de sa délivrance au moyen de ce costume), — Paul Tuabar (anagrame de Rabaut), — M.lle Jeannette (parce qu'il s'habilla plusieurs fois en femme), — M. Théophile, marchand de perles fines, etc...... — (*Voy. Table des surnoms des pasteurs du désert.*)

CHAPITRE IX.

Paul Rabaut s'élève contre les assertions de Voltaire et contre le *Dictionnaire philosophique*. — Sa Lettre pastorale au sujet de l'assassinat de Damiens. — Règlemens disciplinaires. — Séminaire protestant. — Feuille hebdomadaire. — Mort de Antoine Court, en 1760. — Paul Vincent. — Un trait de sa vie périlleuse. — P. Rabaut écrit en faveur de Rochette, et ensuite de Calas. — Sa vie est tellement en danger, que ses amis l'engagent à s'expatrier. — Offres qu'on lui fait et qu'il refuse. — Le maréchal de Thomond succède à Richelieu. — Premier acte de son administration. — Lettre pastorale à ce sujet. — Le prince de Beauveau arrive. — Sa tolérance permet aux protestans de choisir un local fixe pour les assemblées. — On y apporte, pour la première fois, des chaises et des bancs. — La persécution s'apaise. — L'ermitage. — L'écho. — Nouveaux protecteurs. — Pierre Puget et Pierre Encontre. — Opinions de P. Rabaut sur la *Millénium*, — Sur l'Apocalypse, — Et sur le gouvernement presbytérien.

Si Paul Rabaut prenait la défense de ses co-religionnaires auprès du gouvernement, il était attentif encore à réfuter toutes les accusations qu'on publiait contre eux ; c'est ainsi qu'il s'éleva avec énergie contre les assertions de Voltaire, l'écrivain le plus éminent de ce siècle, qui, dans son panégyrique de Louis XIV, accusait les *Huguenots* de républicanisme, puisqu'il lui reprocha hautement de n'avoir pas hésité, pour flatter un grand monarque, de répandre le fiel de la plus maligne satyre sur des gens qui souffraient depuis si long-temps une persécution injuste, et cela après avoir oublié ou plutôt contredit ce qu'il avait avancé lui-même dans l'éloge historique qu'il avait placé à la tête de sa *Henriade*. Plus tard, il désapprouva aussi le *Dictionnaire philosophique* et le *Traité sur la tolérance*, qui, quoique renfermant, l'un et l'autre, des traits saillans contre la persécution, s'élevaient pourtant contre tout esprit religieux, et que, par cette raison, des chrétiens, sincèrement croyans, ne pouvaient accepter comme leur étant favorables.

Au commencement de l'année 1757, un malheureux, nommé Damiens, assassina le roi aux portes du palais de Versailles. La blessure était fort légère, mais on craignait que le fer homicide ne fût empoisonné. Le roi lui-même, saisi d'effroi, crut toucher à son dernier moment. L'opinion de la cour attribuait ce crime à l'effervescence allumée dans le peuple par la violente opposition du parlement. Paul Rabaut prit occasion de cet événement, qui plongea les églises dans les alarmes les plus sérieuses, à cause des soupçons qui auraient pu planer sur leur participation à cet odieux forfait, pour adresser aux membres de la Sienne une Lettre pastorale datée du désert, dans laquelle, entre autres choses, il leur disait : « Si, en certain cas, des considérations supérieures vous mettent dans la nécessité de désobéir aux ordres du roi, à peu près comme Daniel se vit forcé de désobéir à ceux du roi Darius, vous pouvez dire à sa Majesté, comme le prophète le disait au roi de Perse : *nous avons été trouvés innocens devant Dieu, et même, à votre égard, ô roi! nous n'avons commis aucune faute* [1]. » (Daniel, VI, 22.)

Cette tentative d'assassinat n'eut, toutefois, aucune suite fâcheuse pour les protestans, comme ils avaient

[1] *Histoire des églises du désert;* II, 243.

d'abord paru le craindre ; au contraire, comme il fut constaté par les débats du procès, que l'assassin n'avait pas eu de complices, leur sort en fut momentanément adouci, à condition que les assemblées se tiendraient avec toute la circonspection et toute la prudence possibles, et qu'aucun pasteur ne serait admis dans la province, à moins qu'il ne fût d'origine française.

Au milieu de ce calme si impatiemment attendu, le synode du Bas-Languedoc s'assembla, et fut composé de vingt pasteurs et de quarante-un anciens ; il prit des mesures sévères de discipline contre l'usure, les juremens, les jeux, les danses, les baladins de profession, les charivaris, à l'occasion des secondes noces... Il décida, en outre, que les ministres non mariés recevraient un traitement annuel de quatre cents livres. Enfin, il adopta, à l'unanimité, la fondation d'un séminaire protestant à Nismes, pour les étudians en théologie, dont le pasteur Pierre Puget fut nommé directeur, et les pasteurs Paul Rabaut et Pierre Pradel, inspecteurs. — Ce projet ne put cependant recevoir son exécution, à cause de la difficulté des temps et du manque des ressources ; il en fut de même de celui tout différent, mais aussi utile, qui consistait à créer une *Feuille hebdomadaire* qui aurait décrit la situation des églises, et que les familles qui les composaient, auraient soutenue par une souscription de deux sous par semaine.

Deux ans plus tard, les protestans de France eurent la douleur de perdre leur ami le plus cher, leur protécteur le plus vénéré, qui, depuis trente ans, travaillait à Lausanne à former des pasteurs et à servir d'intermédiaire entre eux et leurs co-religionnaires de l'Europe entière, au moyen de l'*agence générale* qu'il avait fondée. Antoine Court mourut en 1760, à l'âge de quatre-vingts ans, après avoir écrit deux livres qui sont devenus populaires : *l'Histoire des Casimards* et *le Patriote Français et impartial* ou *Plaidoyer historique et religieux en faveur de la tolérance*. — Il fut pleuré par ses collègues, et vivement regretté par tous les protestans de France et de l'étranger.

Cette même année, Paul Rabaut reçut pour collègue, dans l'église de Nismes, Paul Vincent, originaire de Congénies, à qui il avait lui-même imposé les mains le 26 février 1756, et qui avait déjà exercé quatre années de ministère dans les campagnes environnantes, au milieu des plus grands périls. Il avait une réputation de zèle, d'activité et d'éloquence, qu'il avait acquise en combattant, sans relâche, l'indifférence religieuse et l'incrédulité, et en travaillant à arrêter les progrès de la corruption, comme à maintenir dans l'église la pureté de la foi en Jésus-Christ.

Nous consignons ici un trait de sa vie périlleuse, décrit par son fils Adrien Vincent, qui, comme lui, fut pasteur de Nismes, et père de Samuel Vincent, qui a occupé, après eux, la même place, et qui est mort parmi nous le 10 juillet 1837.

« Une fois, le village où il se trouvait fut investi par les troupes cantonnées dans les communes environnantes. Le curé du lieu, appelé Bastide, lui offrit asile et sûreté dans sa propre maison, et, s'il le fallait, dans l'église et sous l'autel. Ses amis, moins confians que lui, ne furent pas d'avis qu'il acceptât cette invitation. Il fallut donc s'éloigner. Il était nuit. Au sortir du village, une sentinelle l'arrêta et voulut le conduire auprès du commandant. Il fit difficulté de s'y rendre, et tenta même de s'évader. La sentinelle lui lança un coup de baïonnette qui, heureusement, passa entre son bras et son corps. Son habit seul en fut percé. Aussitôt il se dégage, laissant son mouchoir et son chapeau sur la place, franchit un fossé sans l'apercevoir, et prend la fuite. Les soldats, que la sentinelle avait appelés et mis sur ses traces, le poursuivirent long-temps et de fort près. Il entendit donner l'ordre de faire feu sur lui ; ordre qui, on ne sait pas pourquoi, ne fut point exécuté. Enfin, il les lassa tous, et ils le perdirent de vue. Echappé de leurs mains, il se présenta successivement à deux métairies peu éloignées, où il comptait pouvoir se réfugier, et l'on n'osa pas le recevoir, tant on était frappé de terreur. Ce ne fut qu'à la troisième qu'on eut le courage de l'accueillir. Il y arriva suant, hors d'haleine, la tête nue, les pieds criblés d'épines et ensanglantés, parce que, craignant toujours d'être poursuivi, il avait quitté ses souliers pour faire moins de bruit en marchant, sans se donner le temps de choisir ses pas. Après quelques momens de repos, il se fit transporter à Nismes, où était sa famille. Le bruit y courait déjà qu'il avait été pris, et il reçut, le lendemain, la visite de plusieurs personnes pieuses qui venaient mêler leurs larmes avec celles de son épouse, et qui bénirent Dieu en voyant libre et plein de vie un pasteur qu'elles croyaient dans les fers et près d'être sacrifié. Ce bruit, du reste, n'était pas sans vraisemblance ; car, dans la même nuit, on avait saisi, dans Alais, un autre ministre nommé Lafage [1], qui fut pendu à Montpellier quelques jours après ; et, en répandant cette malheureuse nouvelle, on avait confondu les noms [2]. »

En 1761, lorsque le pasteur François Rochette, le dernier martyr des ministres du désert, fut pris à Caussade, dans le Quercy, et transféré devant le parlement de Toulouse, où une condamnation à mort l'attendait infailliblement, Paul Rabaut écrivit, en sa faveur, une pétition touchante à la princesse Marie-Adélaïde, fille aînée de Louis xv et de Marie Leczinska, dans laquelle il lui demandait d'arracher au supplice, non un malfaiteur, mais un homme de bien, un ministre protestant, dont la pureté des mœurs égalait la sincérité de la croyance. Cette démarche fut inutile, soit que la

[1] Ce fait remonte au 14 août 1754. Etienne Teissier, surnommé *Lafage*, âgé de trente-un ans, fut condamné à mort le 17 du même mois, et exécuté le même jour. Ce ministre, qui, lors de son arrestation dans la métairie de Jacques Novis père, avait reçu, au moment où il tentait de se sauver par le toit, un coup de feu qui lui fracassa le bras, et lui fit une blessure sous le menton, fut attaché au gibet sans que les apprêts ni l'instant du supplice eussent altéré la sérénité et la constance de son âme. Les soldats qui entouraient l'échafaud ne purent retenir leurs larmes à l'aspect du dernier sacrifice d'une foi si intrépide. Ce fait inspira une complainte à la fois littéraire et populaire des plus touchantes. Lafage fut l'avant-dernier des martyrs du désert. (Ch. Coquerel, *Histoire des Pasteurs du désert*; II, 170.)

[2] *Mélanges de religion, de morale et de critique sacrée*; tom. VII, pag. 152.

lettre ne parvint pas à son adresse, soit que les directeurs de conscience de cette princesse lui eussent interdit toute démarche à ce sujet. Paul Rabaut employa alors un autre moyen. Il s'adressa au duc de Richelieu, ainsi qu'au duc de Fitz-James, mais encore en vain, puisque, le 19 février de l'année suivante, le ministre et ses compagnons, les trois frères Grenier, gentilshommes verriers du pays de Foix, subirent le dernier supplice.

Le procès de Calas survint presque à la même époque ; il eut un long retentissement dans la chrétienté. Paul Rabaut n'y demeura pas étranger. Dans le mois de janvier 1762, en effet, il publia une brochure intitulée : *la Calomnie confondue*, dans laquelle il réfuta, avec les élans d'une conscience indignée, l'accusation lancée par le monitoire contre la foi évangélique, de favoriser l'assassinat d'un fils apostat par un père fidèle. Cet écrit fut poursuivi par arrêt du premier président de Toulouse, et condamné à être brûlé sur le perron du palais. Cette sentence fut exécutée le 6 mars, et, trois jours après, l'infortuné Calas marchait au supplice.

Depuis ce malheureux arrêt, Paul Rabaut fut obligé de s'observer plus sévèrement qu'à l'ordinaire ; car sa liberté fut sérieusement compromise. Le commandant de la ville, en effet, prescrivit, à son égard, de nouvelles mesures de surveillance ; quelques-uns de ses amis même blâmèrent son imprudence d'avoir écrit avec tant de chaleur et une si profonde indignation. Cependant des offres de service lui arrivèrent de tous côtés. Le pasteur Chiron, qui, après sa proscription, s'était retiré à Genève, et chez lequel il avait placé en pension ses deux fils, Rabaut St-Etienne et Rabaut-Pommier, en 1755, lui écrivit pour lui offrir, au nom de tous ses amis, une retraite à Lausanne. D'autres propositions lui furent faites encore, entre autres celle d'une pension de 1,000 liv., s'il voulait se rendre à Altona ou à Copenhague; et tous les avantages temporels qu'il pourrait souhaiter, s'il se décidait à se réfugier en Hollande; mais il était si sincèrement attaché à son troupeau, qu'à quelque prix que ce fût, et quoi qu'il dût lui arriver, il ne voulut jamais abandonner sa direction spirituelle. Il continua donc ses fonctions avec un nouveau zèle et avec même un plus grand dévouement, tout en laissant répandre le bruit qu'il était complètement découragé, et qu'il ne cherchait qu'une occasion favorable de s'expatrier.

Sur ces entrefaites, le maréchal de Thomond succéda au duc de Richelieu dans le gouvernement de la province. Le premier acte de son administration fut hostile aux protestans de Nismes, puisqu'il ordonna que, dans l'espace de six jours, tous eussent à faire réhabiliter à l'église les mariages et les baptêmes célébrés au désert. Cet ordre inattendu produisit, parmi la population riche, qui était nombreuse, les effets les plus sinistres. La consternation se peignit sur tous les visages; le découragement devint profond et général; beaucoup de familles parlèrent de sortir du royaume, et de suivre l'exemple de celles qui, en 1752, par suite d'une sommation semblable, faite par M. de St-Priest, se retirèrent en Prusse et en Angleterre, où elles reçurent l'accueil le plus empressé et le plus bienveillant.

Au milieu de cette affliction profonde, les pasteurs de l'église, Paul Rabaut et Paul Vincent, unirent leurs voix et publièrent une *Exhortation à la repentance et à la profession de la vérité*. Cette lettre pastorale, imprimée en Suisse, et adressée aux réformés de Nismes, eut pour but de leur prouver qu'il ne leur était pas permis de faire le moindre acte d'adhérence à l'église romaine, ni pour la bénédiction des mariages, ni pour le baptême des enfans, et qu'il valait mieux s'expatrier que de devenir infidèle à la croyance évangélique. Ces conseils énergiques produisirent leur effet ; chacun se prépara si bien à la résistance, que le maréchal, craignant une collision sanglante, ne donna, pour le moment, aucune suite à son arrêt, d'autant plus que, bientôt après, il dut céder son gouvernement au prince de Beauveau.

L'arrivée de cet homme, aussi bienfaisant que juste, fut un heureux événement pour tous les chrétiens réformés de la province. Dès ce moment, les barbares édits qui les désolaient, furent adoucis par la conduite tolérante de leur gouverneur. Ceux de Nismes purent choisir un local fixe et plus rapproché de la ville, pour tenir leurs assemblées religieuses, et personne ne les empêcha de s'y rendre en plein jour. Toutefois, le commandant Ratel trouva qu'il était trop rapproché, et somma le consistoire de le transporter à environ cinq quarts de lieu, ce qui fut exécuté par les conseils de Paul Rabaut, qui annonça cette mesure à Court de Gebelin, alors fixé à Paris, par la lettre suivante :

« Nous changeons, en effet, de place, comme le veut M. de Ratel ; celle où nous allons est à peu près à la même distance que les précédentes, mais trop à la vue du grand chemin de Montpellier, ce qui fait qu'on pense d'en chercher une plus à couvert. Ce changement n'a intimidé personne ; l'on a compris que M. de Ratel n'avait pas de nouveaux ordres, et qu'il avait voulu seulement faire plaisir à quelqu'un qui ne nous voyait pas de bon œil où nous étions. Ainsi tout va son train ordinaire.[1] »

Les assemblées étant convoquées tout près de la ville, on commença, ce qui n'était jamais encore arrivé jusqu'alors, d'y apporter des chaises et des bancs. Il sortit donc, chaque dimanche, un cortége de six à huit mille personnes, portant chacune ou faisant porter devant soi des siéges pour s'asseoir. Cette innovation attira l'attention générale ; mais elle ne fut pas vue de mauvais œil par les catholiques. Toutefois, quelques hommes en place s'en offusquèrent et portèrent leurs plaintes jusqu'au ministre secrétaire d'état de la maison du roi, le comte de St-Florentin, qui ordonna aussitôt qu'un pareil état de choses cessât. Les protestans obéirent, mais, aux chaises et aux bancs, ils substituèrent des pierres symétriquement arrangées en gradins, de manière à pouvoir servir de siéges commodes pour tous ; ils eurent même le soin, en se séparant, de ne plus marcher en groupes considérables, et de garder le silence de la dé-

---

[1] *Manuscrits de Paul Rabaut*, cités par M. Ch. Coquerel : *Histoire des églises du désert* ; II, 381.

cence et du recueillement : à ces conditions, ils acquirent le repos, puisqu'ils ne furent plus inquiétés.

Le prince de Beauveau, dont la modestie égalait le courage, sut apprécier la conduite et le dévouement évangélique de Paul Rabaut; il entretint avec lui des relations fréquentes, et lui donna, dans plusieurs circonstances, des marques éclatantes de son estime et de sa considération. C'est ainsi qu'en 1763, le comte de St-Florentin ayant donné l'ordre de faire démolir par la force armée un lieu de prières que les réformés des environs de Castres avaient approprié, sans autorisation préalable, pour le culte public, « le prince, qui, dans une autre occasion, où on le menaçait de la perte de son commandement, parce qu'il avait fait rendre la liberté à quatorze femmes protestantes, dont l'une était demeurée enfermée dans la Tour de Constance, depuis l'âge de huit ans jusqu'à celui de cinquante, avait répondu par cette seule phrase : « le roi est le maître de « m'ôter le commandement qu'il m'a confié ; mais non « pas de m'empêcher d'en remplir les *devoirs* selon ma « conscience et mon honneur [1] » ; ce prince, disons-nous, n'hésita pas à prendre également ici sur lui de donner la préférence à des mesures plus modérées. Il s'adressa à Paul Rabaut, lui communiqua la lettre qu'il avait reçue, et obtint, par sa médiation, que les protestans démoliraient eux-mêmes la maison désignée. Il n'y eut point d'éclat, point d'envoi de troupes, point de punition, point de dragonnade, et l'ordre ne fut pas troublé

---

[1] *Archives du christianisme*; IX, 302.

un seul instant, grâce à la douceur du prince, et à l'influence du pasteur. »

Le comte de Périgord et l'intendant de Balainvillers s'unirent au prince de la maison de Craon, qui, après la paix de 1762, joignit à ses lauriers toutes les vertus civiques, pour adoucir, autant que leur autorité pouvait le permettre, le sort jusqu'alors si déplorable des réformés de la province. Ceux de Nismes purent, dès ce moment, donner à leur culte une forme régulière, et lui assurer une célébration périodique.

Dans ce but, le consistoire choisit, pour les assemblées d'hiver, un emplacement situé sur le penchant d'une colline et à quelque distance du torrent du Cadereau[1]. Ce vaste amphithéâtre, qui existe encore intact, nommé *l'Ermitage*, est exposé au soleil levant, et se trouve, par cela même, placé à l'abri des vents du nord, qui soufflent avec tant de violence pendant la saison froide, qu'ils glacent les membres les plus chaudement vêtus. La chaire se plaçait dans le fond de la colline, et les auditeurs, dont le nombre variait chaque dimanche de six à huit mille, s'asseyaient en face sur des gradins construits avec des pierres, ou sur des sellettes pliantes et portatives, destinées uniquement à cet usage. Le service commençait toujours par le chant du psaume *cent*, qui servait comme d'appel aux fidèles, que l'on voyait arriver par familles et par quartiers, et qui se

---

[1] Le Cadereau est un ravin, dont le lit pierreux se change en torrent après les pluies abondantes ; il longe la route d'Alais, passe sous le pont de Sauve, et vient aboutir dans le Vistre, au delà du chemin de Montpellier.

plaçaient, pour l'ordinaire, les uns à côté des autres. Les solitudes à moitié sauvages du Cadereau se transformaient ainsi, chaque dimanche, en un rendez-vous intéressant, qu'animait la présence d'une multitude immense de personnes de tous les rangs de la société et des deux sexes, qui psalmodiaient *de tout leur cœur au Seigneur*, et dont les voix fortes et mélodieuses, se mariant avec ensemble et harmonie, étaient répercutées par les échos d'alentour. La maison de campagne de M. Pierre Benezet, membre du consistoire, servait de vestiaire au pasteur, et c'était là qu'à l'issue de chaque service, les anciens de l'église se réunissaient pour compter les deniers des pauvres, et s'entretenir des affaires les plus urgentes de leur ressort.

Ce lieu, si convenable pour se réunir avec commodité pendant la saison rigoureuse, ne pouvait servir en été, aussi un second fut-il choisi non loin de là. C'était une carrière de pierres à chaux, appartenant à la veuve Noailles, et qui s'appelait *l'Echo*, à cause de la répétition prolongée qu'il rendait du bruit et de la parole. Là, entre deux grands rochers perpendiculaires, se trouvait une vaste enceinte, dans laquelle les auditeurs, quel que fût leur nombre, pouvaient se placer à l'abri du soleil, et où l'on n'arrivait que par deux sentiers étroits. Une gravure, dont on trouve encore des exemplaires dans la plupart des maisons protestantes, et que le consistoire de Paris a fait placer dans la salle de ses délibérations, représente avec exactitude[1] cette enceinte vé-

---

[1] On y voit encore la pente qui servait d'amphithéâtre aux

nérée, dans laquelle les âmes qui venaient y chercher une nourriture spirituelle et sanctifiante, étaient excitées à l'adoration par la vue de la beauté sévère des œuvres de la nature, et remplies de reconnaissance et d'amour par l'ouïe des gracieuses promesses de la grâce de Dieu en Jésus-Christ.

Ce fut dans ces deux endroits, que la voix onctueuse de Paul Rabaut se fit long-temps entendre, et qu'elle eut du retentissement dans les cœurs, pour les amener à cette tristesse salutaire qui précède toujours les joies ineffables que procure l'assurance du salut. Toutefois, en annonçant ainsi aux âmes captives sous le joug du péché, le seul moyen assuré de leur délivrance, il n'oubliait pas les fidèles qui gémissaient sous le poids d'une autre captivité, dont la rigueur aggravait de beaucoup la première; je veux parler de celle qu'ils enduraient dans les prisons de la Tour de Constance à Aiguesmortes, et dans les bagnes de Toulon. Il profita du passage dans le midi de la France de la princesse de Prusse, sœur du grand Frédéric, pour la supplier de leur être favorable. Il sut intéresser à leur sort le marquis de Caylus, le duc de Richelieu, et jusqu'à l'évêque de Castres. Les sollicitations de ces grands personnages auprès de Louis xv ne furent pas vaines; puisqu'à la fin de l'année 1759, plusieurs recouvrèrent la liberté.

auditeurs, et le piédestal qui supportait la chaire : le reste a été miné par les ouvriers carriers. Le cimetière protestant se trouve actuellement à quelques mètres de distance de ce lieu, que visitent tous les étrangers instruits et pieux.

Trois ans plus tard, le duc de Fitz-James, commandant du Languedoc, conçut un plan général de tolérance, qu'approuvèrent Paul Rabaut et le prince de Beauveau, et, après avoir visité la Tour de Constance[1] avec le chevalier de Bouflers, son neveu, il acheva de faire tomber les fers des prisonniers protestans, en 1763.

Les églises commencèrent, dès ce moment, à jouir d'un repos durable; un synode national put se réunir et s'occuper de mesures générales concernant la discipline et la doctrine. Le synode provincial du Bas-Languedoc,

---

[1] Cette tour s'élève au milieu d'un mur circulaire du château, et, malgré le nom qu'elle porte, elle fut bâtie évidemment par St. Louis. On pénètre dans son intérieur par deux portes doublées en fer, et roulant avec peine sur leurs gonds. Là se présentent deux vastes chambres voûtées et placées l'une au dessus de l'autre. La première était sans doute occupée par la garnison, comme l'indique un four creusé dans le mur; dans la seconde on renfermait pêle-mêle les prisonniers. « Lorsque nous y entrâmes, dit le chevalier de Bouflers, quatorze femmes y languissaient dans la misère et dans les larmes, privées d'air et de jour. Le commandant eut peine à soutenir son émotion, et, pour la première fois sans doute, ces infortunées aperçurent la compassion sur un visage humain. Je les vois encore, à cette apparition subite, tomber, toutes à la fois, à ses pieds, les inonder de pleurs, essayer des paroles, et ne trouver que des sanglots; puis, enhardies par nos consolations, raconter, toutes ensemble, leurs communes douleurs! Hélas! tout leur crime était d'avoir été élevées dans la même religion que Henri IV. La plus jeune de ces martyres était âgée de plus de cinquante ans. Elle en avait huit lorsqu'on l'avait arrêtée, allant au prêche avec sa mère, et la punition durait encore. »

(*Nismes et ses environs :* E. Frossard, II, 217.)

suivant cette impulsion, agrégea les trois proposans, Jean Gachon, Louis Valentin et Simon Lombard, au corps des pasteurs français, et le colloque de Nismes, composé de six pasteurs et de quatorze anciens, considérant que Paul Vincent avait été attaché, depuis 1762, à l'église de Vauvert, désigna, pour exercer leur ministère dans celle de Nismes, concurremment avec Paul Rabaut, Pierre Puget et Pierre Encontre [1].

Tous ces pasteurs prêchèrent avec zèle et avec amour les anciennes doctrines calvinistes, reçues alors dans toutes les églises de France, sans que jamais on pût leur reprocher de s'en écarter dans leurs enseignemens publics, comme dans leurs instructions privées : cela

---

[1] Pierre Encontre était un de ces hommes qui, avec un courage et une piété dignes des beaux jours de la primitive église, ont entretenu le flambeau de la foi évangélique dans le Midi de la France. Il avait une austérité de mœurs et une sévérité de caractère, voisines de la dureté, et il était plus distingué par sa science théologique et par son zèle, que par ses connaissances dans les lettres et dans les sciences profanes. Il fut long-temps pasteur, et mourut à St-Geniès dans la Gardonnenque. Il eut trois fils : Germain, André et Daniel, le plus jeune et le plus célèbre de tous, qui naquit à Nismes en 1762, et qu'une extinction de voix força à abandonner le ministère. Il se retira à Montpellier, où il fut nommé professeur de belles-lettres à l'école centrale, ensuite professeur de mathématiques transcendantes, enfin, doyen de la faculté des sciences. — Il fut appelé, en juin 1814, à la faculté de théologie de Montauban ; c'est sous son décanat, qui commença le 9 février 1816, que nous avons fait nos études pour le saint ministère. — Il mourut à Montpellier le 16 septembre 1818, à trois heures du matin.

ne veut pas dire que quelques-uns d'entre eux ne pussent avoir des vues différentes sur quelques points secondaires du système évangélique. Ainsi Paul Rabaut, qui avait étudié avec beaucoup de soins les livres prophétiques de l'ancien Testament, penchait vers l'opinion des *Millénaires*, qui prétendent que Jésus-Christ doit régner sur la terre pendant *mille ans*. Il ne croyait pas cependant, avec quelques hommes des premiers jours de l'église chrétienne, que Denis d'Alexandrie convainquit d'erreur; que, pendant ce temps, les saints jouiraient de tous les plaisirs des sens comme dans le paradis de Mahomet; mais il partageait l'idée que David Bogue a développée dans ses discours sur le *Millénium*, prononcés dans le séminaire des missions à Gosport[1] : « que dans ce doux avenir que Dieu, dans sa grâce, a daigné révéler par ses serviteurs les prophètes, il y aura une plus grande mesure de connaissance divine, de sainteté de cœur et de vie, de consolation et de joie spirituelle, dans les âmes des disciples de Jésus-Christ, qu'ils n'en ont jamais eu jusqu'ici dans ce monde; et cela ne sera pas le partage de peu de chrétiens seulement, mais de la masse générale. Ce délicieux état intérieur de l'église sera accompagné au dehors d'une prospérité, d'une paix et d'une abondance de tous les biens temporels, inconnus jusqu'alors; les bornes du royaume de Christ s'étendront depuis le soleil levant jusqu'au soleil couchant; l'anti-christianisme, le déisme, le mahométisme,

---

[1] Deux volumes in-8.º, traduits par J. M. de C. : — tom. 1, pag. 23.

le paganisme et le judaïsme, seront détruits et feront place au trône du Rédempteur. La gloire des derniers jours sera préparée par la prédication de l'évangile, la lecture de la Bible, et le zèle des chrétiens de toutes les classes, par les jugemens du ciel sur les enfans des hommes, à cause de leurs iniquités ; mais surtout par l'efficacité puissante du Saint Esprit. Alors la religion du cœur deviendra la grande affaire des hommes : en général, ils seront vraiment pieux, et ceux qui ne le seront pas, n'étant qu'en petit nombre, seront probablement très-soigneux de cacher leurs sentimens réels, qui, d'ailleurs, non plus que leurs actions, n'auront aucune influence sur l'esprit public. Toute âme d'une piété sincère, souhaitant, à coup sûr, que cet état glorieux soit d'un long cours, aura satisfaction d'entendre, que le temps assigné par les prophètes à cette période est un millier d'années. » (*Apocalyp.*, xx, 6.)

Une autre opinion particulière qui distinguait Paul Rabaut, « c'est qu'il voyait dans les prophètes [1] une prédiction qui mérite, par sa singularité et par ses rapports avec l'événement, d'être rappelée. Il affirmait qu'il trouvait dans leurs prophéties l'annonce de grands événemens pour l'époque où s'est, en effet, manifestée la révolution de France et les guerres qui l'ont accompagnée et suivie ; il y voyait surtout qu'il paraîtrait,

---

[1] C'est du moins ce que rapporte l'un de ses biographes, dans son ouvrage intitulé : *Réflexions philosophiques et politiques sur la tolérance religieuse, sur le libre exercice de tous les cultes, et sur l'inquisition, les moines et les divers célibats*, etc.

au commencement du 19.me siècle, un libérateur qu'il appelait *prince Germe* (Zach., vi, 12), qui aurait pris naissance dans une île de la Méditerranée, et il n'hésitait qu'entre la Sardaigne et la Corse, parce qu'elles sont près de Rome. Il désignait cependant plus particulièrement la Corse, apparemment parce que, plus que la Sardaigne, elle présente l'aspect d'un rocher dans la mer indiquée par la prophétie; il disait que ce prince opèrerait de grandes choses. Cette prévision ne serait point indigne de l'attention du philosophe, si elle paraissait être plus que l'effet d'un hasard singulier, et le résultat du texte sacré. Rabaut était mort long-temps avant qu'on pût prévoir que Bonaparte serait appelé à remplir les grandes destinées qu'il accomplit si heureusement et si glorieusement pour la France. »

D'un autre côté, le gouvernement presbytérien des églises réformées de France déplaisait fort à Paul Rabaut; il l'appelait, « une anarchie qui a souvent de funestes suites ». Il aurait voulu arriver à l'organisation épiscopale de l'église anglicane, non par ambition, puisque, dans ce cas, il aurait consenti à être, toute sa vie, un pasteur de village, mais par amour pour l'ordre, qui, selon lui, ne pouvait régner que par les soins d'une autorité énergique, concentrée dans une seule main. C'est ce qu'il écrivait le 26 août 1768, et ce désir lui était alors suggéré par les embarras que la démocratie ecclésiastique opposait à son projet, de faire constituer Court de Gébelin représentant officiel de toutes les églises auprès du gouvernement, et de lui faire assurer, en cette qualité, des honoraires fixes et en rapport avec sa position éminente dans la capitale. Il surmonta néanmoins ces difficultés, et l'illustre fils d'Antoine Court put travailler avec succès aux intérêts généraux du protestantisme français [1].

[1] Antoine Court de Gébelin naquit à Nismes en 1725. Sous la direction de son père, il se prépara au saint ministère : il continua ses études à Lausanne. Toutefois il n'atteignit pas le but, et se livra bientôt avec passion au culte des lettres et des sciences, sur lesquelles il jeta un grand éclat. Il publia, de 1773 à 1784, *le Monde primitif, analysé et comparé avec le monde moderne*, qui lui mérita deux fois le prix de l'Académie, et, chose remarquable, le titre de censeur royal. Sa position à Paris était brillante ; il servit d'intermédiaire à ses co-religionnaires auprès de l'autorité royale. Il fut constitué *agent général* de toutes les églises de France. En cette qualité, il adressa des placets au roi ; il soutint une correspondance active avec MM. de Malesherbes, Turgot et Bertin. Il avait déjà publié les *Toulousaines* en 1763. Des gens de lettres fondèrent un établissement sous le nom de *Musée* ; ils élurent Court de Gébelin pour leur président : il accepta cette dignité qui lui fut fatale. Sa santé fut aussi altérée des dissentimens qui s'élevèrent dans le sein de cette société, que de ses chagrins domestiques. Le travail, en outre, l'avait épuisé. Il mourut le 10 mai 1784, laissant inachevé un ouvrage dont le plan gigantesque seul atteste un homme de génie, et pourrait suffire à sa gloire. (*E. Frossard et Victor Boreau.*)

CHAPITRE X.

Rabaut St-Etienne. — Hôpital protestant fondé le 14 octobre 1765. La persécution violente disparaît. — Un arrêt favorable du parlement de Toulouse. — St-Etienne en profite pour rapprocher les esprits. — Il prêche la tolérance. — Jean Gachon. — Alarmes répandues à l'occasion du mariage de Louis XVI. — Une lettre du maréchal de Muy les fait cesser. — St-Etienne se met en relations avec MM. de Malesherbes et Turgot. — Il publie *le vieux Cevenol*. — Mort de l'évêque Becdelièvre. — Avocats de la tolérance en 1780. — Le calme règne partout. — Cimetière protestant. — Ecoles élémentaires. — Premier catéchiste. — Paul Rabaut, âgé de 77 ans, suspend ses fonctions. — Délibération du consistoire à ce sujet. — Vocation adressée à Adrien Vincent. — Maison de Paul Rabaut. — Le culte public se célèbre plus près de la ville. — Le général Lafayette à Nismes. — Il détermine St-Etienne à aller à Paris. — Il part en 1785. — Et y séjourne jusqu'à la promulgation de l'édit de 1787.

Dans le courant de l'année 1765, Paul Rabaut eut la douce joie de voir l'aîné de ses fils, Jean-Paul Rabaut Saint-Etienne, né en 1742, venir partager ses travaux évangéliques dans l'église de Nismes, où il se maria, le 31 octobre 1768, avec une demoiselle Boissière, de Durford. Il avait fait d'excellentes études, d'abord à Genève chez le pasteur Théodore Chiron, ensuite au séminaire de Lausanne, sous la direction du célèbre Court de Gébelin, dont il devint l'ami intime, conjointement avec Alba Lasource et Jean Bon St-André [1].

---

[1] Saint-Etienne, Saint-André et Lasource furent les trois pasteurs du désert envoyés à la Convention nationale. Jean Bon Saint-André, qui est mort préfet de Mayence, fut celui

L'année même de l'arrivée de St-Etienne à Nismes, et le 14 du mois d'octobre, le consistoire, sentant la nécessité d'avoir une maison propre à servir d'asile aux malades pauvres qui n'avaient point de domicile, jeta les bases d'un hôpital protestant, semblable à celui qui fut fermé en 1660. A cet effet, il choisit la maison de Pierre Doulaud, moulinier de soie, située dans la rue St-Laurent, que J. Lavernhe, ancien et trésorier, loua en son nom, pour le terme de six ans. Les malades y furent admis sur un billet du médecin, et les pasteurs s'y rendirent, à tour de rôle, deux fois par semaine, pour y faire la prière.

L'établissement de cette maison de santé prouve que la persécution violente venait de cesser : le conseil royal, en effet, avait déclaré, à l'unanimité, l'innocence de l'infortuné Calas ; son nom avait été réhabilité, et ses biens rendus à sa veuve, qui survécut trente ans, à Paris, à la catastrophe de son mari. Louis XV, sur la fin de ses jours, « en donnant à tous le spectacle de ses honteuses débauches, et l'exemple plus dangereux encore de n'en pas rougir », faisait concevoir aux protestans de son royaume de grandes espérances de liberté ; et le parlement de Toulouse, qui jusque-là avait sévi avec tant de rigueur contre les réformés du Languedoc, rendit,

---

qui représenta avec tant de calme et de courage la Convention dans cette grande et belle bataille que Villaret-Joyeuse livra aux Anglais, commandés par l'amiral Howe. Les deux autres n'échappèrent aux échafauds de Bâville que pour retomber parmi les échafauds de Robespierre. (*Hist. des past. du désert;* II, 475.)

dans le mois de septembre 1769, un arrêt par lequel la cour valida le mariage au désert de la veuve Roubel, sur un certificat de Paul Rabaut, pasteur célébrant, que des collatéraux avides voulaient faire casser. Comme c'était pour la première fois, dans cette province, qu'une pièce émanée d'un ministre du saint évangile avait pu servir de titre en justice, les protestans de Nismes y virent le prélude de la reconnaissance légale de leurs pasteurs, et ils en témoignèrent hautement leur joie par des réjouissances publiques [1].

St-Etienne aperçut, l'un des premiers, l'immense portée de cet arrêt du parlement, et comme de plus, à cette époque, on aperçut des symptômes visibles d'adoucissement chez plusieurs membres du clergé, occasionné sans doute par l'abolition récente de l'ordre des Jésuites dans le royaume, il profita de ces heureuses circonstances pour travailler, de concert avec son vénéré père, à rapprocher des esprits si éloignés les uns des autres par la haine religieuse. Il le fit non pas seulement par devoir et par position, mais par suite de son caractère, qui était aussi doux que tolérant; aussi la tolérance, la soumission aux lois, l'amour du monarque, et le pardon des injures, furent des sujets que sa mâle éloquence se plut à développer souvent dans une église que la persécution avait rendue tremblante comme le roseau, et qu'il voulait rasséréner, en la groupant plus fortement autour de l'évangile, par la croyance de ses dogmes et la pratique de sa morale.

Cinq ans après son installation dans la chaire évan-

---

[1] *Hist. des églises du désert;* II, 517.

gélique de Nismes, Saint-Etienne reçut pour collègue, en 1770, Jean Gachon, qui, depuis 1766, exerçait ses fonctions pastorales dans la province.

Louis XV mourut de la petite vérole le 10 mai 1774, dévoré d'ennui, blasé sur les plaisirs, et dégoûté de toutes choses. Le lendemain, Louis XVI monta sur le trône à l'âge de vingt ans; il jura, lors de son sacre à Reims, d'après la formule sacramentelle, *d'exterminer les hérétiques*. Quelques alarmes se répandirent de nouveau dans les églises, parce que ce serment fut suivi d'un dénombrement général de tous les protestans du royaume. Mais les esprits se calmèrent bientôt, lorsqu'ils acquirent la certitude, par une lettre officielle du maréchal de Muy, secrétaire d'état au ministère de la guerre, que l'intention du roi, en ce qui touchait la religion réformée, était de traiter ceux qui la professaient avec douceur, et de ne punir ni les délits, ni les délinquans[1].

Par suite de ces intentions pacifiques, il appela dans son conseil Lamoignon de Malesherbes, Turgot, Hue de Miromesnil, le comte de Saint-Germain, de Vergennes et Maurepas. C'est avec quelques-uns de ces hommes, doués d'un esprit ferme et judicieux, et déjà célèbres par leurs grandes vues politiques et sociales, que Saint-Etienne entra en relation épistolaire, et qu'il eut l'avantage de seconder, plus tard, dans la capitale, à émanciper ses co-religionnaires de toutes les entraves qui s'opposaient encore à la jouissance de leurs droits civils comme citoyens français.

[1] Lettre de P. Encontre, citée par M. Ch. Coquerel.

Il préluda à ces travaux par la publication d'un ouvrage très-remarquable, intitulé : *le vieux Cevenol ou anecdote de la vie d'Antoine Borely, mort à Londres à l'âge de cent trois ans six mois et quatre jours*, dans lequel il a placé, dans un cadre historique, toutes les lois rendues depuis la révocation de l'édit de Nantes, en en faisant successivement l'application à une seule famille, ce qui en fait ressortir toute l'injustice et toute l'absurdité. Il le fit imprimer à Londres en 1779, et, malgré la surveillance active du gouvernement, qui empêchait encore qu'aucun livre de ce genre n'entrât dans le royaume, il fut lu par beaucoup de publicistes, et contribua à éclairer les esprits sur les injustes rigueurs de l'intolérance et de la persécution religieuse.

A cette époque mourut M. de Becdelièvre, évêque de Nismes, qui, pendant un épiscopat de quarante-cinq ans, s'était rendu recommandable par sa douceur chrétienne, comme par son ardente charité. Rabaut Saint-Etienne, se plaçant au dessus de cet esprit étroit qu'engendrent ordinairement les sectes et les divisions religieuses, ne vit en lui qu'un homme de bien, et écrivit son éloge. « Il est permis, dit-il, de louer, après son trépas, celui que l'on n'a pas loué vivant ; et, s'il est de ces âmes vulgaires qui croient qu'on ne peut admirer les vertus de ceux dont les opinions sont différentes des nôtres, ce ne seront pas elles qui m'accuseront de flatterie. » — Parmi les différens traits de la conduite de l'évêque, qu'il rapporte avec une si rare impartialité, il en est un, le dernier de tous, dont il est doux de conserver le souvenir. « Il était à l'extrémité, il le sentait, et cependant il témoignait souhaiter de vivre encore quelques jours. On fut surpris d'un sentiment qui paraissait si peu conforme à sa piété : on lui en demanda la raison ; *c'est que si je vis encore quelques jours*, répondit-il, *je toucherai mes revenus du mois prochain, et ce sera autant de gagné pour mes pauvres.* — On put donc lui appliquer les paroles que d'Alembert avait dites du célèbre Massillon : *Il mourut comme doit mourir un évêque, sans argent et sans dettes.* »

M. Boissy d'Anglas [1], qui habitait alors la ville de Nismes, fit parvenir cet opuscule à M. de Laharpe, avec lequel il était lié : « vous m'avez envoyé un excel-

[1] Boissy d'Anglas (François-Antoine) naquit à St-Jean-de-Chambre, petit village du canton de Vernoux, département de l'Ardèche, le 8 décembre 1756, d'une famille protestante. A l'âge de trente-trois ans, il fut nommé député du tiers-état de la sénéchaussée d'Annonay aux Etats-généraux de 1789. Après la session, il fut élu procureur-général-syndic du département de l'Ardèche : ce fut pendant l'exercice de cette magistrature importante, qu'il couvrit de son corps, pendant plusieurs heures, la porte de la prison d'Annonay, qu'une force militaire étrangère au pays voulait violer pour égorger des prêtres catholiques qui s'y trouvaient renfermés, et qui furent rendus à la liberté la nuit suivante. Elu, en 1792, député à la Convention nationale, il donna l'exemple d'une fermeté héroïque, lorsque, le 10 mai 1795, occupant le fauteuil de président, la tête du député Feraud fut apportée dans l'assemblée, et placée sous ses yeux. Il salua religieusement cette tête sanglante, sans que son courage fût abattu. Il fut l'ami de Rabaut St-Etienne, et fit réimprimer, en 1826, *le vieux Cevenol*, précédé d'une notice remarquable sur son auteur. Il mourut à Paris la même année, le 20 du mois d'octobre.

lent écrit, lui répondit cet illustre critique ; voilà la véritable éloquence, celle de l'âme et du sentiment ; on voit que tout ce qui sort de la plume de l'auteur, est inspiré par les vertus qu'il célèbre ; je vous prie de remercier votre digne ami [1]. »

En 1780, la cause de la tolérance avait déjà trouvé de puissans avocats ; Malesherbes préparait ses deux célèbres *Mémoires sur le mariage des Protestans*, et le savant de Rulhière, sur l'invitation du baron de Breteuil, ministre des affaires étrangères, travaillait à ses *Eclaircissemens historiques sur les causes de la révocation de l'édit de Nantes, et sur l'état des protestans en France*. Aussi, le calme régnait partout, le consistoire de Nismes mit à profit ce repos bienfaisant, pour régulariser la célébration des mariages au désert, et prendre des mesures pour l'inhumation des morts en un lieu convenable.

Jusque-là, les fidèles de cette église, n'ayant jamais possédé de cimetière particulier, s'étaient trouvés dans l'obligation d'enterrer leurs morts dans le sol des maisons, jardins ou enclos, situés soit dans la ville, soit dans les faubourgs. Des inconvéniens nombreux résultaient tous les jours de cet état de choses ; aussi, le consistoire, se basant sur un article de l'ordonnance du 15 mai 1776, qui portait : « que ceux à qui la sépulture ecclésiastique était refusée, pouvaient faire inhumer leurs morts en lieux convenables, » accepta une pièce de terre située sur le chemin d'Alais, à une dis-

---

[1] *Notice de Boissy d'Anglas sur Rabaut St-Etienne.*

tance peu éloignée de la ville, qu'un ancien de l'église, Jacques Maruéjol, offrit pour en faire un cimetière : tout fut convenablement disposé à cet effet, et les convois funèbres parcoururent, pour la première fois, la ville, depuis la révocation de l'édit de Nantes, sans aucune opposition.

De plus, il devint possible d'ouvrir des écoles protestantes, et des personnes choisies par les pasteurs purent, dans chaque quartier, recevoir des élèves pour leur donner quelques leçons élémentaires, et les préparer, par l'étude du catéchisme, à suivre un cours plus développé d'instruction religieuse, que le proposant Gachon, fils aîné du pasteur de ce nom, fut spécialement chargé de faire chaque dimanche, par délibération du 25 août 1783.

Paul Rabaut, qui était arrivé à sa soixante-dix-septième année, et qui exerçait son ministère depuis plus de cinquante ans, sentit ses forces décroître, et demanda, non pas sa démission, ni sa retraite, mais seulement à suspendre, par nécessité, ses fonctions pastorales. Le consistoire, assemblé le 6 octobre 1785, pour délibérer sur ce cas nouveau et important, adopta la résolution suivante :

« Considérant que, pendant le cours de son long ministère, M. Paul Rabaut n'a cessé de montrer réunis en lui, les lumières, les talens, les vertus et le zèle d'un fidèle ministre de Jésus-Christ, tel qu'il nous est dépeint par l'apôtre St. Paul (1 Tim., III), *irrépréhensible, sobre, prudent, grave, propre à enseigner, ni violent, ni porté au gain déshonnête, mais modéré, éloigné des querelles, exempt d'avarice, ayant un bon témoignage de ceux hors de l'église*;

« Que, dans les temps orageux par lesquels l'église de Nismes a passé, il a affermi les fidèles dans la foi par sa doctrine, contenu dans la patience et dans la soumission ceux que les malheurs des temps auraient pu aigrir, et inculqué à tous les devoirs que l'évangile prescrit envers le souverain et le gouvernement établi;

« Qu'il a, dans les fâcheuses circonstances, montré une fermeté et une constance inébranlables et vraiment chrétiennes, exposant généreusement sa vie aux périls les plus imminens pour le salut de son troupeau, en sorte qu'on peut le regarder, à juste titre, comme l'*apôtre* et le *restaurateur* de l'église réformée de Nismes;

« Que, dans tous les temps, il a éclairé par ses enseignemens, touché par ses exhortations, édifié par son exemple, encouragé par son zèle les fidèles confiés aux soins de son ministère;

« Qu'à ces vertus vraiment pastorales, il a joint les qualités du patriote et du citoyen, ne refusant jamais ses bons offices à personne, rapprochant les esprits divisés, conciliant les intérêts divers, procurant la paix entre tous, et devenant l'arbitre de tous les différens, même parmi nos frères les catholiques romains;

« Que la connaissance de son caractère modéré, sage et prudent, parvenue aux dépositaires de l'autorité du roi dans cette province, lui a mérité leur estime et leur confiance, et n'a pas peu contribué à la tolérance dont nous jouissons aujourd'hui;

« Par toutes ces considérations, l'assemblée, voulant témoigner sa juste reconnaissance, sa vénération et son amour à M. Paul Rabaut, et le mettre en état de soigner sa santé, que ses travaux ont déjà altérée, a UNANIMEMENT délibéré de lui accorder une pleine et entière liberté, relativement à l'exercice des fonctions de son ministère, le laissant désormais le maître de s'en abstenir, LUI conservant néanmoins, pendant sa vie, le *titre*, les *droits* et les *honoraires* de pasteur de l'église de Nismes, tels qu'il les a jouis jusqu'à aujourd'hui, sans tirer à conséquence pour l'avenir. »

Signés au registre : *Maruéjol.* — *Roche.* — *Traucat.* — *Huguet.* — *L. Boissier.* — *Maruéjol neveu.* — *Inard aîné.* — *Gibert.* — *David Dombre.* — *P. Valz.* — *Maupaux.* — *Antoine Bousquet.* — *Dardalhon.* — *Vincens-Devillas.* — *Vincens - Valz.* — *Aldebert.* — *Paris.* — *Lézan.* — *Soulier.* — *Lavernhe.* — *Gachon*, pasteur.

Dans la même séance, pour remplir le vide que la vétérance accordée à Paul Rabaut allait occasionner dans l'église, il fut adressé vocation à Adrien Vincent (fils de Paul Vincent, pasteur à Nismes, de 1760 à 1762), qui exerçait alors son ministère à Uzès, et qui entra en fonctions le mois de mai suivant, après en avoir reçu l'autorisation du synode provincial.

Il fallait un asile à la vieillesse de Paul Rabaut; puisqu'il avait vécu cinquante ans dans les bois, les cavernes, au milieu des paysans, sans retraite fixe, il était bien juste que, sur le déclin d'une vie si activement employée à l'avancement du règne de Dieu dans les âmes, et qui avait ressemblé, à la lettre, à celle de Jésus, qui *allait de lieu en lieu faisant le bien* (Act., x, 38), sans en posséder un en propre où il pût *reposer sa tête* (Matth., VIII, 20), il jouît de l'avantage d'habiter une maison, simple mais commode, pour y mourir en paix. Il n'était pas riche, puisque ses honoraires n'avaient jamais dépassé 1,000 liv., et que, pour élever ses enfans, il avait été plusieurs fois forcé de demander des gratifications au consistoire ; cependant, avec les fonds provenant de la vente d'un bien qui avait appartenu à M.me Gaidan, sa belle-mère, il jeta les fondemens d'une modeste habitation dans une rue aboutissant au chemin de Sauve, et qui, depuis cette époque, porte le nom de *rue de M. Paul.* Au jour où la première pierre en fut posée, les protestans de Nismes crurent au retour de la tolérance et de la paix ; aussi offrirent-ils la coopération de leurs bras pour l'édifier, de manière que cette demeure pastorale devînt, pour ainsi dire, un monument de reconnaissance, qu'ils aidèrent à élever, d'un commun accord, à la mémoire des services que leur pasteur, blanchi par l'âge, leur avait rendus. Leur but a été atteint, car elle devint, plus tard, sa sépulture, et ce fut dans une de ses caves que des mains amies creusèrent son tombeau : ses cendres même sont pour jamais à l'abri de toute profanation, puisque la maison de M. Paul appartient aujourd'hui au comité des orphelines du Gard, par suite du don généreux que lui en a fait un chrétien, dont le nom est resté inconnu.

Le culte public se célébrait encore au désert ; mais le lieu des assemblées avait été rapproché de la ville, et se trouvait dans une carrière fermée, au bas d'un rocher perpendiculaire, sur lequel était bâtie la campagne

Gaujoux[1], derrière le temple de Diane. Tous les étrangers de distinction, qui passaient dans la ville, y assistaient avec intérêt et édification. Pourtant, à cette époque, des réunions religieuses se formèrent dans les familles, sous le nom de *sociétés particulières*, et le consistoire, loin de s'y opposer, en forma une liste, afin que chaque ancien pût être informé du jour et de l'heure de la convocation de chacune d'elles, et que les pasteurs pussent les présider chacun à son tour. Ces réunions devenaient plus fréquentes, et surtout plus nombreuses, à l'occasion des fêtes solennelles, et servaient de préparation efficace à la participation de la sainte Cène.

« Le pasteur Rabaut fils jouissait, à Nismes, dit M. Boissy d'Anglas, d'une grande considération ; il y était visité par la plupart des étrangers de marque qu'y amenaient la douceur du climat et les monumens antiques qui s'y trouvent. Ce fut là qu'il eut l'avantage de connaître le marquis de Lafayette, à son retour d'Amérique et dans les premiers temps de sa gloire, et qu'il fut encouragé par lui à exécuter la résolution qu'il avait prise de réclamer auprès du roi la concession d'un état civil pour les protestans. Le parlement de Paris avait reçu des propositions à ce sujet de plusieurs de ses membres, la plupart connus par leurs sentimens religieux, et ne les avait pas repoussées. Il y avait dans le conseil du roi des magistrats distingués par leurs talens et leur influence, qui paraissaient disposés à appuyer cette noble cause, déjà gagnée, dans l'opinion publique, par les

---

[1] Nommée *le Mas brûlé*.

écrits des philosophes et des hommes de lettres les plus célèbres : l'impulsion était donnée, et il semblait qu'il n'y avait plus qu'à se laisser conduire par elle. Les conseils et la protection du marquis de Lafayette, à qui ses belles actions assuraient, bien plus que son rang et sa naissance, une grande influence sur les dépositaires de l'autorité royale, déterminèrent Rabaut Saint-Etienne à venir à Paris solliciter ce grand acte de justice, que réclamait, dans le même temps, avec tout l'ascendant de sa renommée ou de sa vertu, le sage et immortel de Malesherbes [1]. »

Il partit de Nismes dans le mois de décembre 1785, après avoir consulté les églises, qui lui donnèrent un mandat spécial pour plaider en leur nom, auprès du gouvernement, la cause commune des protestans du royaume, et il fut convenu que les consistoires de Montpellier, de Marseille, de Bordeaux et de Nismes, fourniraient aux frais de ce voyage important. Quoique, à son arrivée dans la capitale, il n'eut pas l'avantage d'y trouver l'un des plus constans défenseurs des églises du désert, puisque Court de Gébelin était mort le 10 mai de l'année précédente, il se mit en relation avec MM. de Malesherbes et de Breteuil, qui, aidés des conseillers de Bretignères et de Robert Saint-Vincent, obtinrent l'édit du mois de novembre 1787, qui commença d'absoudre la nation de la grande erreur de Louis XIV.

---

[1] *Notice sur Rabaut St-Etienne*; p. XIX et XX.

TROISIÈME PARTIE.

RELATANT LES CIRCONSTANCES REMARQUABLES DANS LESQUELLES S'EST TROUVÉE L'ÉGLISE DE NISMES, DEPUIS L'ÉDIT DE 1787 JUSQU'A NOS JOURS.

CHAPITRE PREMIER.

Les protestans sont autorisés à faire constater civilement leurs mariages et la naissance de leurs enfans. — Retour de St-Etienne de Paris. — Révolution de 1789. — St-Etienne, élu député au Tiers-Etat, quitte Nismes. — Troubles du 13 au 16 juin 1790. — L'assemblée nationale décrète la liberté d'opinions et de cultes. — Délibération du consistoire. — Assemblée représentative de l'église. — L'église des ci-devant Dominicains est prise à loyer pour célébrer le culte. — Sa dédicace le 20 mai 1792. — Besoins de l'Etat. — Le consistoire lui offre deux paires de coupes en argent. — Loi révolutionnaire du 14 frimaire an II (1794). — Culte de la raison. — Défense de célébrer le dimanche. — Actes du représentant Borie. — Deux pasteurs de l'église se retirent. — Le temple se ferme le 26 février 1794. — Les assemblées consistoriales cessent. — Captivité de Paul Rabaut. — Courage de deux ou trois anciens. — Le 9 thermidor. — Perrin des Vosges fait rendre la liberté à Paul Rabaut. — Sa mort le 4 vendémiaire an III (1795).

L'ÉDIT de 1787 proscrivait toutes les voies de violence, qui sont aussi contraires aux principes de la raison et de l'humanité, qu'au véritable esprit du christianisme, et accordait aux protestans ce que le droit naturel ne permettait pas de leur refuser, l'autorisation de faire constater civilement la naissance de leurs enfans, la célébration de leurs mariages, et l'inhumation de leurs morts, afin de jouir des droits sociaux qui en résultent.

Rabaut-St-Etienne apporta ces bonnes nouvelles à son église de Nismes, dans le mois de mars 1788; il prêcha à cette occasion, devant un immense auditoire, autour duquel la garde nationale se trouvait rangée sous les armes, un sermon sur ce texte : *Rendez à César ce qui appartient à César, et à Dieu ce qui appartient à Dieu* (Matth., xxii, 21), dont les effets furent si caractérisés et sont devenus si durables, que le souvenir s'en est conservé jusqu'à nos jours dans la mémoire de ceux de ses auditeurs qui existent encore. L'exécution de ce bienfaisant édit ayant suivi de près sa promulgation, tous les réformés de Nismes se rendirent en foule chez les juges royaux, pour faire enregistrer leurs mariages et légitimer leurs enfans. Les pères et les mères étaient accompagnés de leurs fils et de leurs filles, et des larmes de joie coulaient de ces yeux, accoutumés depuis si long-temps à n'en verser que de tristesse et de douleur. C'était là, sans doute, un pas immense fait dans la carrière de l'équité, si cruellement violée depuis plus d'un siècle; mais ce n'était pas tout, car il fallut la révolution de 1789 pour établir dans son ensemble ce que demandait cette équité elle-même.

Elle éclata bientôt par la première assemblée des notables, dont les divisions rendirent inévitable la convocation des Etats généraux. Rabaut-St-Etienne fut le premier élu des huit députés du Tiers-Etat, que nomma la sénéchaussée de Nismes. Il quitta sa place de pasteur, partit pour Paris, et fut nommé, le 15 mars 1790, président de l'assemblée nationale. En annonçant cette nouvelle à son vénéré père, il termina sa lettre par cette salutation respectueuse : *le président de l'assemblée nationale est à vos pieds.*

Des troubles intestins éclatèrent bientôt dans tout le royaume ; mais la politique seule les occasionna, et ce qui prouve, à nos yeux, qu'elle fut la cause unique des combats meurtriers que les catholiques et les protestans se livrèrent à Nismes, du 13 au 16 juin 1790, désignés sous le nom vulgaire de *Bagarre*, c'est que dans les registres du consistoire on ne trouve pas un seul mot qui y ait rapport, ce qui établit que l'église, comme corps religieux et légalement constitué, y demeura complètement étrangère, et, comme c'est son histoire que nous écrivons, et non pas celle de la ville, nous passerons ces tristes et sanguinaires débats sous silence.

L'assemblée nationale ayant consacré par un décret formel la liberté des opinions et des cultes, le consistoire s'assembla extraordinairement, le 15 juin 1791, pour s'occuper des moyens les plus convenables à prendre pour faire jouir l'église protestante de Nismes du bénéfice de cette loi, et notamment de l'autorisation qu'elle accordait de célébrer les cultes dans des édifices consacrés à cet usage. La chose lui parut d'autant plus nécessaire et pressante, que, depuis longtemps, les assemblées religieuses qui se tenaient à la campagne, étaient extrêmement négligées par un grand nombre de fidèles; d'où il résultait une diminution très-sensible dans la collecte pour les aumônes. En conséquence, il délibéra :

1.º Qu'il serait formé une assemblée représentative des citoyens protestans de l'église, pour s'occuper des objets qui intéressaient la liberté des consciences, dont elle allait commencer à jouir, en vertu des décrets de l'assemblée nationale;

2.º Que, pour cet effet, il serait nommé une commission prise dans le consistoire, et chargée de diviser en assemblées particulières les différens quartiers de la ville, où les anciens faisaient la collecte pour le ministère, en ayant soin que les assemblées fussent égales en nombre autant que la chose serait possible;

3.º Qu'à ces assemblées particulières seraient appelés les chefs de famille protestans, dont la contribution, pour la cote du ministère, était de 3 liv. et au dessus;

4.º Enfin, que chaque assemblée serait autorisée à nommer un ou plusieurs députés à l'assemblée représentative, selon le nombre de ses membres et la somme à laquelle se portait la totalité de leur contribution pour le ministère.

Le 22 juin suivant, la commission rendit compte de son travail, qui fut approuvé dans tous ses points, et d'après lequel les protestans de la ville furent divisés en vingt-cinq assemblées particulières. Chacune d'elles nomma ses représentans, qui, s'étant joints aux membres du consistoire, formèrent l'assemblée représentative de l'église entière.

Elle fut convoquée immédiatement après son organisation, et décida de prendre à loyer l'église des ci-devant Dominicains ou Frères prêcheurs, pour y célébrer un culte régulier et public. Elle délibéra, en outre, que, chaque dimanche matin, il y aurait un sermon à neuf heures, une prière le même jour à trois heures de l'après-midi, une autre prière le mardi, et un sermon le jeudi à la même heure.

Ce fut le dimanche 20 mai 1792, qu'eut lieu l'inauguration de cet édifice religieux, en présence du conseil municipal et de quelques autres corps administratifs. On avait placé, d'après la loi, sur son frontispice, l'inscription suivante : *Edifice consacré à un culte religieux par une société particulière. Paix et liberté.* Le pasteur Gachon ouvrit le service par une lecture solennelle de la parole de Dieu ; son collègue Adrien Vincent prononça le discours, et le patriarche Paul Rabaut fit la prière de dédicace, et termina par indiquer le chant du cantique de Siméon. Lorsque sa voix tremblante lut les paroles prophétiques qu'il renferme, il en fit, dans le fond de son cœur, l'application à sa personne. Avant de mourir, il avait, en effet, la consolation de voir l'une des brèches de Sion relevée. Depuis l'année 1738, qu'il annonçait la bonne nouvelle du salut par la foi en Jésus-Christ, à l'église populeuse de Nismes, elle se trouvait, pour la première fois, en sa présence, réunie dans un temple aussi vaste que commode, aussi son visage, à cet aspect, se baigna de douces larmes, et son âme si sensible s'épancha en vives actions de grâces et en hymnes de reconnaissance et d'amour,

Toutefois l'horizon, momentanément éclairci, se rembrunit bientôt encore; l'esprit révolutionnaire fit de rapides et funestes progrès. Les besoins pécuniaires de l'Etat devinrent si pressans, que tous les citoyens furent appelés à faire le sacrifice de tous les objets d'or et d'argent dont ils avaient la jouissance. Le consistoire de Nismes ne resta pas en arrière; le 16 frimaire an II (6 décembre 1793), il fit déposer, entre les mains de la municipalité, par l'intermédiaire d'une députation composée de deux pasteurs et de trois anciens, les deux paires de coupes d'argent qui servaient à l'administration de la sainte Cène. Le pasteur A. Vincent, chargé de porter la parole, s'exprima en ces termes :

« Citoyens maire et officiers municipaux! les protestans de la ville de Nismes s'empressent de déposer entre vos mains l'offrande qu'ils font à la nation de deux paires de coupes d'argent qui leur ont servi quelque temps pour leurs cérémonies religieuses, et qu'ils tenaient de la générosité de quelques personnes qui ne sont plus. Attachés par principes à un culte, dont la piété et la bienfaisance font l'ornement, et qui, dans sa simplicité majestueuse, bannit toute espèce de luxe, mangeant tous ensemble d'un même pain, et buvant à la même coupe, en signe d'union, ils ont toujours vu dans ce même culte un hommage rendu à l'égalité. — Citoyens, ces vases, que l'opinion religieuse avait consacrés, ne changent pas de destination, quoiqu'ils aillent être employés à un autre usage ; nous les donnons à la patrie, et c'est la plus belle offrande qu'on puisse faire à un Dieu protecteur des nations libres. Des coupes moins dispendieuses suffiront désormais à notre piété, et, dans l'exercice d'un culte qui a pour base la crainte de Dieu et l'amour des hommes, nous ne cesserons jamais d'implorer le ciel pour la prospérité de la république. »

Les événemens politiques se compliquèrent de jour en jour, à tel point qu'ils donnèrent naissance à la loi révolutionnaire qui porta les plus graves atteintes à plusieurs articles des lois constitutionnelles précédemment faites, en réunissant tous les cultes en un seul, sous le titre impie de *Culte de la raison*, qu'on transforma pourtant, bientôt après, par une sorte de pudeur, en celui de *Culte de l'Etre Suprême*. On érigea des temples, dans lesquels se rendaient, tous les jours de *décadi*, les autorités constituées, pour y lire les lois et les arrêts, y prononcer des discours relatifs à la révolution, y faire des invocations, et chanter des hymnes adressées à l'Etre Suprême, et des chansons patriotiques, au son de la musique nationale et de l'orgue. Quoiqu'on ne contraignît personne à s'y rendre, chacun se faisait pourtant une obligation d'y assister, pour ne pas se rendre suspect d'incivisme. Bientôt après, il fut employé d'autres moyens pour interrompre tout culte religieux, puisqu'un arrêté de la municipalité, du mois de ventôse an II, fit défense de suspendre les travaux manuels tout autre jour que celui de *décadi*, infligeant une amende de vingt-cinq francs au profit du dénonciateur, et un emprisonnement de huit jours à ceux qui célébreraient, de quelque manière que ce fût, le ci-devant dimanche, jour du Seigneur, et autres fêtes de l'église : ce qui fut exécuté contre plusieurs contrevenans.

De son côté, le représentant du peuple J. Borie, délégué dans les départemens du Gard et de la Lozère, pour organiser le gouvernement révolutionnaire, avec des pouvoirs illimités, publia, à la suite des insinuations et des menaces qui furent faites aux prêtres et aux pasteurs, pour les engager à abdiquer leur état, un arrêté à St-Chély de la Lozère, le 16 prairial an II, portant que, puisque toutes les communes du Gard avaient renoncé au culte évangélique, pour ne célébrer désormais que *celui de la raison*, il était ordonné à tous les prêtres et ministres protestans de s'éloigner, dans le délai de huit jours, à vingt lieues de distance de toutes les églises où ils avaient exercé leurs fonctions, sous peine d'être réputés suspects et traités comme tels. De plus, le même représentant fit imprimer et envoyer au département et à la société populaire, l'abdication faite, le 17 du même mois, à la municipalité du Caylar, district de Nismes, par Jacques Mingaud, ministre protestant.

Tous ces moyens d'intimidation, employés successivement pour faire fermer les temples et les églises, joints au refroidissement que manifestèrent les âmes, séduites par l'esprit d'indifférence et d'incrédulité qui se propageait dans toutes les classes de la société, avec une promptitude que les penchans vicieux du cœur humain peuvent seuls expliquer, découragèrent complètement deux pasteurs de l'église de Nismes, et les décidèrent, pour mettre leurs personnes en sûreté, à adresser, le 4 ventôse, au conseil général de la commune et au représentant du peuple Borie, une lettre collective dans laquelle ils déclarèrent que, l'obéissance passive à la loi ayant toujours été dans leurs plus rigoureux principes, ils rentraient, dès ce jour-là même, dans la classe commune des citoyens.

Avant de faire cette démarche officielle, ils s'étaient souvent concertés avec les anciens du consistoire, pour examiner si, dans d'aussi graves circonstances, où un simple soupçon suffisait pour entraîner la peine capitale, il ne convenait pas de suspendre le culte public; et la diversité des opinions, à cet égard, comme la responsabilité qui pesait sur leurs têtes, les déterminèrent à trancher la question par leur retraite simultanée, que les exigences du temps rendaient indispensable.

Alors, il ne resta plus d'autre pasteur à l'église que le vénérable Paul Rabaut, qui, à cause de son âge et de ses infirmités de jour en jour croissantes, ne pouvait que gémir et que prier dans la solitude de son cabinet d'études; de manière que le consistoire se trouva dans l'obligation de fermer le temple et d'en rendre les clefs au receveur des droits d'enregistrement; ce qui s'effectua le 8 ventôse an II (26 février 1794), en lui payant la rente due jusqu'à ce jour.

Dès ce moment, les assemblées consistoriales n'eurent plus lieu, par la raison que plusieurs des membres qui les composaient furent incarcérés. Paul Rabaut se trouva de ce nombre; il fut conduit en prison, sans respect pour sa vieillesse ni pour les services qu'il avait rendus à la cité. Comme il lui était impossible de marcher, on le fit transporter à la citadelle sur un âne, et il eut pour cortége une multitude déhontée qui l'accabla, pendant tout le chemin, d'injures et de mauvais traitemens.

Cependant, quelques anciens, qui avaient eu le bonheur de se soustraire à l'orage qui avait éclaté, sombre et dévastateur, sur la ville tout entière, et dont le zèle égalait le courage, prirent la résolution d'user de fermeté et de ne pas abandonner le soin de leurs coreligionnaires pauvres. Dans ce but, ils leur distribuèrent hebdomadairement la somme qui était restée dans la caisse du consistoire à l'époque de sa dissolution; et, lorsqu'elle fut à peu près finie, ils réussirent, par leurs démarches courageuses que le dévouement chrétien seul leur inspira, à faire entrer à l'hôpital général les infirmes qui se trouvaient encore dans celui qu'avait fondé l'église [1], à l'exception de quelques-uns, qui furent placés chez des particuliers, et auxquels il fut possible d'accorder encore quelques légers secours. — De plus, ils essayèrent de conserver le mobilier du temple en le faisant transporter dans un local du chemin de Montpellier, où ils espéraient que le culte pourrait être encore célébré..... Mais leur atteinte fut trompée, puisque ces meubles furent successivement requis pour des usages publics, sans qu'ils osassent s'y opposer ou même s'en plaindre, de peur de se compromettre.

Sur ces entrefaites, arriva le 9 thermidor an III (27 juillet 1794), jour de délivrance et de liberté, qui vit revivre les lois constitutionnelles qui avaient été abrogées par la loi de sang et d'impiété du 14 frimaire an II. — Perrin des Vosges fut envoyé dans le

---

[1] De la rue St-Laurent, il avait été transféré dans celle qui, de la maison de M. Paul, va aboutir au canal de la Fontaine, et dans laquelle passe maintenant la route de Sauve.

Gard, pour réparer autant que possible les maux qu'avait faits son prédécesseur Borie ; il fit rendre la liberté à Paul Rabaut, qui put être transporté au sein de sa famille, où, par suite des douleurs qu'il avait souffertes, et des vifs chagrins qu'il avait éprouvés pendant une captivité de plusieurs mois, il mourut le 4 vendémiaire an III (1795), et se reposa à jamais dans le ciel, auprès de son Dieu Sauveur, des travaux fatigans auxquels il avait été assujéti sur la terre, pendant une vie de quatre-vingt-sept ans, dont il en avait consacré soixante au service de son glorieux Maître, et à la prédication du salut par la foi, aux mérites expiatoires de son sang versé pour la rémission des péchés de son peuple.

Ses deux fils, Rabaut-Pommier et Rabaut-Dupuy, qui avaient été arrêtés dans la capitale, où ils remplissaient des postes importans, reçurent aussi, à cette époque, la liberté ; mais son fils aîné, l'infortuné Rabaut-St-Étienne, qui avait été mis hors de la loi pour avoir prononcé à la tribune nationale ces paroles si mémorables : *Je suis las de la portion de tyrannie que je suis contraint d'exercer, et je demande qu'on me fasse perdre les formes et la contenance des tyrans.....*, avait péri sur l'échafaud quelque temps auparavant, dans la cinquantième année de son âge.

CHAPITRE II.

L'église des Ursulines du Grand-Couvent est prise à loyer. — Sa dédicace le 13 août 1795. — Nomination du pasteur David Roux. — Réorganisation du consistoire. — Noms des treize anciens en exercice. — Douze autres sont nommés. — Déclarations que le consistoire consigne dans ses registres. — Installation de M. David Roux. — Le culte est encore momentanément suspendu. — Le pasteur Gachon attaché aux sections rurales. — Vocation adressée à M. Du Bochet. — Délibération sur les mariages et baptêmes. — Elle ne peut être exécutée. — *Te Deum* chanté à l'occasion de la paix de Lunéville. — Réveil religieux. — Le consistoire cherche un second local pour le culte. — Mort de M. David Roux. — M. Olivier-Desmont lui succède. — M. Chabaud-Latour. — Le consistoire demande l'ancien local de la Calade. — Il fait fondre une cloche. — Loi du 18 germinal an x (8 avril 1802).

Lorsque l'ordre public commença à se rétablir dans la ville, la portion du consistoire, qui n'avait pas, dans les temps difficiles, abandonné les rênes de l'église, réclama aussitôt les chaises et les bancs du temple ; mais il ne fut possible d'en retrouver qu'une partie, le reste avait complètement disparu. Cela ne l'empêcha point de s'occuper activement du rétablissement du culte. Depuis la vente des biens du clergé, l'église des Ursulines du Grand-Couvent avait été achetée par M. Vincens-Valz, le 23 février 1793 ; elle était disponible ; les anciens la louèrent, et, le dimanche 13 août 1795, ils en firent l'ouverture.

Cette dédicace du *Petit-Temple* ne fut pas aussi solennelle que l'avait été celle du *Grand* le 20 mai 1792 ;

il n'y avait point de pasteurs dans l'église ; le troupeau était dispersé ; des familles entières étaient encore plongées sous le poids de la terreur ou du désespoir ; beaucoup d'âmes avaient publiquement renié Christ et son évangile, pour professer le culte de la raison, ou plutôt celui de la licence et de la corruption des mœurs. Au milieu de tant d'obstacles, il est consolant et doux de trouver dans le consistoire de Nismes quelques laïques pieux qui, seuls, inaugurèrent une maison de prières : l'un d'eux célébra le premier service par la lecture de la parole de Dieu et celle d'un sermon, précédée et suivie du chant des psaumes de David et des prières liturgiques. Cette assemblée fut composée, on le conçoit aisément, de bien peu de personnes ; mais cette circonstance, prévue d'avance, ne découragea pas ces hommes, vénérables par leur foi autant que par leur zèle ; ils continuèrent à ouvrir le temple chaque dimanche, et engagèrent quelques ministres du saint évangile des environs à venir y édifier et encourager les fidèles. Deux seuls eurent le courage de répondre à cet appel : le pasteur Vincent, qui administra la sainte Cène les deux premiers dimanches de septembre, et le pasteur David Roux, qui donna quelques prédications. — Malgré cela, les assemblées continuèrent à rester très-peu nombreuses ; la crainte était encore dans tous les cœurs, et l'incrédulité dans beaucoup d'âmes. Pour les rendre plus édifiantes, et surtout plus régulières, il fallait la direction d'un pasteur en titre ; les membres du consistoire, qui remplissaient, dans cette circonstance, un véritable apostolat, décidèrent d'en appeler un. Mais il fallait, avant tout, pourvoir à ses honoraires. Dans ce but, ils s'associèrent quelques pères de famille d'un rang honorable et d'une piété reconnue, et, après quelques conférences, au commencement desquelles ils invoquèrent le nom du Dieu trois fois Saint sur leur projet, ils décidèrent de dresser une liste de souscription pour chacune des douze sections de la ville, et de la présenter eux-mêmes à domicile, pour pourvoir aux besoins du culte. Après ces démarches, qui furent d'abord peu fructueuses, ils convoquèrent, pour le 27 ventôse an IV (1796), les cinquante plus forts contribuables, pour leur rendre compte des souscriptions, et en décider l'emploi ; il ne s'en rendit que trente. Après une discussion approfondie, ils délibérèrent qu'il fallait, pour le moment, se borner à la nomination d'un pasteur. Le choix tomba sur David Roux, qui desservait deux églises des environs, celles d'Aiguesvives et de Codognan, et qui avait déjà rendu de grands services à celle de Nismes, dans le temps qu'elle se trouvait abandonnée.

Après la conclusion d'une aussi importante affaire, un membre de l'ancien consistoire proposa à l'assemblée, au nom de ses collègues, de réorganiser ce corps ecclésiastique et de lui adjoindre de nouveaux membres, puisqu'il n'en restait plus que treize sur vingt-quatre. Cette proposition ayant été agréée, tous les anciens en exercice furent réélus, et, pour les aider dans leurs fonctions, si pénibles et si difficiles à une époque où tout était à refaire, on leur donna douze adjoints pris parmi les membres de l'assemblée elle-même, qui acceptèrent ces fonctions séance tenante ; de manière que le consistoire se trouva composé de la sorte :

NOMS DES TREIZE ANCIENS.	NOMS DES DOUZE ADJOINTS.
MM. Paris père.	MM. Antoine Defague.
Aldebert.	Montaud.
L. Boissier.	Granier.
Maruéjol.	Fabre.
Maupaux.	Dombre-Bedos.
Vincens-Valz.	Amalric.
David Dombre.	L.s Jalabert.
Etienne Noguier.	F.s Lapierre.
Daumont.	Foulc.
Gourdoux.	Roux-Amphoux.
Blanc neveu.	Galibert.
Saurin.	Isaac Vincent.
Auquier.	

Immédiatement après sa constitution définitive, le consistoire jugea convenable de consigner, dans le registre de ses délibérations, une déclaration de principes, afin de pouvoir, au besoin, les soumettre à l'autorité, dans le cas que les protestans fussent de nouveau troublés par des imputations mensongères, lancées contre leurs opinions politiques. — Ces principes méritent une attention sérieuse, parce qu'ils sont l'expression franche et sincère des sentimens dont les chrétiens réformés de Nismes étaient alors animés.

« La loi, dit ce corps vénérable, veut que les cultes soient célébrés dans l'intérieur des édifices ; le nôtre n'a aucune cérémonie extérieure : la loi veut que les cultes ne puissent troubler l'ordre public, le nôtre n'y portera aucune atteinte, il n'aura aucune dispute ni controverse avec les autres sociétés religieuses : la loi veut que les fonctionnaires publics s'obligent à demeurer fidèles à la nation, nous n'aurons aucun ministre qui ne remplisse ce devoir ; enfin, les principes de notre culte sont connus, ils n'ont jamais fait ombrage au gouvernement en lui-même, parce qu'ils sont les mêmes que ceux qui dirigèrent la conduite de Jésus-Christ, son fondateur, qui, dans aucune circonstance, ne s'ingéra dans aucune affaire politique, et qui, toujours, commanda le respect pour les puissances supérieures. Il n'est donc pas du tout à craindre que ceux qui le professent, comme ceux qui le dirigent, puissent désormais être inquiétés. »

Le 14 germinal suivant, le pasteur nouvellement élu se rendit à la séance du consistoire, et s'y engagea à desservir l'église, concurremment avec son fils J. F. M. Roux[1] alors proposant. On fixa ses honoraires, on lui assigna pour logement plusieurs chambres supérieures, attenantes au temple de la rue du Grand-Couvent, et, dès ce moment, le culte fut célébré chaque dimanche avec régularité.

[1] Actuellement pasteur, président de l'église d'Uzès, le même qui, en 1815, fut appelé à prodiguer les soins de son ministère aux huit malheureux habitans d'Arpaillargues qui, après quinze mois de détention, passèrent de la prison à l'échafaud, par suite des troubles qui arrivèrent dans ce village le 11 avril de cette année.

Des événemens imprévus en suspendirent, toutefois, la célébration pendant deux semaines consécutives. D'un côté, quelques mouvemens de révolte ayant éclaté du côté de Barjac, sous prétexte de religion, et, de l'autre, le refus qu'avaient fait les catholiques de rouvrir leurs églises, parce qu'ils n'avaient que des prêtres constitutionnels (les autres étant tous enfermés dans la citadelle comme réfractaires), firent surgir un complot tendant à attaquer les protestans pendant qu'ils se trouveraient réunis en prières dans le temple. Le consistoire en fut averti ; et, considérant qu'il est ordonné par l'évangile d'unir, dans toutes les circonstances, la prudence au zèle, il décida que, le dimanche 26 germinal an IV (7 avril 1796), et le dimanche suivant, le culte serait suspendu ; mais il fut repris le 12 floréal (1.er mai), parce que les mêmes motifs de crainte ne subsistaient plus, et il fut célébré aussi tranquillement que par le passé, puisque le complot formé trois semaines auparavant ne fut point mis à exécution.

Dans cette même année, le pasteur Gachon reprit dans l'église les fonctions qu'il avait abdiquées à l'époque de la terreur de 1794 ; mais les sections rurales de Milhaud et de St-Césaire lui furent seules assignées.

Les protestans de Nismes étaient trop nombreux pour n'être évangélisés que par un seul pasteur ; aussi le consistoire, convaincu que les soins d'un second serviteur de Jésus-Christ, unis aux efforts de celui que possédait déjà l'église, contribueraient puissamment à ranimer le zèle qui était encore très-refroidi par suite des circonstances désastreuses qui avaient eu lieu, adressa vocation, le 26 juillet 1797, à M. du Bochet, originaire de Chatelard, paroisse de Montreux, canton de Berne en Suisse, sur le compte duquel il avait reçu les meilleurs renseignemens. Il lui fut présenté par son collègue David Roux, dans sa séance du 21 septembre suivant, et l'assemblée, après avoir examiné ses titres, qui confirmèrent tout ce qu'on lui avait déjà écrit sur ses talens, ses mœurs et sa piété, « adressa des vœux « unanimes à Dieu en sa faveur, et pria le souverain « Pasteur des âmes de répandre sur lui ses grâces les « plus précieuses, afin qu'il contribuât dans l'église, « de la manière la plus efficace et la plus constante, « à l'édification du Corps de Christ et à la sanctification « des fidèles. »

La contre-révolution de l'an II de la république avait forcé les protestans, par l'interdiction de tous les cultes qui s'ensuivit, à faire, comme avant l'édit de 1787, baptiser leurs enfans et bénir leurs mariages dans des maisons particulières ; mais, de même qu'après que la liberté de conscience fut établie par l'assemblée constituante, le consistoire délibéra, que toutes les cérémonies religieuses, sans distinction, ne seraient plus célébrées que dans l'église des Dominicains, servant alors de temple ; de même, après que le régime de la terreur révolutionnaire fut passé, cette ancienne délibération fut mise de nouveau en vigueur, et il fut décidé qu'aucun enfant ne pourrait être baptisé, ni aucun mariage béni, que dans l'église du Grand-Couvent, le seul édifice consacré, à cette dernière époque, au culte évangélique. — Cette mesure, conforme à la discipline ecclésiastique, ne put cependant être exécutée, vu le refroidissement complet de la piété et les coutumes de licence et d'anarchie que le peuple avait contractées dans les réunions politiques, si fréquentes et si déplorablement corruptrices. Les pasteurs durent donc, pour éviter de plus grands abus, continuer forcément l'usage de se rendre dans les maisons pour célébrer ces deux cérémonies religieuses ; ils n'y consentirent toutefois que sous la condition expresse d'être toujours accompagnés par l'ancien du quartier ou par son substitut.

Le consulat de Napoléon Bonaparte, par suite de la révolution du 18 brumaire an VIII (9 novembre 1799), avait succédé à la chute du directoire exécutif ; une constitution avait été soumise au peuple, et obtenu plus de trois millions de suffrages. Bonaparte avait franchi le grand St-Bernard et gagné la célèbre bataille de Marengo ; les factions avaient été étouffées à l'intérieur ; le premier consul avait échappé, comme par miracle, à l'explosion de la machine infernale de la rue St-Nicaise, lorsque les victoires de Moreau en Allemagne, et surtout celle de Hohenlinden, hâtèrent la conclusion de la paix, qui fut signée à Lunéville, le 8 janvier 1801, entre la France, l'Autriche et l'empire. Le consistoire de Nismes, sachant que c'était pour les protestans un devoir sacré et un besoin du cœur d'offrir à Dieu, dans cette circonstance, un hommage public de reconnaissance, les convoqua extraordinairement dans le temple le 2 germinal an IX, pour entonner en chœur un *Te Deum* solennel en actions de grâces. Le préfet du département et les magistrats civils et judiciaires vinrent, par leur présence, donner un caractère officiel à cette cérémonie religieuse, qui servit, comme le constatent des témoignages écrits dans le registre des délibérations, à réveiller le zèle, tellement qu'à la célébration des fêtes de Pâques, qui eut lieu immédiatement, le temple de la rue du Grand-Couvent se trouva plus qu'insuffisant pour contenir le nombre d'auditeurs qui accoururent pour célébrer l'anniversaire de la mort expiatoire et de la résurrection triomphante de notre Seigneur et Sauveur Jésus-Christ.

Le consistoire, réjoui par cette manifestation extérieure de piété, et désireux de la rendre durable, s'occupa sérieusement de la satisfaire dans les limites de son pouvoir. A cet effet, il conçut le dessein de convoquer les chefs de famille de l'église pour le 22 floréal, pour les consulter sur la convenance et l'opportunité qu'il y avait à se procurer un second temple; mais un événement douloureux et inattendu vint jeter un voile de deuil sur l'église tout entière, l'un de ses pasteurs, David Roux, qu'elle aimait, parce qu'il s'était exposé à des périls réels pour l'évangéliser à une époque de terreur générale, fut saisi par une maladie aussi prompte que violente, et mourut le 29 germinal an IX. Son fils et Ricourt, ministres du saint évangile, furent autorisés à remplir les fonctions de son ministère pendant le reste de l'année.

On s'occupa toutefois de son remplacement, et, sur le rapport de la commission chargée de recueillir et de discuter les renseignemens relatifs aux aspirans à la place vacante, M. J. Olivier-Desmont fut nommé pour commencer l'exercice de son ministère, le 1.ᵉʳ janvier 1802.

Ce digne serviteur de Christ, natif de Durford, s'était voué au service de son Maître à l'époque où la cendre des martyrs fumait encore; il dut donc de bonne heure s'attendre à subir des épreuves et à braver des dangers. A son retour de Lausanne, il avait desservi les églises de Valleraugue et d'Anduze; mais, son éloquence et son zèle ayant étendu sa réputation au loin, il avait été ensuite appelé à Bordeaux. A l'âge de vingt-deux ans, il fit imprimer un volume de sermons, et publia, plus tard, les *Réflexions impartiales d'un philantrope*, qui aidèrent aux progrès de la tolérance religieuse.... Il s'unit, ainsi que Paul Rabaut, à Voltaire, pour faire réhabiliter la mémoire de l'infortuné Calas ; il soutint des relations suivies avec M. de Rulhières, auteur des *Eclaircissemens historiques sur la révocation de l'édit de Nantes*. A l'époque de la terreur révolutionnaire, il se déroba à l'échafaud en se cachant à Redessan, village tout catholique des environs de Nismes, où il possédait un domaine du chef de sa femme, née de Pelet; c'est de cette retraite qu'il sortit pour venir remplacer David Roux dans ses fonctions pastorales à Nismes.

A cette époque, un homme, distingué par ses lumières, et issu d'une famille aussi influente que vénérée, M. de Chabaud-Latour, fut nommé tribun du peuple par le département du Gard [1]. Aussitôt qu'il fut rendu à Paris,

[1] Fils d'un colonel du génie d'un mérite distingué, M. de Chabaud-Latour entra lui-même, fort jeune, au service,

il demanda aux divers consistoires des renseignemens sur la situation et les besoins des églises protestantes

qu'il fut obligé de quitter au commencement de la révolution française. Jeté plus tard en prison avec les personnes les plus respectables de Nismes, qu'il habitait, il réussit à s'échapper par un ensemble de circonstances tout-à-fait providentielles, la veille du jour où il devait être jugé, c'est-à-dire, condamné, et cette délivrance remarquable peut être considérée comme un gage de ce que le Seigneur voulait faire pour son âme, et de la délivrance spirituelle, plus frappante et plus merveilleuse encore, que, dans sa grande miséricorde, il avait résolu de lui accorder. — Elu aux Cinq-Cents par le Gard, en 1797, M. de Chabaud n'a guère cessé, depuis cette époque, de prendre une part active aux affaires de son pays, et s'est constamment distingué par son intégrité et son zèle sage et éclairé; il a rendu des services à beaucoup de ses concitoyens. Les nombreuses églises de son département n'oublieront de long temps l'ardeur qu'il mettait à s'occuper de leurs intérêts, sollicitant constamment auprès du gouvernement la nomination de nouveaux pasteurs et des secours pour l'érection de nouveaux temples. En 1815, lors des persécutions exercées contre les protestans du Gard, M. de Chabaud rendit à son pays des services signalés; ce fut surtout à ses efforts, que plusieurs des malheureux d'Arpaillargues, injustement condamnés, durent d'obtenir une commutation de peine, et M. Guizot et lui parvinrent, plus tard, à retirer des galères ces braves gens, aussi étonnés de s'y voir, que ceux qui les surveillaient étaient surpris de trouver une semblable conduite chez des gens condamnés aux travaux forcés. Il est mort de la manière la plus édifiante et la plus chrétienne, le 19 juillet 1832, et a laissé deux fils et une fille, qui contribue, par ses publications religieuses et par son zèle éclairé, au réveil des âmes et à leur avancement dans la connaissance du Seigneur Jésus-Christ.

(*Archives du christianisme*, 19.e année, pag. 386.)

du Midi de la république ; celui de Nismes s'empressa d'entretenir avec lui une correspondance active, dans laquelle il traita de préférence de ce qui manquait au troupeau soumis à sa juridiction, et notamment des moyens de lui procurer un nouveau temple, en lui faisant connaître le vœu généralement manifesté d'obtenir pour cet effet l'ancien local de la Calade.

Cette première démarche n'obtint aucun résultat, par la raison qu'un plan de restauration générale ayant été formé sous le consulat, il ne pouvait s'exécuter qu'après un examen calme et minutieux des divers détails qui en composaient l'ensemble. En attendant avec confiance la fin d'un travail aussi compliqué, le consistoire, jaloux de faire jouir son église de toutes les faveurs successives que la loi lui accordait, fit fondre une cloche du poids de quinze quintaux, pour la placer sur le faîte de la porte principale du temple de la rue du Grand-Couvent, avec cette inscription :

O Sion! ton Dieu est d'âge en âge! ps. cxlvi, 10.

Les réformés de Nismes ont fait fondre et monter cette cloche sous le consulat de Napoléon Bonaparte, restaurateur de la liberté chrétienne, l'an xi *de la république française, et de Jésus-Christ* 1802.

CHAPITRE III.

Organisation des églises d'après la loi de l'an x. — Douze notables sont appelés dans le sein du consistoire. — Rapport qui leur est fait, — 1.º sur un nouveau temple ; — 2.º sur un séminaire protestant ; — 3.º sur la nécessité d'obtenir quatre pasteurs. — Création de la consistoriale de Nismes. — Nouveau pasteur. — Nouveau consistoire. — Installation de M. Jacques Barre et des douze anciens. — Les derniers anciens sont nommés diacres. — L'église des Dominicains est accordée aux protestans, et reçoit le nom de *Grand-Temple*. — Sa dédicace le 16 mars 1805. — Couronnement de l'empereur Napoléon.

L'église se trouvait alors sous le régime de la loi relative à l'organisation des cultes, qui avait été proclamée par le corps législatif le 18 germinal an x (8 avril 1802), conformément à la proposition faite par le gouvernement le 15 de ce mois, et communiquée au tribunat le même jour.

Jusque-là les églises réformées de France avaient été dirigées par la discipline ecclésiastique, ouvrage de leurs fondateurs, puisque les quarante premiers articles furent rédigés dans le premier synode national qui se tint à Paris en 1559, et les autres par les synodes subséquens. Elle est empreinte d'une sévérité de principes et d'un rigorisme religieux nécessaires dans des temps de persécution, mais qui seraient inexécutables sous l'empire de la liberté de conscience ; voilà pourquoi la loi du 18 germinal y a substitué ces notables différences.

La création d'églises consistoriales composées d'une population de 6,000 âmes, et divisées en sections ; — le salaire des pasteurs par l'Etat ; — la fondation de deux académies ou séminaires ; — l'organisation des consistoires et celle des synodes.

Pour faire jouir au plus tôt des avantages de cette loi, une commission fut nommée au sein du consistoire, afin d'examiner les demandes qu'il y avait à faire au gouvernement, pour l'entier rétablissement du culte protestant : cette commission, composée de deux pasteurs et de cinq anciens, considérant que les objets qui devaient être discutés étaient d'une si grande importance pour l'affermissement et la prospérité de l'église, dans les circonstances heureuses où la Providence l'avait placée, pensa qu'il était convenable et nécessaire de s'adjoindre un certain nombre de notables, qui, par leurs lumières et leur influence sociale, pussent appuyer les demandes de l'église auprès du gouvernement, et surtout auprès du conseiller d'état Portalis, chargé de toutes les affaires concernant les cultes. Les fonctionnaires qui furent invités à se joindre au consistoire pour cet objet, furent MM. Henri Lacoste et Vincens-St-Laurent, conseillers de préfecture ; Barthélemi Meynier, conseiller du département ; Fornier de Clausonne, juge au tribunal d'appel ; de Lamorthe, président du tribunal civil ; Vincent-Valz, Gaujoux, Bordarier, juges au tribunal civil ; Delpuech, commissaire du gouvernement auprès du même tribunal ; Pagézy, juge au tribunal criminel ; Casimir Fornier, maire de la ville ; Trélis, bibliothécaire à l'école centrale et membre de l'académie [1].

L'assemblée générale des vingt-deux membres du consistoire et des douze notables eut lieu le 13 nivôse an XI ; un rapport avait été rédigé d'avance par le pasteur Olivier-Desmont ; il était conçu dans les termes suivans :

« L'église réformée de cette ville peut compter une population d'environ quatorze mille âmes ; elle n'a qu'un seul temple ; qui a appartenu aux ci-devant religieuses du Grand-Couvent ; cet édifice ne contient que dix à douze cents personnes. Il pouvait suffire, quand les cultes étaient abandonnés et qu'il n'y avait que quelques fidèles qui se fissent un devoir d'y assister ; mais, aujourd'hui que le gouvernement et la nation se sont hautement prononcés en faveur de la religion, il n'est plus possible de s'en contenter : ces dernières fêtes, l'affluence a été si grande, que le tiers des fidèles n'a pu y entrer ; le service divin a été troublé par un désordre involontaire ; trois dimanches consécutifs n'ont pu suffire aux communians qui désiraient participer au sacrement de l'Eucharistie.

« Nous n'avons pas renvoyé jusqu'à ce moment à nous adresser aux autorités compétentes. Le consistoire

---

[1] Le consistoire, à cette époque, était composé de MM. Olivier-Desmont et du Bochet, pasteurs ; Vincent, Laval, Pierre Bénézet, Nègre père, Gourdoux, Arbus, Martin, Jacques Dombre, André Saurin, Maruéjol, Servier, Boissier, L. Boissier, Blanc neveu, Antoine Defague, Louis Jalabert, Louis Dumas, Daumont, Isaac Vincens, Etienne Noguier.

s'est occupé des moyens de se procurer un nouveau temple. Une correspondance active avec le citoyen Portalis et nos deux députés, de Chabaud-Latour et Rabaut-Dupuy [1]; un mémoire qui leur a été envoyé et des pétitions au maire et au préfet, n'ont jusqu'ici produit aucun effet. Nous avons demandé avec instance qu'on nous accordât d'abord le local de la Calade, où était situé l'ancien temple des protestans. Ce temple était au centre de la ville ; ses murs et une partie de l'édifice subsistent encore : on y avait placé, en 1731, les sœurs de l'école qui ne sont plus ; une partie de ce local a été aliénée à divers particuliers, qui payent une rente foncière à l'Hôpital-Général ; mais ce qui est disponible serait suffisant pour nous ; cependant nous n'avons pu l'obtenir. La commune en jouit.... Est-ce donc qu'il ne serait pas possible de l'indemniser par un autre moyen ? L'augmentation de ses revenus par ses octrois et les autres sources de prospérité qu'elle s'est ouverte, ne suffisent-elles pas à ses dépenses locales et même à son embellissement ? Notre demande n'est-elle pas juste ? n'est-elle pas fondée en raisons ? les convenances ne se réunissent-elles pas toutes en notre faveur ?

« Le désir de ne pas priver la commune de ce local nous avait portés à solliciter auprès du préfet l'église du collége des Jésuites, qui a aussi appartenu aux ré-

---

[1] Le fils le plus jeune de Paul Rabaut, auteur de l'*Annuaire ou Répertoire ecclésiastique, à l'usage des églises réformées et protestantes de l'empire français*, publié en 1807. — Il a été législateur, membre de la légion d'honneur, et conseiller de préfecture au département de l'Hérault.

formés, où ils avaient un second temple, et où existe encore la cloche qui les appelait au service divin. Nous n'avons pu, non plus, l'obtenir, sous le prétexte que cet édifice était destiné à une bourse de commerce, absolument inutile dans cette ville, où la nature des affaires n'en exige pas.

« On s'était décidé, malgré les raisons qui nous en détournaient, à demander l'église des Dominicains, qui est restée libre, ainsi que celle des Jésuites ; l'arrêté du 11 prairial an III et l'arrêté des consuls du 7 nivôse an VIII nous y avaient maintenus comme possesseurs de cette église en l'an II ; mais nous n'avons voulu user de ce droit qu'à la dernière extrémité. Le préfet a répondu à notre pétition du 18 prairial an X, le 3 messidor suivant, qu'il ne pouvait nous accorder aucun local pour l'établissement d'un temple, attendu qu'il n'y en a aucun dans la ville de Nismes. En effet, le local de la Calade, la commune en jouit ; l'église des Jésuites est destinée pour une bourse, et celle des Dominicains sert de grenier à foin à la gendarmerie. Quel édifice reste-t-il pour nous ? Aucun.

« Mais qui ne voit qu'il est aisé de nous en donner un : on peut choisir, entre ces trois édifices, celui qui sera le moins utile au gouvernement ou à la ville. Le culte catholique est suffisamment pourvu ; il existe encore l'église des ci-devant Capucins, dont on prétend que l'évêque veut faire une succursale ; nous pouvons donc espérer que le conseiller d'état voudra bien ne pas différer plus longtemps de nous mettre en possession ou du ci-devant temple de la Calade, que nous désirons de préférence, ou de celui des ci-devant Jésuites, ou, enfin, de celui des Dominicains.

« Un autre objet, qui ne mérite pas moins d'être pris en considération, c'est celui d'un séminaire pour l'éducation de nos jeunes candidats qui se destinent au saint ministère. Les articles organiques en établissent deux pour nos frères de la confession d'Augsbourg, et n'en autorisent qu'un à Genève pour les églises réformées. Il est visible que, dans cet ordre de choses, le seul séminaire de Genève ne peut suffire : 1.º il se trouve éloigné de presque tous les départemens où il y a le plus de protestans ; — 2.º les vivres y sont excessivement chers ; les frais de voyage sont considérables, et, le séjour devant être long dans le séminaire, il sera impossible à la plupart des candidats de s'y soutenir. — 3.º L'église de Nismes, par sa position au centre du protestantisme dans les départemens du Midi, et à peu près à moitié chemin de Genève pour ceux qui sont à l'ouest de la France, mérite, tant par son importance propre, que par ses ressources locales, qu'on y fonde un second séminaire. Les aspirans au saint ministère y feraient toutes les études préliminaires, et on n'enverrait à celui de Genève que ceux dont les talens les rendraient dignes d'être consacrés. Les chefs de famille protestans, qui ne sont pas en état de faire de grandes dépenses, et qui désirent néanmoins que leurs enfans soient instruits à fond dans la religion qu'ils professent, trouveraient dans l'établissement proposé des ressources dont ils ne pourront profiter, s'il faut les aller chercher si loin. Deux ou trois professeurs de morale, d'histoire sacrée, et pour l'art de la prédication ou l'éloquence de la chaire, ne coûteraient pas beaucoup au gouvernement, et seraient suffisans pour opérer un bien infini. Les langues savantes s'enseigneraient au lycée ou à l'école centrale. Les églises réformées de ces contrées fourniraient aux frais de premier établissement. Les professeurs dont je parle n'auraient rien de commun avec les premiers. Cet établissement n'est point opposé aux articles organiques des cultes; il met nos églises en égalité de droits avec les protestans des départemens réunis; il fournira à la nôtre des ressources pour la célébration du service divin : nos frères de la communion de Rome ont, dans chaque diocèse, des séminaires établis, n'est-il pas juste que les réformés en aient au moins deux dans la république entière.

« Il est un autre objet que je vous prie de considérer avec attention. Notre église n'est pas encore définitivement organisée, il n'en est que peu qui le soient. Nous ignorons si on nous donnera plus d'un édifice, quel sera le nombre de nos pasteurs, quel sera leur salaire. L'article qui porte les églises consistoriales à 6,000 âmes, semblerait nous faire croire qu'on n'en établira que deux dans cette commune, où la population protestante est au moins le tiers de la population des catholiques. Vous sentez que deux pasteurs ne sont pas suffisans; il en faut au moins trois pour un seul temple, et quatre si nous en avons deux. Or, deux temples sont indispensables. Il faut s'occuper des moyens d'y pourvoir; les circonstances nous favorisent, les citoyens Casimir

Fornier, maire de notre ville, et Trélis, membre de l'académie et bibliothécaire, partiront dans peu de jours pour la capitale, en qualité de députés de cette commune. Le conseil municipal, invité par le préfet, n'a pas cru pouvoir remettre en de meilleures mains la commission importante d'obtenir du gouvernement l'établissement d'un lycée dans notre ville ; ils se chargeront avec plaisir, j'en suis sûr, des intérêts de l'église dont ils sont membres, et, de concert avec le citoyen Dubois, notre digne préfet, qui a offert si loyalement de nous seconder, ils s'occuperont, pendant leur séjour à Paris, des moyens de nous faire obtenir les choses raisonnables et justes que nous demandons au gouvernement. »

Ce rapport fut approuvé dans tous les points par l'assemblée, qui décida, en conséquence, qu'une pétition serait adressée au citoyen Portalis, conseiller d'état, pour demander,

1.º Une organisation définitive de l'église ;

2.º La remise en possession de l'église des ci-devant Dominicains ;

3.º La création de quatre places de pasteurs ;

4.º L'érection d'un séminaire protestant à Nismes.

De ces quatre demandes, la dernière seule ne fut pas accordée ; des démarches actives avaient été faites par d'autres églises pour l'obtenir, et celle de Montauban, lors du passage de l'empereur Napoléon dans ses murs, en 1809, se fit accorder une faculté de théologie, qui fut inaugurée le 3 novembre de l'année suivante.

Par décret du 8 germinal an xi (29 mars 1803),

l'arrondissement de l'église consistoriale de Nismes fut composé des communes de Nismes, St-Césaire et Milhaud. Quatre pasteurs furent accordés à cette consistoriale à la résidence de Nismes, et MM. Olivier-Desmont, du Bochet et Gachon, furent confirmés en cette qualité.

On s'occupa aussitôt de la nomination du quatrième pasteur et de la composition d'un nouveau consistoire, d'après le dispositif de l'art. xviii de la loi de l'an x. Le pasteur élu fut M. Jacques Barre, qui exerçait ses fonctions pastorales dans l'église de Nantes, et les notables choisis parmi les citoyens les plus imposés au rôle des contributions directes, pour remplir la charge d'anciens, dont le nombre ne pouvait être au dessus de douze, furent MM. Boileau de Castelnau, Roux-Amphoux, Vincens-St-Laurent, Fornier de Clausonne, Vincens-Valz, Pradel, de Milhaud, Jean Prestreau père, de Lamorthe, Rolland aîné, Meynadier père, Etienne Meynier et de Chabaud-Latour. Tous ces membres, élus dans la séance du 4 floréal an xi, furent publiquement installés dans le temple, le 11 du même mois ou le 1.er mai 1803, par le ministère de M. Olivier-Desmont, qui, dans un discours composé pour la circonstance, rappela l'oppression si long-temps soufferte par les protestans, pour leur mieux faire apprécier les bienfaits du gouvernement alors établi. Il regretta que le vénérable Paul Rabaut, qui, durant cinquante ans, avait bravé tant de périls pour sauver les débris de l'église réformée, n'eût pas assez vécu pour recueillir le prix de ses efforts. Il déplora la perte de Rabaut-

St-Etienne, dont les talens éminens avaient jeté tant d'éclat sur l'église de Nismes. — Il expliqua ensuite l'origine, la nature et les fonctions des charges des pasteurs, des anciens et des diacres, et, après avoir payé un juste tribut d'éloges et de gratitude à ceux qui, jusqu'alors, en avaient été revêtus, il consacra au service de l'église ceux qui les remplaçaient, par une prière pleine d'onction, de sentiment et d'amour pour les âmes, qui fit verser à ses auditeurs d'abondantes larmes.

Le consistoire, ainsi légalement constitué, décida, immédiatement après son installation, que les derniers anciens de Nismes, de Milhaud et de St-Césaire, étaient nommés diacres et attachés en cette qualité à l'église, pour administrer les deniers des pauvres, et veiller au maintien de l'ordre dans le culte public, auquel ils furent invités d'assister régulièrement et à tour de rôle.

Une adresse fut ensuite votée au premier consul, pour lui offrir l'hommage de gratitude de la vénérable compagnie, et solliciter en même temps l'entier accomplissement de la loi du 18 germinal an x, relativement aux frais de culte et au salaire des pasteurs.

Cette adresse, datée du 29 floréal, eut pour résultat d'obtenir du gouvernement un décret, rendu à St-Cloud le cinquième jour complémentaire de l'an xi, par lequel l'église des Pères du Château, *dits* Dominicains, fut mise à la disposition des protestans de Nismes, à la charge par eux d'y faire les réparations nécessaires, et qui, en recevant sa destination nouvelle dans le mois de ventôse an xiii (16 mars 1805), fut appelée *Grand-Temple,* tandis que l'église des Ursulines du Grand-Couvent fut nommée *Petit-Temple*, en souvenir de ce qui existait au commencement du 17.ᵐᵉ siècle, époque à laquelle les chrétiens réformés de l'église avaient aussi un grand et un petit temple ; le premier, bâti sur la place de la Calade en 1566, et le second, près l'ancien hôpital St-Marc, aujourd'hui le collége, en 1611 [1].

Le 21 pluviôse an XII, un second arrêté autorisa le préfet du Gard à abandonner aux réformés de Nismes une langue de terre d'environ 3 mètres de profondeur sur une longueur de 50, longeant dans toute son étendue l'église des Dominicains, à la charge de payer la valeur dudit terrain selon l'estimation qui en serait faite. C'est sur cet emplacement qu'en 1813 le consistoire fit bâtir une maison, qui se loue au profit des pauvres.

De plus, le 15 germinal an XII (15 avril 1804), parut le décret qui fixa le traitement des pasteurs protestans : ceux de Nismes furent compris dans la première classe, pour recevoir les émolumens de 2,000 fr.

La guerre de la Grande-Bretagne et la conspiration de Pichegru aidèrent Bonaparte à s'élever du consulat à l'empire. Il se fit prier par le sénat de gouverner la république sous le nom de *Napoléon Bonaparte*, et avec le titre d'*empereur héréditaire*. L'empire fut proclamé le 2 floréal an XII (18 mai 1804). Le clergé chanta les louanges de celui dans lequel il voyait un nouveau Cyrus. Le pape Pie VII vint à Paris, et, le 2 décem-

---

[1] *Voy.* ci-devant, pag. 40 et 65.

bre 1804, dans l'église de Notre-Dame, entouré des grands dignitaires de l'église, et en présence des grands corps de l'état, il consacra la nouvelle dynastie [1].

Vingt-sept présidens de consistoires, au nombre desquels fut compris M. Gachon, l'un des pasteurs de Nismes, furent appelés, par lettres closes, à assister, avec le costume de leur profession, au sacre de l'empereur. — Après la cérémonie, ils furent admis au pied de son trône, et lui adressèrent le discours suivant, par l'organe du plus âgé d'entre eux, M. Martin, président du consistoire de Genève :

« Sire ! Sa Majesté vient de remplir le vœu que formaient depuis long-temps les églises réformées de France, celui de pouvoir porter au pied du trône leurs hommages et l'expression de leurs sentimens. C'est avec la plus vive satisfaction que nous venons exprimer à Sa Majesté, pour nous-mêmes et pour nos églises, notre respectueuse reconnaissance pour la protection qu'elle nous a accordée jusqu'ici, et la pleine confiance que nous fondons pour l'avenir sur le serment que Sa Majesté a prêté avec tant de solennité, dont elle a voulu que nous fussions les témoins, et par lequel, en s'engageant à maintenir la liberté des cultes, elle donne le calme aux consciences et assure la paix de l'église. Nous souhaitons que les Français de toutes les communions, que nous regardons tous comme nos frères, sentent, comme nous, le prix de ce bienfait ; nous le mériterons par notre fidélité, notre gratitude et notre soumission aux

---

[1] Emile de Bonnechose ; *Hist. de France*, II, 256.

lois, dont nous avons constamment donné l'exemple. Puissent nos prières ferventes attirer sur Sa Majesté, sur l'Impératrice et sur les princes de la famille impériale, toutes les bénédictions du Monarque du monde ! Puisse Sa Majesté, après avoir fait tant pour sa gloire, y ajouter le titre de Pacificateur de l'Europe entière, et n'avoir plus qu'à déployer ces vertus qui, en faisant la félicité des peuples, font la véritable gloire des souverains et font chérir leur puissance ! »

L'empereur répondit : « Je vois avec plaisir rassemblés
« ici les pasteurs des églises réformées de France ; je
« saisis avec empressement cette occasion de leur té-
« moigner combien j'ai toujours été satisfait de tout
« ce qu'on m'a rapporté de la fidélité et de la bonne
« conduite des pasteurs et des citoyens des différentes
« communions protestantes. Je veux bien que l'on sache
« que mon intention et ma ferme volonté sont de
« maintenir la liberté des cultes ; l'empire de la loi
« finit où commence l'empire indéfini de la conscience ;
« la loi ni le prince ne peuvent rien contre cette li-
« berté. Tels sont mes principes et ceux de la nation,
« et, si quelqu'un de ceux de ma race, devant me suc-
« céder, oubliait le serment que j'ai prêté, et que,
« trompé par l'inspiration d'une fausse conscience, il
« vînt à le violer, je le voue à l'animadversion pu-
« blique, et je vous autorise à lui donner le nom de
« Néron. »

Il est facile de comprendre, dit M. Rabaut le jeune[1],

---

[1] *Répertoire ecclésiastique*, pag. 16 et 17.

quelle impression profonde dut faire un pareil discours émané du trône, sur des auditeurs peu accoutumés à en entendre de pareils dans la bouche des rois ; sur des auditeurs qui, presque tous, avaient vécu sous le despotisme intolérant et persécuteur d'une religion dominante : elles furent accueillies avec avidité, ces paroles consolatrices, et transmises, par la reconnaissance, à toutes les églises de l'empire. — Où étaient-ils ces respectables ministres du saint évangile, qui bravèrent toutes les persécutions, et souffrirent même le martyre, pour maintenir le peuple dans l'obéissance aux lois et aux rois, et dans la religieuse observance des sages préceptes de l'évangile de Christ ? Vous surtout, ô mon père ! ô mon frère ! où étiez-vous[1] ! »

[1] Paul Rabaut et Rabaut-St-Etienne.

CHAPITRE IV.

Nomination de M. Gonthier. — Situation de l'église. — Vocation adressée à M. Juillerat-Chasseur aîné. — Projet d'association en faveur des veuves des pasteurs. — Ouvrage de M. Levade, imprimé au profit des pauvres. — On veut rétablir l'hôpital protestant fondé en 1755. — Rétablissement du pasteur catéchiste. — Première école gratuite. — Organisation du dispensaire. — Aumônier protestant au lycée. — Epreuves douloureuses du pasteur Gonthier. — Mort de sa femme et de sa fille. — Il demande sa démission. — Témoignage de regret que lui donne le consistoire.

M. du Bochet s'étant retiré de l'église de Nismes, le consistoire, dans sa séance du 4 pluviôse an 13 (24 janvier 1805), adressa vocation à M. François-Auguste-Alphonse Gonthier, natif de Ste-Croix, exerçant alors les fonctions du ministère évangélique à Iverdon, canton de Vaud, en Suisse.

Nous extrayons de la lettre qui lui fut adressée, à cette occasion, par le président du consistoire, les renseignemens suivans sur la situation de l'église à cette époque :

« L'église réformée de Nismes se divise en deux sections, l'une formée par la ville, et comprenant plus de quatorze mille fidèles ; l'autre, rurale, est bornée à deux villages à une lieue d'ici, et peuplés à peine, ensemble, de mille réformés. — Un pasteur est spécialement attaché à cette section ; il n'y aura lieu, pour ses collègues, à l'y suppléer, que lorsqu'il sera dans l'impossibilité absolue de faire son service. Dans ce cas, il s'établirait, entre ses trois collègues, un tour de rôle pour le remplacer. Au surplus, il est possible qu'ils ne restent pas long-temps exposés à ce léger inconvénient, on sollicite le démembrement et la réunion de cette section à l'église consistoriale de campagne la plus voisine.

« Au chef-lieu, il y a deux temples, dans chacun desquels il doit être prêché tous les dimanches, donné la communion aux jours marqués pour cette sainte cérémonie, et fait une instruction chaque jeudi, outre un sermon le jour de l'an, un autre le Vendredi Saint, et un autre le jour de Noël ; ce service se partage entre trois pasteurs, de manière à ce que deux soient en fonctions dans chaque temple, alternativement, et qu'à tour de rôle le troisième se repose pendant huit jours.

« Chaque pasteur, tour à tour, est chargé, pendant deux semaines consécutives, de l'administration des baptêmes, de la bénédiction des mariages et de la visite des malades et des affligés qui réclament les secours spirituels. Enfin, l'instruction des catéchumènes fait aussi partie des fonctions pastorales, mais seulement pour les jeunes-gens que leur confient volontairement les familles. »

M. Gonthier arriva à Nismes au printemps de l'année 1805. A l'époque où ses pasteurs reconnus par les lois, sans crainte pour leur repos, étaient placés à la tête d'un troupeau qui tenait l'un des premiers rangs en France, par ses lumières et sa position sociale, rien ne devait s'opposer, à ce qu'il paraît, au succès rapide des progrès de la doctrine sanctifiante de la foi en Jésus-Christ, dont ils étaient les dispensateurs fidèles....... Mais, hélas ! si la plaie extérieure de l'église était cicatrisée, une plaie intérieure, plus difficile à guérir, parce qu'elle était cachée, étendait ses ravages....... L'incrédulité avait pris racine dans beaucoup de cœurs ; les esprits, occupés de gloire et de combats, pensaient beaucoup aux ennemis de l'empire, et s'occupaient fort peu de celui qui les subjuguait eux-mêmes dans l'esclavage du péché....... Pour les rallier autour de l'étendard de l'évangile, traîné naguère dans la fange sous leurs propres yeux, et ranimer le zèle éteint dans une église qui sortait à peine de ses ruines, M. Gonthier unit les accens d'une piété onctueuse et tendre au zèle de ses collègues Barre et Olivier-Desmont.

Ses neveux, L. et Ch. Vulliemin, nous ont initié, par une notice publiée sur son compte en 1834, dans les secrets d'une vie toute d'abnégation et de prières, qui, sans cela, n'aurait été connue que de ses amis intimes, de son église, et de Dieu. Son premier besoin fut, disent ses biographes, de rappeler les populations autour de leurs conducteurs spirituels. « O mon Dieu ! s'écria-t-il du fond de son âme, donne à ton ministre une voix non moins puissante que celle qui entraîne la multitude loin de toi !......... » Et, conformant sa conduite à sa prière, il s'attacha à rendre sa prédication la plus claire, la plus attrayante et la plus pressante qui lui fût possible. Des moyens de l'éloquence, il possédait le premier, la foi ; en idées, il n'était pas inférieur à son auditoire ; en sentiment, il était inépuisable. Sa pensée était aussi vive, aussi prompte, que celle d'aucun homme du Midi. Mais sa mémoire le servait mal ; comme il avait beaucoup à lutter contre elle, il s'imposa le devoir d'apprendre ses sermons de manière à ne laisser, à l'heure du débit, aucun travail à la faculté retardataire ..... Sa mémoire cessa, dès lors, d'altérer la liberté de sa pensée, et d'en gêner les mouvemens. Sa prédication attira la foule, les temples se remplirent, et il y eut, de nouveau, des âmes attentives à la prédication de la parole de Dieu [1].

Pour obtenir la confiance des fidèles, il sut profiter de l'usage conservé à Nismes, d'appeler fréquemment les pasteurs auprès du lit des malades, surtout parmi le peuple. Là, entouré de la famille entière et des voisins que la solennité de ce culte domestique attire toujours en grand nombre, quelquefois autant que la chambre peut en contenir, il prononçait les exhortations les plus évangéliques, et improvisait les prières les plus édifiantes. — Il a raconté lui-même à un membre de l'église de Nismes, son compatriote et son ami, de la bouche duquel nous en avons entendu le récit, qu'un jour, après avoir exhorté un malade à se détacher du monde, pour donner son cœur tel qu'il était, avec ses péchés et ses souillures, au Seigneur Jésus, qui le purifierait en le faisant devenir un cœur nouveau, il fut accompagné, jusque dans la rue, par une femme catholique romaine, qui lui prit la main, la serra avec expression, et lui dit, en versant des larmes d'attendrissement, et dans l'idiome du pays,

---

[1] L. et Ch. Vulliemin, *Notice sur M. Gonthier*, pag. 31, 32.

dont il est bien difficile de rendre en français la tournure et le sens propre : quel dommage, mon cher Monsieur, qu'autrefois on pendit des hommes de prières tels que vous ! — Il y avait, ajouta le pasteur Gonthier, tant d'abandon dans ces paroles, et une marque si visible d'intérêt, que je les regarde comme une des plus précieuses marques d'encouragement qu'ait jamais reçu mon ministère.

« Un ancien militaire se présente un jour chez lui, moitié grondant, moitié honteux, à tout prendre, assez embarrassé du rôle qu'il venait remplir : « Je ne sais, finit-il par dire, ce que je viens faire chez vous, Monsieur ; à vous parler franchement, c'est ma femme qui m'a arraché la promesse de venir vous voir ; je n'aime pas de la chagriner, la bonne âme, et me voici. » M. Gonthier le fit asseoir. Alors, dans un simple récit, le vétéran raconta, qu'uni par le mariage à une femme pieuse et qu'il aimait tendrement, il se voyait, il ne comprenait pas pourquoi, tourmenté par elle, parce qu'il était, lui soldat, sans religion. Né, élevé au régiment, il n'avait jamais entendu parler de ces choses, n'était depuis que sa femme lui en fatiguait les oreilles, à la suite d'un sermon de M. Gonthier sur ce texte : *« Qui sait, ô femme ! si tu ne sauveras pas ton mari ! »* Aussi, de ce jour, elle n'avait plus eu de repos, qu'il ne lui eût promis de faire la démarche dont il s'acquittait à cette heure.

« Pardonnez-moi, dit-il, Monsieur, en terminant, de venir vous donner une peine inutile ; mais je sais combien vous êtes bon, et vous conviendrez que ce que je fais je le devais pour la paix du ménage. » M. Gonthier fit accueil à la franchise du brave. Dans cette première conversation, il s'attacha à gagner sa confiance, et réussit à lui faire désirer un second entretien. Après une seconde visite, notre soldat exprima le besoin d'être instruit dans la religion. A la troisième, « M. Gonthier, dit-il, j'entrerai, à l'avenir, chez vous par la porte ordinaire, et non par la porte secrète [1] ; celle-ci servait à introduire les personnes qui avaient des motifs de ne pas rendre publique leur visite au pasteur. Au bout de quelques instructions : « Eh! pourquoi, M. Gonthier, ajouterai-je à vos fatigues, dit encore notre soldat, tandis que je puis prendre part à la leçon ordinaire des enfans, je viendrai désormais avec les catéchumènes. » Il fit comme il venait de le dire. Lorsque le moment de la fête de la Pentecôte approcha, le pasteur lui demanda quand il désirait que se fît son admission particulière à la sainte Cène. — Particulière! et pourquoi? Ah! Monsieur, ce n'est pas au moment où je reçois de mon Dieu cette grâce excellente, qu'il m'arrivera d'avoir honte de lui ; j'irai avec les enfans » ; et le vétéran se rendit au temple, lui, homme dans la maturité de l'âge, avec les jeunes catéchumènes [2] ».

M. Gonthier prit une part active à la confection de plusieurs règlemens qui s'élaborèrent successivement au

---

[1] M. Gonthier logeait dans la maison de M. Rolland-Lacoste, ancien du consistoire, dont la porte ordinaire est dans la rue des Greffes, et qui a une porte secrète dans la rue Dorée.

[2] *Notice*, pag. 63, 64.

sein du consistoire, concernant l'instruction des catéchumènes, — la visite des malades, — les inhumations, le louage des chaises dans les deux temples, — l'assignation des places au service divin, — et le vestiaire.

Par suite du décès de M. Gachon, qui arriva à cette époque, un nouveau pasteur fut appelé le 9 octobre 1806. Ce fut M. Juillerat-Chasseur aîné, de Besançon, fonctionnant depuis quelque temps dans la consistoriale de Montpellier, à la résidence de Pignan.

Avant son arrivée, qui n'eut lieu que lors de sa confirmation par l'empereur, le 25 juin 1807, le consistoire prêta son appui à un projet d'association de toutes les églises consistoriales du département, pour subvenir aux besoins des pasteurs émérites et des veuves des pasteurs, proposé par le consistoire d'Anduze ; il y fut déterminé, par la raison que l'art. 44 de la discipline ecclésiastique impose aux églises l'obligation de prendre soin des veuves et des enfans des pasteurs morts dans l'exercice de leurs fonctions, et que, de plus, tant que les assemblées synodales avaient eu lieu, elles avaient été fidèles à ce devoir ; il approuva donc qu'il fût proposé à toutes les consistoriales du département du Gard, si, outre les fonds consacrés à fournir des pensions aux veuves des pasteurs et aux pasteurs émérites, il ne conviendrait pas de fonder une caisse spéciale, suivant le mode de répartition qui serait établi, pour l'entretien d'un certain nombre d'étudians, tant au lycée de Nismes pour les études préparatoires, qu'au séminaire de Genève pour les études théologiques. — Ce projet, qui aurait été si utile pour les églises, et si avantageux pour les familles, reçut un commencement d'exécution. Une assemblée d'arrondissement fut convoquée à cet effet ; elle assigna une pension de 500 fr. à un pasteur émérite de St-Jean-du-Gard, et une seconde de 300 fr. à la veuve d'un pasteur de Sauve. Mais des difficultés, dont nous ne connaissons ni le nombre ni la nature, durent l'entraver dans son développement, puisqu'il n'en est pas demeuré d'autres traces. — Il était réservé à l'église de Bordeaux de voir s'établir dans son sein une institution aussi bienfaisante, qui, fondée le 26 février 1829, a acquis un accroissement rapide, et a pu rendre déjà des services importans.

En 1808, M. Levade, ministre du saint évangile et professeur au séminaire français de Lausanne, fit offrir au consistoire de Nismes, par l'intermédiaire du pasteur Gonthier, une traduction manuscrite, dont il était l'auteur, de l'ouvrage intitulé : *Horæ Paulinæ* ou *la Vérité de l'histoire de St. Paul*, contenue dans le nouveau Testament, prouvée par la comparaison des épîtres qui portent son nom, avec les actes des apôtres et de ces épîtres entre elle ; par Willams Paley. — Le vénérable corps accepta avec reconnaissance le travail remarquable qui lui était concédé, et, après en avoir fait témoigner à son auteur ses remercîmens sincères, il le fit imprimer au profit des pauvres.

Cette publication vit le jour dans un temps opportun, car le nombre des pauvres, à cette époque, était si considérable, et leurs besoins si urgens, par suite de la stagnation du commerce, occasionnée par les guerres interminables qui désolaient alors l'Europe entière, que le consistoire pensa sérieusement d'aviser aux moyens de rétablir l'hospice fondé, en 1765, pour les enfans orphelins en bas âge, pour les vieillards infirmes sans famille, et pour les malades étrangers. Une longue expérience, en effet, avait démontré l'utilité d'une semblable institution, et, quoique les ressources pécuniaires de l'église fussent alors insuffisantes pour fournir aux avances qu'exigeait le rétablissement de cet asile de charité, comme à la dépense annuelle indispensable à son entretien, le consistoire, se confiant dans l'influence du souvenir de l'exemple donné, autrefois, par plusieurs bienfaiteurs de l'hospice anéanti, et dans la pieuse libéralité des fidèles, décida de chercher d'abord un local plus convenable et plus sain que celui où il était autrefois placé, et ensuite d'ouvrir une souscription, pour la réussite de laquelle chaque membre s'engagea à faire, en public et en particulier, les exhortations les plus pressantes et les instances les mieux soutenues.

Si ce plan, si sage et si éminemment chrétien, ne fut pas exécuté, la cause ne peut en être attribuée, ni au consistoire, ni aux fidèles, qui tous en reconnaissaient les avantages et la nécessité ; mais à l'autorité, jalouse d'un gouvernement qui était devenu despotique, et qui ne voulait souffrir, sous aucun prétexte, l'établissement d'aucune institution publique, de quelque genre qu'elle fût, si elle ne se trouvait pas sous sa direction immédiate.

Le consistoire, arrêté dans ce projet, en conçut un

autre d'une nature différente, celui de rétablir les fonctions de pasteur-catéchiste, qui avaient été exercées, pour la première fois, en 1783, par le proposant Gachon, et nomma à cette place, le 10 novembre 1808, M. Charles Juillerat, ministre du saint évangile, avec l'obligation de donner un cours d'instruction religieuse à tous les catéchumènes qui, se disposant à faire leur première communion, ne seraient pas instruits par l'un des pasteurs titulaires. Pour rendre sa tâche plus facile et ses leçons plus fructueuses, on conserva l'instituteur et les deux institutrices chargés, depuis long-temps, de faire apprendre à leurs élèves les prières et le catéchisme en usage, qui était celui d'Ostervald, abrégé par Paul Rabaut. De plus, on chargea le catéchiste du service d'actions de grâces tous les jours de communion, et de remplacer, au besoin, dans la prédication, les pasteurs empêchés.

M. Charles Juillerat, un an après avoir été investi de ces fonctions, fut appelé, par suite du départ de M. Jacques Barre, à la place de pasteur titulaire, et, le 1.er février 1810, M. Samuel Vincent le remplaça comme catéchiste, et en commença l'exercice le 29 mai suivant.

M. Jacques Barre avait édifié l'église pendant six ans, par ses prédications onctueuses et fortement nourries de l'esprit de l'évangile ; aussi, le consistoire, à son départ, délibera-t-il que l'expression de ses regrets et des vœux qu'il adressait au ciel, pour la conservation et pour le bonheur de ce digne pasteur, lui serait transmis en son nom.

A cette époque, les directeurs de l'église, pour venir en aide à l'instruction religieuse, fondèrent une *école gratuite élémentaire*, et mirent à sa tête M. Roufl, de Neuchâtel, en Suisse. Jusque-là il n'y avait eu, dans la ville, que des écoles privées ; aucune surveillance directe ne pouvait être exercée sur elles ; les rétributions mensuelles que les directeurs exigeaient, étaient de nature à empêcher les pauvres, et même les artisans, d'y envoyer leurs enfans ; et, comme l'instruction est la base de la prospérité des ouvriers et l'une des causes qui peuvent améliorer les mœurs et civiliser les peuples, le consistoire, en ouvrant, le premier, une école gratuite dans une ville manufacturière, où l'ignorance était profonde et la culture de l'esprit complètement négligée, donna, par cela même, l'impulsion à ce mouvement, qui s'y est manifesté depuis lors, de s'occuper de l'instruction du peuple, et qui est arrivé de nos jours à un complet développement. Il fut difficile, toutefois, de peupler cette école ; quinze élèves à peine se présentèrent ; il fallut user d'une certaine contrainte morale, pour en augmenter le nombre ; mais la persévérance du maître, soutenue par les démarches que firent les diacres auprès des familles pauvres qu'ils assistaient, contribua, peu à peu, à donner de la consistance à une institution qui a été la première pierre jetée dans le fondement sur lequel se sont élevées les sept belles et florissantes écoles qui reçoivent journellement près de huit cents enfans des deux sexes, dont les progrès sont vraiment réjouissans, et de jour en jour plus sensibles.

Le zèle allait croissant, parce que la foi vivante en Jésus-Christ pénétrait dans les âmes. Aussi, les ressources pécuniaires de l'église ayant considérablement augmenté, il fut possible d'améliorer le dispensaire. — Deux médecins furent désignés pour soigner, à domicile, les malades pauvres, aux frais du consistoire. — Un pharmacien fut chargé de préparer les remèdes. — Des bouillons pour les convalescens et les femmes en couche furent confectionnés avec soin et distribués avec discernement, mais avec largesse. — Un dépôt de linge de corps et de lit fut organisé. — Un règlement pour la visite régulière des malades, soit dans les maisons, soit dans les hospices, fut élaboré avec soin ; et, pour subvenir aux dépenses considérables qu'allaient occasionner une si abondante diversité de secours, il fut demandé au bureau de bienfaisance de la ville une partie des fonds dont il disposait ; ce qui fut reconnu juste et accordé sans difficulté.

De nouvelles créations occupèrent ensuite le consistoire. — Il correspondit avec celui de Genève, sur un projet d'organisation des églises réformées de France, conçu dans le but de régulariser dans leur sein la discipline ecclésiastique et l'enseignement de la doctrine chrétienne. — Il réclama, le 29 septembre 1811, la nomination d'un aumônier protestant auprès du lycée de Nismes, dont le cinquième des élèves pensionnaires qu'il renfermait en ce moment, professaient la religion réformée, et n'avaient qu'un maître d'études pour diriger leurs exercices religieux. — Enfin, lors de la suppression, en 1812, de toutes les pensions et maisons d'éducation particulières, il demanda que l'un des collèges qui devaient remplacer les pensionnats fût affecté aux protestans.

Alors que ces travaux importans s'élaboraient au sein de la vénérable compagnie, dont M. A. Gonthier était membre, ce pieux serviteur de Jésus-Christ se trouvait sous le poids des épreuves et d'une amère affliction. Sa femme, Louise Courvoisier, élevée dans l'amour du Seigneur et de son évangile de grâce, au sein d'une famille pieuse composée de vingt-quatre enfans, qui habitait au Locle, dans les montagnes du pays de Neuchâtel, était morte dans ses bras, le 12 mai 1808, lui laissant une fille, qui expira à son tour dans le mois de juin 1811.

Nous laissons à l'époux et au père chrétien le soin de décrire les sentimens de résignation et de foi que ces deux pertes douloureuses firent éprouver à son âme sensible et tendre.

Un an après la mort de sa femme, il écrivit à l'un de ses amis la lettre suivante [1] :

« Vous le savez, quand la mort va frapper ses derniers coups, alors qu'elle les prépare, elle paraît quelquefois s'éloigner un peu; un léger mieux-être semble

---

[1] Nous transcrivons d'autant plus volontiers une partie de cette édifiante lettre, qu'outre qu'elle a été insérée dans les *Lettres chrétiennes* du pasteur Gonthier, pag. 228, et dans la *Notice sur sa vie*, pag. 36, nous la trouvons encore textuellement dans un ouvrage purement littéraire, publié en 1839, par Alexandre Andryane, intitulé : *Souvenirs de Genève; Complément des mémoires d'un prisonnier d'état*, tom. II, pag. 101 et suiv.

ranimer le malade près de sa fin. Ainsi s'écoula la dernière nuit que mon amie passa sur la terre ; elle se trouva un peu moins mal que les journées et les nuits précédentes ; elle reprit quelques forces , et je bénissais Dieu si vivement ! je le conjurais avec tant d'ardeur d'augmenter ce mieux-être ! Mon amie dormit peu, mais elle était moins agitée. Je lui lus , à plusieurs reprises, quelques chapitres de nos livres saints. Cette lecture était devenue le premier besoin de son âme et sa plus chère consolation. Cependant le calme qu'elle éprouvait ne fut pas de longue durée ; vers le matin, de cruelles angoisses commencèrent pour elle. Au milieu de ses souffrances, elle ne put retenir ces paroles : « Bienheureux sont ceux qui jouissent du repos ! »..... Elle les prononça d'un ton si calme, si résigné , qu'on ne pouvait les envisager que comme le soupir d'une âme fidèle qui cherche son Dieu, et tourne ses pensées vers le lieu du rafraîchissement parfait , et nullement comme l'expression de la plus légère plainte : toutefois son âme angélique parut se reprocher ces mots , tant elle était près du ciel ; ils lui semblaient n'être pas suffisamment conformes à cette parfaite résignation à laquelle elle s'était habituée , et qui la portait à ne pas vouloir retrancher , même par ses vœux, une seule des douleurs que lui envoyait son Père céleste. Elle m'exprima le désir d'être, quelques momens, toute à ses pensées ; elle s'entretint pendant ce temps avec son Dieu ; puis elle me dit : « Maintenant, j'ai prié , et , grâces au Seigneur , j'espère n'avoir plus un moment d'inquiétude. » De quelle expression elle accompagna ces paroles ! quelle expression d'humilité, de piété, de calme ! Les maux s'agravaient toujours.... A huit heures environ, elle me demanda à voir sa fille, à l'éducation de laquelle elle s'était dévouée d'une manière si touchante, malgré l'épuisement de ses forces ; je lui dis que Mme de D.... venait de l'emmener chez elle, que j'allais la faire chercher ; elle réfléchit un instant. « Non, dit-elle, il vaut encore mieux qu'elle ne me voie pas. » Cette pauvre enfant, qui, relevée d'une maladie grave, était encore extrêmement faible, son angélique mère craignit que sa vue ne produisît sur elle une secousse fâcheuse, et, sacrifiant en ce moment, selon son habitude constante, son bonheur à l'intérêt des autres, elle se décida à se priver de la consolation, si naturelle et si douce, de revoir une dernière fois sur la terre son enfant bien-aimé. J'insistai pour qu'on la lui amenât au moins quelques instants. « Non, me répondit-elle, cela vaut mieux : mon ami, tu sais tout.... tu lui diras tout.... »

....

« Hélas ! ses forces s'épuisèrent de plus en plus ; elle pouvait à peine parler ; mais ses regards cherchaient les cieux, et s'animaient dans cette contemplation d'une sorte de béatitude anticipée. Elle ouvrait la bouche, toute mon âme était là pour recueillir ses paroles ; elle dit : « la mort ! Dieu ! le ciel ! » Ainsi, du sein de sa faiblesse extrême, elle cherchait à me préparer au coup affreux qui m'attendait, et à m'entourer en même temps des consolations qui pouvaient fortifier mon âme et la sauver du désespoir.

« Ses souffrances étaient par momens très-vives ;

mon cœur en était déchiré. « Ah ! me dit-elle avec une sérénité que le chrétien seul peut connaître, Jésus-Christ a bien souffert davantage ! »

« Cependant elle reprit quelques forces ; elle sentit qu'elles dureraient peu, et sa tendresse pour son époux ne voulut pas laisser échapper ces momens. « Mon ami, me dit-elle, écoute : » puis, d'une voix lente, mais nette et assurée, elle me chargea successivement de ses adieux les plus tendres pour ma famille, pour la sienne, pour nos amis communs. Ses forces s'épuisant, elle fut obligée de s'interrompre. Elle reprit : « Mon cher ami, soulève mes bras. » Je les soulevai ; elle les passa autour de mon corps. O moment indéfinissable, où tant de sentimens divers se confondirent dans mon âme, où tant de déchiremens s'y firent sentir ! « Mon ami, reprit-elle avec une expression de tendresse que les mots ne sauraient rendre ; mon excellent ami, je te bénis pour tout le bien que tu m'as fait.... Dieu te rendra ce que je n'ai pu te rendre....... » Ah ! j'avais tout reçu d'elle, tout ce qu'un mortel peut connaître de bonheur ! J'avais trouvé en elle l'âme la plus chrétienne, le caractère le plus noble et le plus généreux, les sentimens les plus profonds et les plus tendres ; elle ne respirait que pour ma félicité ; et moi j'avais fait si peu pour elle, à mon gré ! Quand j'aurais fait davantage, j'aurais été loin encore de lui apporter tout le bonheur dont elle était digne.

« Cependant j'étais toujours dans ses bras, et, dans le trouble inexprimable qui m'agitait, hors de moi, ne pouvant me soutenir par mes seules forces, j'invoquai Celui dont la vertu est toujours prête à venir au secours de notre faiblesse. Je priai à haute voix et pour elle et pour moi. Nous restions dans la même position, et nos cœurs, tout près l'un de l'autre, s'unissaient une dernière fois dans nos épanchemens chrétiens. Quand notre prière fut achevée, je lui dis, pour tempérer un peu l'horreur de ces momens : « Mon angélique amie, le Seigneur nous accordera peut-être la grâce de l'aimer, de le prier encore ensemble ici-bas. — « Je ne le crois pas, me répondit-elle ; mais, s'il nous accordait cette faveur, nous nous aiderions de plus en plus, n'est-il pas vrai, mon bon ami, à dégager, avec son puissant secours, nos actions de toutes vues terrestres, à les reporter uniquement à notre Dieu, au pur désir de lui plaire !

« Que ces paroles restent à jamais gravées dans mon âme ! Il me semble qu'elles sont comme un dernier legs que m'a fait ma céleste amie, legs inestimable, le plus précieux de tous ; car, qu'y a-t-il d'important ici-bas, si ce n'est de dégager, avec « le secours d'en-haut, nos « actions de toutes vues terrestres, et de les rapporter « uniquement à Dieu, au pur désir de lui plaire ? » Voilà la seule chose utile dans la vie ; tout le reste n'est que vanité. Et n'est-ce pas comme un appel solennel, que le Seigneur a fait ouïr à mon âme de le chercher avant tout, que ces paroles qu'il a voulu que mon amie m'adressât à une pareille heure ? Oh ! qu'il daigne m'aider à en profiter ! le pourrai-je jamais sans lui.

« Mon amie souffrait moins, toujours moins, mais ses forces s'affaiblissaient aussi sensiblement. Qui l'eût vue dans ces derniers momens ; qui eût vu la tristesse de ses regards quand elle les tournait vers moi, et la sérénité qu'elle reprenait quand elle les reportait vers les cieux ; qui eût vu l'espèce d'avant-goût des félicités éternelles, qui semblait arriver à son âme au milieu de ses souffrances, serait devenu chrétien, s'il ne l'eût pas été, à moins que son cœur ne se trouvât fermé à tout sentiment honnête.

« Ma tendre amie, lui dis-je, notre plus vif désir n'a-
« t-il pas toujours été d'être unis, grâces à notre mi-
« séricordieux Sauveur, non pour le temps seulement,
« mais pour l'éternité ? » « Oh ! oui, pour l'éternité ! » me répondit-elle, en tournant les yeux vers le ciel d'une manière qui semblait me dire : je vais t'y attendre.

« Sa dernière heure approchait, et, néanmoins, elle trouva encore la force de m'adresser, peu à peu, ces paroles : « Mon ami, Dieu te reste, il consolera ton
« âme. » Elle me donna un dernier baiser. Hélas ! je sentis le froid de la mort qui s'approchait déjà de ses lèvres. Enfin, elle ouvrit la bouche et articula confusément ce mot sacré : « Jésus-Christ ! » elle ne put en dire davantage. Son divin Sauveur, qui entendit ce dernier élan de son âme vers lui, appela et reçut cette âme toute céleste, l'introduisit au sein des délices suprêmes ; et la réunit au fils chéri[1] qui l'avait devancée dans ces immortelles demeures. Et moi, je reste sur cette terre de passage et d'épreuves, avec sa fille ; que de devoirs il me reste à remplir ! ».......

Cette enfant, sur laquelle reposaient désormais toutes

[1] M. Gonthier avait déjà perdu un enfant nommé François, lorsqu'il avait à peine atteint l'année.

ses espérances, lui fut enlevée à son tour, elle s'éteignit lentement sous les attaques d'une maladie inexorable : son père, plein de sollicitude pour cette seconde Louise, qu'il aimait de toutes les puissances de son âme, la conduisit à Montpellier pour la confier aux soins d'un médecin habile. Ce fut là qu'elle mourut, dans ses bras, le 17 juin 1811; et, après cette séparation aussi déchirante que la première, comme un autre Young, il ramena à Nismes le cadavre dans un cercueil, pour l'ensevelir à côté de sa mère. Peu de jours après, il monta en chaire et prêcha sur le sacrifice d'Abraham. Il avait déjà écrit, le 23 juin, la lettre suivante, à une amie de sa femme, où se peint tout son abattement :

« Quelle semaine s'est écoulée pour moi, mon excellente amie ! quels jours que ceux que je viens de passer ! et quel avenir m'attend ! Aux coups qui m'avaient frappé successivement, vient de s'unir un dernier coup...... J'avais perdu mon fils, j'avais perdu son angélique mère, je viens de perdre ma dernière consolation, ma fille bien-aimée...... Ils m'ont tous quitté. Si je n'étais chrétien, et surtout si je n'éprouvais le pressant désir de le devenir véritablement, complètement, autant par mes sentimens intimes et tous les détails de ma vie, que je le suis par mes opinions ; si ce désir ne ranimait pas maintenant mon cœur, que l'existence serait affreuse pour moi !

« Mais je demande instamment au Seigneur cette grâce que les épreuves qu'il m'a dispensées, ne me trouvent pas rebelle à ses desseins sur moi ; qu'elles m'attachent, dès ce jour, à lui sans réserve ; qu'elles m'éclairent pleinement sur le néant des joies de ce monde; qu'elles consument tous les sentimens terrestres et vils que je porte en mon sein.......... S'il daigne exaucer mon ardente prière, il pourra y avoir encore quelque paix en mon âme, je le sens. Sainte résignation des Job et des David, devenez ma résignation ! Religieuse obéissance d'Abraham, soyez la mienne ! Le sacrifice n'est pas seulement demandé, il est consommé. Que je m'incline humblement, sans me permettre aucune plainte devant la volonté du Très-Haut.

« Ces deux jours, le 12 mai et le 17 juin, ces jours où tout mon cœur fut brisé, sont, je n'en doute pas, les jours où mon Dieu m'a témoigné le plus d'amour. »

Après qu'il eut perdu sa femme et sa fille, sa propre santé devint bientôt languissante ; « il perdit le sommeil, et vit de jour en jour s'accroître son état d'irritation, d'épuisement et de souffrance. Un voyage en Suisse ne lui ramena que peu de forces, parce que, pressé de revenir à sa charge, il le fit d'une manière trop précipitée. D'ailleurs, il ne put laisser de l'employer, en cherchant à établir des relations entre les églises protestantes du Midi et celles de la Suisse-Française. Il avait donc repris sa charge, sous le double faix d'occupations excessives et de la souffrance, lorsqu'il reçut une lettre de son père, qui devait l'enlever à l'église de Nismes, et changer tout son avenir. »

Il lui avait déjà, conjointement avec sa mère, manifesté le vœu de mourir dans ses bras, à l'époque de la perte de sa fille ; mais le consistoire de Nismes avait alors obtenu (13 février 1812), que l'un et l'autre suspendraient d'exprimer à leur fils une volonté. Un an s'était écoulé depuis cette époque. Aux raisons personnelles qu'ils avaient pour rappeler le soutien de leur vieillesse, s'était joint un motif nouveau ; ils savaient combien sa santé avait souffert d'une tâche qui surpassait ses forces ; ils n'hésitèrent donc plus à lui exprimer leur désir, et ils le firent, cette fois, d'une manière si positive, qu'il demanda sa démission, en exprimant, dans les termes les plus affectueux et les plus touchans, son attachement à l'église, et le chagrin qu'il éprouvait de la quitter.

Le consistoire, dans sa séance du 13 février 1813, où il prit connaissance de cette lettre, prenant en considération les motifs de piété filiale qui obligeaient M. Gonthier à rentrer dans le sein de sa famille, accepta sa démission, et l'autorisa à se retirer à la fin du mois de juillet suivant. Mais, profondément pénétré du regret de perdre un si digne pasteur, dont le zèle, le dévouement, les lumières, la doctrine, la piété, le caractère et les vertus, avaient, depuis neuf ans, de plus en plus, édifié, servi et honoré l'église, et devaient y laisser un long souvenir, il arrêta que l'expression de sa haute estime, de son tendre attachement et de ses vœux pour le bonheur de M. Gonthier, serait consignée dans le registre de ses délibérations, et qu'un extrait *à parte in quâ* lui serait présenté par une députation composée du président, d'un ancien et d'un diacre, comme un gage des sentimens du consistoire, et de l'affection comme de la reconnaissance des fidèles [1].

[1] M. Gonthier avait refusé, pour rester à Nismes, la place

CHAPITRE V.

Armand Delille. — Commissions consistoriales. — Construction de la maison longeant le Petit-Temple. — Ecole gratuite de filles. — Chute de l'empire. — Adresse et députation envoyées à Paris. — Demande de la translation à Nismes de la faculté de théologie de Genève. — Processions rétablies. — Passage du comte d'Artois. — Sa réponse à une députation de dix-sept consistoires du Gard. — Service funèbre du 21 janvier. — Troubles. — Les temples se ferment le 16 juillet 1815. — Arrivée du duc d'Angoulême, le 5 novembre. — Trois membres du consistoire et un seul pasteur se trouvent à Nismes. — Ordre d'ouvrir les temples le 9. — Obstacles qui s'y opposent. — Le Petit-Temple seulement est rouvert le 12. — Tumulte. — Assassinat du général Lagarde. — Retour du duc d'Angoulême. — On propose au consistoire de céder les églises. — On veut faire bâtir deux temples. — Le calme se rétablit. — Le culte se célèbre le 17 décembre.

Immédiatement après le départ de M. Gonthier, on s'occupa de son remplacement, et M. Armand Delille, pasteur de Vinsobres, département de la Drôme, qui l'avait précédemment remplacé comme suffragant, pendant un de ses voyages en Suisse, fut élu, à la majorité des suffrages, le 8 avril 1813.

de professeur de théologie à Montauban; il fut nommé, successivement, aux cures de Ballaigues et de St-Cergues, dans le canton de Vaud. Il a publié divers ouvrages intitulés: *Mélanges de littérature et de morale.* — *Portefeuille des enfans.* — *La Voix de la religion au dix-neuvième siècle.* — *Les Exercices de piété pour la communion.* — *Coup-d'œil religieux sur les ouvrages de la création.* — *Lettres choisies de Fénélon.* — *Lectures chrétiennes.* — *Petite Bibliothèque des Pères de l'église.* — *Collection de Lettres chrétiennes.* — *Mélanges évangéliques.* Il est mort le 26 mai 1835.

L'organisation de l'église se complétait de jour en jour ; déjà, le 19 mai 1803, le consistoire s'était divisé en commissions, une expérience de dix ans, en constatant leur utilité, fit cependant apporter quelques changemens dans leurs attributions.

C'est ainsi que, après un mûr examen, le règlement suivant fut adopté, le 11 février 1813 :

1.º *La commission de l'intérieur* sera chargée de la méditation préalable et de l'exécution de toutes les délibérations du consistoire, sur la vocation, la démission et le service des pasteurs, suffragans, catéchistes et proposans ; sur le choix, les fonctions et le renvoi des lecteurs, chantres, organistes, sonneurs, surveillans et autres employés ; sur les cérémonies religieuses et la célébration du culte, le tirage des places et la police des temples ; sur l'administration des baptêmes et l'inscription des naissances, la bénédiction des mariages et leur enregistrement, les censures ecclésiastiques, et le maintien de la discipline.

2.º *La commission de l'instruction* aura pour attributions tout ce qui concerne l'immatriculation des étudians dans les séminaires, l'enseignement local, les instituteurs, les institutrices et les élèves, l'examen, l'admission et la réception des catéchumènes.

3.º *A la commission des finances* appartiendront tous les objets relatifs aux legs, dons, rentes, collectes, aumônes, produit des chaises et de tous autres revenus ; pensions, gratifications, traitemens, honoraires, salaires et gages ; frais de culte et d'instruction ; médecins, chirurgiens et pharmaciens du dispensaire ; achats de vêtemens et distributions de secours en tout genre, acquisitions, aliénations, constructions, entretien, réparations et location des bâtimens, terrains, etc. ; inspection de la caisse et vérification, et règlement des comptes du trésorier.

4.º Seront réservés à la *commission extraordinaire*, les objets qui n'appartiennent pas à l'une des commissions précédentes, et spécialement toutes les réclamations avec le gouvernement, l'autorité administrative et les autres églises, relativement à l'organisation générale et à tous les cas imprévus d'intérêt commun qui pourraient exiger une discussion et des mesures secrètes. La commission extraordinaire aura, de plus, la surintendance des archives, dont la garde est particulièrement confiée au secrétaire.

Aussitôt après la réorganisation de ces quatre commissions, les affaires de l'église prirent un développement rapide. La commission des finances proposa de faire construire une maison sur le terrain longeant le Grand-Temple, et celle de l'instruction, d'ajouter une école gratuite de filles à celle qui existait déjà pour les garçons, et dont la direction était passée dans les mains de M. du Pasquier, de Neuchâtel. Des costumes décens furent affectés aux lecteurs et aux chantres, et le dispensaire fut considérablement augmenté.

En 1814, l'empereur, abandonné par un grand nombre d'anciens compagnons de sa fortune, signa, le 13 avril, à Fontainebleau, le traité qui le déclara déchu, ainsi que ses descendans, du trône de France, sur lequel il était assis depuis quatorze ans, après avoir vu le continent tout entier soumis à ses lois. Son ambition sans mesure, et son égoïsme despotique préparèrent ses disgraces, et le sort des armes occasionna sa chute.

Le chef de la maison royale des Bourbons, Louis-Stanislas-Xavier, qui vivait depuis long-temps à Hartwel, en Angleterre, avec quelques familiers, fut appelé à régner sous le nom de Louis XVIII. Doué d'un esprit judicieux et capable d'apprécier son époque, il promulgua, le 4 juin 1814, une *Charte constitutionnelle*, qui assurait la liberté individuelle, celle de la presse, et celle de tous les cultes, et qui fut précédée par le traité de Paris, du 30 mai, par lequel la paix définitive fut conclue entre la France et les puissances alliées.

Les protestans de Nismes virent, dans le rétablissement sur le trône de la race de Henri IV, et dans la constitution qui garantissait le libre exercice de leurs convictions religieuses, des bienfaits de la Providence, aussi s'empressèrent-ils d'applaudir aux actes du sénat, qui, dirigé par M. de Talleyrand, avait déclaré « Na« poléon déchu du trône, le droit d'hérédité aboli dans « sa famille, le peuple français et l'armée déliés envers « lui du serment de fidélité. » Les pasteurs ajoutèrent une nouvelle collecte pour le roi et la famille royale, dans les prières liturgiques, et le consistoire, après avoir fait célébrer un service spécial d'action de grâces, à l'occasion du retour des Bourbons, publia une lettre pastorale, et envoya une députation à Paris pour présenter une adresse à Louis XVIII, qui contenait l'expression de son dévouement et de sa fidélité. Et comme

Genève, par suite des nouvelles limites assignées à la France, allait cesser de faire partie du royaume, les députés furent chargés de solliciter la translation à Nismes de la faculté de théologie établie dans cette ville, et de demander, en outre, l'organisation des églises réformées, qui était incomplète, inexécutée en plusieurs points, et susceptible de modifications importantes.

L'horizon était encore serein et calme, un léger nuage ne tarda pas pourtant à en ternir l'éclat; les cérémonies extérieures du culte catholique avaient été rétablies partout. M. le comte de Latour-Maubourg, commissaire extraordinaire du roi dans la neuvième division militaire, témoigna, lors de son passage à Nismes, le désir de connaître le vœu du consistoire, sur un fait qui, étant devenu si général, ne pouvait plus souffrir d'exception dans une ville dont les trois quarts des habitans professaient la religion romaine.

Ce corps s'empressa de déclarer qu'il n'avait jamais sollicité ni même souhaité la prohibition de l'exercice extérieur du culte catholique; ses principes hautement prononcés sur l'indépendance respective des diverses communions, lui ayant toujours imposé la loi de rester totalement étranger à ce qui ne concernait pas le culte qu'il professait, et que, dans cette circonstance, il devait persévérer dans ses maximes. — « La seule chose, ajouta-t-il, qui puisse intéresser les protestans, c'est qu'on ne les oblige pas à des actes auxquels leur croyance répugne. »

En conséquence de cette réponse si loyale et si franche, l'ordre de rétablir le culte extérieur du catholicisme arriva huit jours après; et, ce qui aurait dû calmer une population si désireuse de jouir d'un tel avantage, dont elle était légalement privée depuis le concordat de 1801, fut, au contraire, ce qui servit à faire éclater les fâcheux effets d'un zèle trop ardent et peu éclairé. Une poignée de gens mal intentionnés, dès long-temps mal famés, réussit, en effet, à faire fermenter, dans les derniers rangs des catholiques, des souvenirs funestes, des préjugés odieux, des haines sans objets, des terreurs injustes, qui se manifestèrent chaque jour par des chansons offensantes, par des menaces, par des voies de fait, qui, toutes méprisables qu'elles étaient en elles-mêmes, agitèrent pourtant les protestans de la classe ignorante, et provoquèrent, trop souvent, de dangereuses représailles, que les penchans naturels du cœur humain expliquent, mais qu'aucun chrétien sincère ne saurait approuver.

L'harmonie cessa donc de régner entre les habitans de Nismes, et une guerre civile se prépara. Cependant, lors de son passage dans la ville, le 10 octobre 1815, le comte d'Artois, frère du roi, donna l'assurance à une députation composée des membres des dix-sept églises consistoriales du Gard, que, le roi étant le père de tous ses sujets, et les regardant tous comme ses enfans, ils pouvaient compter sur sa protection et sur sa bienveillance. — « Il veut, ajouta-t-il, l'union de tous ;
« son bonheur est inséparable de celui des Français ;
« votre bonheur sera donc le sien ; ses sentimens à
« cet égard ne changeront jamais. »

Ces paroles rassurantes dissipèrent les craintes, et la sécurité prit de nouveau sa place dans les cœurs alarmés, surtout lorsqu'on sut que le prince avait donné la décoration de la légion d'honneur à trois protestans, au nombre desquels se trouvait le pasteur Olivier-Desmont, et la décoration du lis à tous les membres du consistoire.

Le 21 janvier suivant, fut célébré, pour la première fois, un service funèbre à l'occasion de l'anniversaire de la mort de Louis XVI, dans lequel on fit la lecture de son testament; le temple fut tendu de noir, et les fidèles ne s'y présentèrent que couverts d'habits de deuil.

Ce deuil devait bientôt s'étendre sur l'église tout entière, à cause de ses malheurs. Napoléon, sortant de son exil de l'île d'Elbe, débarqua sur la plage de Cannes, près d'Antibes, accompagné de mille soldats et de trois généraux, après avoir échappé à la surveillance des croisières ennemies. Il marcha sur Paris au milieu des populations qu'il sut captiver, en déployant à leurs yeux le drapeau tricolore, et en leur assurant, par ses proclamations, la garantie de tous les droits dont elles jouissaient depuis vingt-cinq ans. Partout les soldats répondirent à l'appel de leur ancien général, et, le 20 mars au soir, il rentra dans la capitale sans avoir tiré un coup de fusil, et s'installa en maître dans le palais des Tuileries, que Louis XVIII avait quitté pour se retirer à Gand. Pendant les cent jours que durèrent ses triomphes, l'armée seule fit entendre des cris d'enthousiasme, mais l'immense majorité des Français ne se souvenaient qu'avec effroi du despotisme impérial; les protestans de Nismes, en particulier, se virent en face d'une guerre civile, et, si quelques têtes ardentes commirent des actes imprudens, la masse demeura calme, inquiète et consternée. La bataille de Waterloo, livrée le 18 juin 1815, en assurant les succès des ennemis de la France, força Napoléon d'abdiquer une seconde fois. L'acte en fut remis aux chambres législatives le 22 juin suivant, et, le 15 juillet, il partit sur le vaisseau anglais *le Bellérophon*, pour l'île de Ste-Hélène, qui devait devenir sa retraite, sa prison et son tombeau. Louis XVIII fut appelé, par les armées alliées, à remonter sur le trône. Dès ce moment, le Midi de la France devint la proie d'une sanglante anarchie ; à Nismes, en particulier, des troubles éclatèrent avec tant de violence, tous les moyens de terreur furent mis en œuvre avec tant d'audace contre les protestans, que les plus riches prirent la fuite ; le peuple n'osa plus se montrer dans les rues ; le 16 juillet, les temples se fermèrent, et le consistoire se dispersa.

Quatre mois se passèrent ainsi, pendant lesquels la haine, les menaces, les injures, les meurtres, les dévastations et les pillages, éloignèrent de la ville un grand nombre d'anciens et de diacres, de telle sorte que, lorsque, le 5 novembre, le duc d'Angoulême arriva, trois membres du consistoire et un pasteur purent seuls se concerter sur les moyens à prendre pour faire une visite officielle au prince, afin de lui demander sa puissante protection et le conjurer de faire mettre un terme aux vexations, aux incendies et aux assassinats, qu'une populace effrénée se permettait contre tous les protestans indistinctement, sous prétexte de bonapartisme.

Une députation fut pourtant nommée ; mais, par prudence, il n'y eut que les anciens et le pasteur qui étaient membres du conseil municipal, qui en firent partie, par la raison qu'ils devaient se joindre, en cette dernière qualité, aux autorités civiles, pour se rendre auprès du prince, et qu'arrivés à la préfecture, il leur fût facile de se réunir en particulier, et de se présenter en petit costume comme députés du consistoire.

Le duc d'Angoulême les accueillit avec une bienveillance marquée, et leur parla le premier des intérêts de leur culte, ajoutant qu'il en avait appris, avec peine, l'interruption depuis le 16 juillet. Il dit que cet état de choses devait cesser, et donna l'ordre positif de rouvrir les temples le jeudi 9, chargeant le général Lagarde de prendre les mesures nécessaires pour que la tranquillité publique ne fût pas troublée.

Mais, le lendemain, la majeure partie des troupes de ligne étant allée à Calvisson, afin d'y rétablir l'ordre, et le général commandant le département s'étant absenté de la ville pour accompagner le prince à Montpellier, les protestans eurent la sagesse de différer la célébration de leur culte jusqu'au dimanche 12, et encore, après s'être entendus avec le général Lagarde, qui était de retour depuis la veille, avaient-ils décidé de n'ouvrir que le Petit-Temple seulement ; de commencer le service une heure plus tôt que de coutume, sans faire sonner la cloche, et de se borner, afin d'abréger le service cette première fois, à la lecture de la parole de Dieu, des prières liturgiques ordinaires, et au chant des psaumes, sans accompagnement de l'orgue.

A neuf heures du matin, d'après ces conventions, des gendarmes furent imprudemment placés aux portes du temple de la rue du Grand-Couvent, qu'on allait ouvrir, et dans les rues adjacentes, puisque leur présence seule servit à informer le peuple du projet qu'on avait conçu. Des rassemblemens nombreux se formèrent à l'instant ; des propos injurieux se firent entendre ; des femmes, des enfans, des hommes même, criaient avec violence.... Qu'ils nous rendent nos églises !.... qu'ils retournent au désert !.... Plusieurs protestans, et le président du consistoire lui-même, qui se rendaient au service que M. le pasteur Juillerat devait célébrer, furent hautement insultés. Croyant toutefois en être quittes à ce prix, ils continuèrent leur chemin sans rien répondre. Arrivés au temple, quoique le nombre des auditeurs fût peu considérable, le culte commença ; quelques agitateurs du dehors essayèrent bien d'en troubler la célébration par leurs vociférations éclatantes ; mais, refoulés par les invitations et les menaces de la troupe sous les ordres immédiats du général, ils se dispersèrent sans résistance, et le calme se rétablit. Alors le général, qui devait assister à une messe militaire, se retira. Mais son absence fut bientôt remarquée ; les attroupemens se réunirent plus tumultueux qu'auparavant, et menacèrent d'envahir le temple. Les gendarmes s'y opposèrent avec une résolution énergique ; il en resulta, par cela même, une collision qui allait devenir sanglante, lorsque le général Lagarde, averti de ce qui se passait, se présenta avec son état-major, et se mit en devoir d'éloigner la foule. Sa voix fut méconnue ;

la fermentation devint extrême ; les portes du temple furent forcées ; le désordre régna dans son enceinte ; des cris d'épouvante s'y firent entendre, parce que plusieurs des auditeurs qui s'y trouvaient réunis furent insultés, maltraités et frappés ; le général et ses officiers soutenaient seuls l'assaut : la lutte était violente ; le peuple allait devenir vainqueur, lorsque ce commandant de la force publique reçut dans la poitrine la balle d'un pistolet déchargé à bout portant. La blessure fut profonde ; la clavicule étant brisée, le sang coula avec abondance. A cet aspect, l'épouvante et la terreur s'emparèrent des agresseurs, qui se retirèrent à toutes jambes, comme poursuivis par un remords vengeur. L'assassin seul fut arrêté.

Mais, dans la journée, l'agitation et le tumulte régnèrent dans tous les quartiers de la ville. Vers six heures du soir, les perturbateurs, regrettant de n'avoir pas ravagé le temple le matin, y retournèrent en foule, brisèrent la porte latérale, détruisirent les armoires, mirent en pièces les robes des pasteurs, forcèrent les troncs destinés à recueillir les deniers des pauvres, et déchirèrent tous les livres qui servaient à la célébration du service divin. Il n'y eut que les pièces d'étoffes renfermées dans le vestiaire et destinées à confectionner des habits pour les pauvres, qui furent épargnées, par suite des précautions qu'avait prises M. Roux-Amphoux, trésorier du consistoire.

Le duc d'Angoulême, informé de ces événemens d'une nature si grave, retourna à Nismes, et, dans une entrevue qu'il eut avec MM. Olivier-Desmont et Rolland-

Lacoste, les seuls membres du consistoire qui purent se rendre auprès de lui, il déplora le meurtre qui avait été commis, et promit la mise en jugement du coupable ; il leur donna de nouvelles assurances de protection, et les exhorta à convoquer au plus tôt le consistoire, pour qu'il pût se concerter avec les autorités administratives du département et de la ville, sur les mesures à prendre pour faire respecter le libre exercice des cultes garanti par la charte constitutionnelle.

Le consistoire se réunit, en effet ; mais il ne se trouva pas en nombre pour délibérer. L'embarras devint extrême ; il ne put en sortir qu'en décidant que le président convoquerait pour la séance suivante, sans que toutefois cette circonstance forcée pût tirer à conséquence pour l'avenir, quelques notables de l'église, pour l'aider de leurs lumières et de leurs conseils [1]. Ce

---

[1] Les personnes qui se distinguèrent dans ces circonstances difficiles, par la prudence de leur conduite, la fermeté de leur langage et leur dévouement pour la cause de la liberté évangélique, furent, entre autres, MM. Fornier de Clausonne, membre du consistoire et président de chambre à la cour royale, dont les lumières égalaient son attachement à la foi de nos pères (mort en 1825) ; — Boileau de Castelnau, chef de l'une des plus anciennes familles du Languedoc, membre du conseil de département et du consistoire, qui avait exercé les fonctions de maire de la ville, depuis le décès de M. Casimir Fornier jusqu'au milieu de l'année 1814 (mort le 19 novembre 1828), et dont la justice impartiale, sévère jusqu'à la minutie, avait pour base la plus scrupuleuse délicatesse ; — Rolland-Lacoste, membre du conseil municipal, du consistoire et de toutes les associations bienfaisantes, que la foi la plus pure et la plus éclairée en l'évangile avait rendu l'un

secours devint indispensable ; car une proposition des plus sérieuses fut soumise à l'assemblée.

Les administrateurs du département et de la ville, le préfet, le maire et le colonel de la garde nationale, supposant que les troubles qui avaient eu lieu, et la haine qui s'était manifestée si ouvertement contre le culte protestant, pouvaient avoir leur prétexte dans l'occupation, par ce culte, d'édifices anciennement destinés au culte catholique, et voulant éloigner même ce prétexte, en cherchèrent le moyen, et crurent le trouver dans la rétrocession des églises à la communion romaine ; ils firent demander, en conséquence, au consistoire, s'il ne serait pas possible de faire, avec la commune, un arrangement, par lequel il céderait les édifices dont il jouissait alors, soit par concession du gouvernement, soit à titre de loyer, dès que la ville aurait mis à sa disposition d'autres locaux convenables et propres à recevoir l'assemblée des fidèles.

Cette proposition devint l'objet de plusieurs conférences avec le préfet; plusieurs plans furent examinés en détail et sous toutes leurs faces, et, à la fin, il fut convenu, de part et d'autre, que la commune ferait bâtir deux temples, l'un sur la place de la Bouquerie, et l'autre au chemin de Montpellier, avec la seule con-

---

des chrétiens les plus charitables de l'église. Il avait assisté, le jeudi 22 avril 1836, à une séance hebdomadaire du consistoire pour la distribution des secours aux pauvres, dont il était l'ami le plus généreux, lorsque, rentré chez lui à sept heures du soir, il fut enlevé à sa famille par une mort subite, et recueilli dans le sein de son Sauveur.

dition que le consistoire cèderait, pour subvenir aux dépenses de leur construction, qui ne pourraient être moindres que de 159,742 fr., la maison qu'il avait fait édifier, en 1813, sur le terrain qui longeait le Grand-Temple.

Le rétablissement de l'ordre rendit inutile cette transaction. Le 17 décembre 1815, en effet, sur l'invitation et même sur les instances du préfet et du maire, de ne plus différer l'ouverture des temples, et de profiter pour cela des fêtes de Noel, qui approchaient, le consistoire décida que, le jeudi suivant 19, les fidèles seraient convoqués au son de la cloche, et à dix heures du matin, mais dans le Petit-Temple seulement ; et, depuis cette époque, le culte fut de nouveau célébré sans interruption et sans trouble.

CHAPITRE VI.

Offre de secours par une société religieuse de Londres. — Refus de les accepter. — Mort d'Armand Delille. — Nouveaux pasteurs appelés. — Faculté de Montauban. — Ecoles d'enseignement mutuel. — Comité de surveillance. — Demande d'un cinquième pasteur. — Consécration. — Teutures au sujet des processions. — Mémoire à l'occasion du traitement des malades dans les hôpitaux. — Ordre de M. Guizot à ce sujet. — Bibles et Traités religieux répandus gratuitement par le consistoire. — Résidence du cinquième pasteur. — Société biblique. — Création d'un nouveau service à huit heures du matin. — Lettre pastorale. — Ecole d'adultes pour les hommes. — Cimetière particulier.

Les malheurs des protestans du Midi de la France attirèrent l'attention et excitèrent l'intérêt de tous leurs co-religionnaires de l'Europe ; une société religieuse de Londres, en particulier, offrit des secours pécuniaires à toutes les victimes d'une persécution aussi injuste que cruelle. Le consistoire de Nismes soumit à une discussion approfondie une proposition si grave et si délicate dans ces temps difficiles. S'il sentit, d'un côté, combien les secours pécuniaires, si généreusement offerts, étaient nécessaires à la classe infortunée du peuple, qui avait tant souffert et tout perdu par la violente persécution de ses ennemis, que l'on voulait en vain ne faire regarder que comme des suites inévitables des dissentimens politiques, il ne put se dissimuler, de l'autre, qu'il n'était pas convenable d'accepter collectivement des secours de la main des étrangers, quelque nobles et désintéressés que fussent les motifs qui les faisaient offrir.... Les églises de Bordeaux, de Montauban, de Lasalle, et d'autres, partagèrent cette opinion. Il fut donc écrit à la société protestante de Londres, pour la remercier de ses offres chrétiennes, et lui en témoigner une vive et sincère gratitude. — Cette réponse fut communiquée aux ministres des relations extérieures, de l'intérieur et des cultes, par l'intermédiaire du préfet.

L'église, courbée depuis si long-temps sous le poids d'une calamité publique, eut encore à gémir sur une perte prématurée ; l'un de ses pasteurs, M. Armand Delille, était mort à Montpellier le 22 octobre 1815 : on procéda à son remplacement dans le mois de février suivant, et M. Samuel Vincent, alors catéchiste, fut nommé pasteur titulaire ; et, attendu que l'instruction de la jeunesse avait été forcément négligée pendant les derniers temps de troubles, et qu'il importait, pour remédier promptement à ce mal, d'attacher à l'église un sujet déjà connu et estimé des fidèles, puisqu'il avait, pendant quelques mois, remplacé M. Armand Delille pendant sa maladie, le consistoire appela, dans la même séance, M. David Tachard à la place de catéchiste.

Le vide que la mort venait de faire étant rempli, des circonstances imprévues en occasionnèrent bientôt un autre ; M. le pasteur Juillerat aîné quitta Nismes pour aller desservir l'église de Paris. Le consistoire en éprouva de vifs regrets, et chargea son président de témoigner à ce pasteur distingué et recommandable, que le zèle avec lequel il avait rempli ses fonctions, serait toujours présent à la mémoire de ses membres. M. Eugène Guerin, de Quissac, fut chargé de le remplacer provisoirement en qualité de suffragant.—Quelques mois se passèrent, et, après que le consistoire eut recomposé les diverses commissions désorganisées par les malheurs du temps, et adopté un règlement à ce sujet, il procéda immédiatement à la nomination d'un nouveau pasteur, et M. Olivier de Sardan, président du consistoire de Rouen, fut appelé le 29 août 1816.

Dans le mois suivant, l'église de Nismes s'associa avec empressement aux autres églises de France, pour contribuer à la dépense des professeurs de mathématiques et de littérature grecque et latine de la faculté de théologie de Montauban, comme à celle de l'augmentation de sa bibliothèque ; et, à la même époque, il reçut un don de cent nouveaux Testamens de la société biblique de Londres, aux travaux de laquelle il parut vivement s'intéresser.

L'année 1817 s'ouvrit par un nouveau changement dans le personnel des pasteurs. M. Olivier-Desmont, à qui son âge avancé ne permettait plus de remplir aussi assidûment qu'il l'aurait voulu, toutes les fonctions de son ministère, crut devoir demander l'autorisation de se faire suppléer par un suffragant dans celles qu'il ne pourrait exercer lui-même, et il présenta, à cet effet, à l'agrément du consistoire, M. J. J. Gardes, qui fut agréé. — De plus, M. Charles Juillerat fit connaître que les circonstances particulières dans lesquelles il se trouvait, l'obligeant de renoncer à l'exercice des fonctions pastorales dans l'église de Nismes, demanda sa démission. — M. David Tachard fut nommé à sa place le 27 février 1817, et M. Olive fut investi des fonctions de catéchiste.

A cette époque, les communications, rouvertes avec l'étranger, firent connaître les succès vraiment étonnans que Joseph Lancaster avait obtenus dans son école de Southwark, l'un des plus misérables faubourgs de Londres, par l'introduction de la méthode *d'enseignement mutuel*. Les esprits sérieux et amis des lumières examinèrent si ce mode d'instruction ne convenait pas à la France, et M. Alexandre de Laborde, en particulier, fut un de ceux qui se prononcèrent pour l'affirmative, en disant, dans un rapport sur cet objet : « Si cette institution, une, simple, modeste, obscure, n'a pas pour but d'embellir la demeure du riche, elle doit du moins, un jour, consoler le pauvre sous son humble toit, et lui apprendre à aimer la vie ; elle doit élever des générations entières de malheureux au niveau des autres classes de la société, par les sentimens et les consolations utiles. Ce mode d'éducation, si prompt, si facile, à si bon marché, peut être réalisé pour tous les pauvres d'un pays, sans les secours du gouvernement et sans les contributions des communes. Le secret de ce mécanisme consiste dans l'instruction des enfans par eux-mêmes, c'est-à-dire, par un nombre d'entre eux plus habiles que les autres, et qui font, vis-à-vis de leurs camarades, l'office de régens, de préfets, sous la surveillance d'un seul individu, qui semble être plutôt l'intendant que l'instituteur de cette petite société. »

M. le pasteur Martin fils, qui avait étudié cette méthode sur les lieux même, en Angleterre, fut le premier qui établit une école de ce genre à St-Hippolyte. Le consistoire de Nismes, sentant la valeur de ce mode ingénieux d'instruction primaire, se hâta d'envoyer l'instituteur de son école, M. du Pasquier, dans cette église voisine, pour apprendre à connaître le mécanisme de cet enseignement. Pendant son séjour, on fit disposer un local convenable ; on le fournit de tout le mobilier nécessaire ; et, dans peu de temps, l'école s'ouvrit. Quoiqu'à cette époque la méthode fût encore imparfaite sous plusieurs rapports, les progrès furent étonnans ; aussi le nombre des élèves s'accrut avec une telle rapidité, qu'il fallut bientôt chercher un local plus vaste.

Ce soin fut dévolu à un comité d'hommes éclairés, qui s'était formé pour diriger, surveiller et encourager les élèves et le maître ; M. Alexandre Vincens[1] en était

[1] Il naquit à Nismes en 1771, dit M. Roux-Ferrand, d'une famille qui depuis long-temps professait la religion réformée. Son enfance fut entourée de soins les plus tendres, et c'est peut-être à cette éducation douce, autant qu'à la nature elle-même, qu'il dut cette bonté si soutenue, si active, et cet immense besoin qu'il éprouvait d'aimer, de plaindre et de secourir. M. Vincens ne fut pas seulement un homme bon, il fut encore un savant et un littérateur plein de talent et de goût. Il occupa avec distinction la chaire d'histoire à l'école centrale, celle de littérature à la faculté des lettres de Nismes, et, après la suppression de ces deux établissemens, il fut nommé professeur de rhétorique. C'est dans cette nouvelle chaire que M. Vincens se fit connaître et se donna tout entier. C'est là que de nombreux élèves ont pu admirer cette intelligence si sûre du passé, cette expression si prompte,

le président : il parvint à en trouver un très-commode, mais qui avait besoin de réparations. La commune pourvut aux frais, paya le loyer et se chargea de l'entretien. Toutes les places de cette nouvelle école furent gratuites, et, bientôt après, deux cent cinquante élèves la remplirent. Le local abandonné par les garçons fut aussitôt utilisé pour les filles ; un second comité de dames y organisa, à son tour, une école d'enseignement mutuel. Dès ce moment, l'instruction primaire prit un élan qui ne s'est jamais ralenti, et qui, on peut le dire, a changé déjà les habitudes et les mœurs de la classe ouvrière de l'église, chez laquelle on remarque plus de politesse dans le langage, plus d'aptitude dans le travail, et surtout plus de sérieux et de zèle dans la pratique des actes extérieurs de la religion.

La surveillance de ces écoles, pour ce qui concernait du moins l'élément religieux, fut confiée aux pasteurs ; leurs fonctions devinrent, par cela même, plus nombreuses. D'un autre côté, l'attachement aux croyances évangéliques s'étant ranimé dans un assez grand nombre de cœurs, ils furent appelés plus souvent par des malades et des mourans, qui leur demandèrent de les in-

---

si claire, si ornée ; cette mémoire vaste ; cette variété de connaissances qui s'étendait à tous les objets : économie, politique, commerce, arts, géographie, langues anciennes et histoire. — M. Alexandre Vincens a été, plus tard, l'un des membres les plus actifs et les plus éclairés du consistoire ; il est mort le 16 janvier 1830, au sein de son pays natal, et sa perte a excité des regrets universels ; car il avait été le maître et l'ami de tous. » (*Lettres sur le Gard*, 236.)

struire, de les soutenir et de les consoler dans leurs épreuves. Les temples se remplirent avec plus d'abondance que par le passé, de telle sorte que le consistoire sentit le besoin d'un cinquième pasteur titulaire, et le demanda au gouvernement.

Le 18 avril 1817, se renouvela à Nismes une cérémonie religieuse qui n'y avait pas été célébrée depuis 1563, celle de la consécration d'un ministre de l'évangile. Quarante pasteurs se réunirent dans le Grand-Temple, et, au milieu d'un concours innombrable de fidèles, imposèrent les mains, au nom du Père, du Fils et du Saint Esprit, à M. André-César Nicolas, que le consistoire avait précédemment immatriculé dans ses registres, et qui venait de terminer ses études à la faculté de Montauban [1].

Depuis 1814, époque à laquelle le culte catholique avait recommencé à se célébrer avec pompe dans la ville de Nismes, on forçait les protestans à tendre le devant de leurs maisons lors du passage des processions de la Fête-Dieu; quelques-uns, regardant cette obliga-

---

[1] Cette cérémonie, depuis cette époque, s'est renouvelée huit fois. En voici les dates et les noms des candidats :
Le 5 août 1819, Abraham Borrel.
Le 13 décembre 1821, J. J. Reclus et Victor Lautal.
Le 25 septembre 1823, J. J. Villaret et C. Boissier.
Le 27 octobre 1825, Emilien Frossard.
Le 14 août 1828, E. Lavondès, J. Jalabert et L. Amphoux.
Le 1.er mars 1832, Amédée Fontanès.
Le 16 juillet 1835, François Brunet.
Le 13 avril 1837, Emile Saussine.

tion comme un acte civil, s'y conformèrent par respect pour l'autorité administrative, qui en ordonnait l'exécution, mais le plus grand nombre ne le faisaient qu'avec une extrême répugnance, parce qu'ils regardaient cette condescendance comme une participation à un acte religieux qui répugnait à leur conscience ; ils savaient, en outre, que la défense en était fortement exprimée dans une foule de délibérations synodales ; que l'édit de Nantes l'avait consacrée, et que, depuis sa révocation, leurs ancêtres avaient mieux aimé se soumettre à des rigueurs et à des sacrifices, que de souscrire à ce qu'ils regardaient comme contraire à leur foi en l'évangile de notre Seigneur et Sauveur Jésus-Christ. Le consistoire en corps partagea cette dernière conviction, et l'exprima, avec autant de franchise que de respect, dans une adresse qu'il fit parvenir au ministre des cultes, et qui eut pour effet immédiat, non pas de faire dispenser légalement les protestans de tapisser leurs maisons, comme elle le demandait expressément, mais du moins de mettre cette tenture à la charge de l'autorité civile.

Un second mémoire réclama bientôt une autre faveur non moins importante, celle d'un règlement pour les hôpitaux. Les protestans pauvres aimaient mieux souffrir sans secours et mourir faute de remèdes, que d'aller dans des lieux où leur conscience était troublée par des sollicitations auxquelles ils étaient sans cesse en proie ; aussi le nombre de ceux qui avaient le courage de s'exposer à d'aussi graves inconvéniens, était si petit, que le consistoire comprit qu'il était de son devoir de réclamer avec instances un édifice ou portion d'édifice consacré exclusivement aux malades protestans, pour y être servis par des personnes de leur communion, et librement visités par les pasteurs, d'après les formes d'administration qui seraient jugées les plus convenables. — Cette réclamation si juste fut accueillie par l'autorité avec empressement, puisque, six mois après, par ordre de M. Guizot, alors conseiller d'état, directeur-général de l'administration communale et départementale, daté du 1.er juin 1819, les malades protestans furent placés dans des salles particulières. Ces salles, soumises au régime général de la maison, furent desservies par des infirmiers protestans ; les pasteurs y eurent un libre accès, et, dès ce moment, les malades qui y furent admis, n'eurent plus d'inquiétude pour la tranquillité de leur conscience religieuse, dans les derniers momens de leur vie. Ce qui contribua à faire cesser leurs craintes à ce dernier égard, ce fut la formation d'un comité de dames pieuses, aimant le Seigneur Jésus, et désireuses de travailler au salut des âmes immortelles, par la foi en ses mérites et en son nom, qui s'associèrent pour venir régulièrement prier avec eux, les consoler, leur lire la parole sainte, et les recommander à la grâce salutaire, par laquelle seule nous sommes *gratuitement justifiés* devant Dieu (Rom., III, 23). Elles visitèrent leurs familles, provoquèrent des souscriptions, dont le produit, joint à une légère subvention que leur fournit annuellement le consistoire, servit, après leur guérison, à les mettre en état de continuer leur route, s'ils étaient étrangers, ou de reprendre leurs affaires, s'ils étaient de la ville. Un diacre de l'église fut, en outre, chargé de veiller à ce que le service intérieur se fît avec ordre et régularité[1].

Les mêmes arrangemens eurent lieu à l'hôpital-général, où des salles spacieuses furent ouvertes pour recevoir les infirmes et les vieillards des deux sexes du culte protestant.

Si le consistoire s'occupait ainsi des besoins corporels des pauvres de l'église, il ne négligeait pas les moyens qui pouvaient servir à les faire avancer dans les connaissances religieuses et dans l'observation des saints commandemens de Dieu. Nous le voyons, en effet, à cette époque, répandre gratuitement, parmi les fidèles, *soixante* exemplaires de la Bible, traduite par David Martin, ministre du saint évangile à Utrecht, et réimprimée à Montauban par les soins du pieux et savant Daniel Encontre; *quatre-vingt-dix* nouveaux Testamens envoyés de Toulouse; *trente* Psautiers, et *quatre mille* exemplaires d'un traité religieux, à la portée du peuple par sa simplicité et sa brièveté, sur le *saint jour du dimanche*.

Ces divers moyens d'amélioration religieuse augmentèrent de beaucoup les travaux spirituels des pasteurs, qui se seraient évidemment trouvés au dessus de leurs forces, s'ils n'avaient reçu l'aide d'un nouveau collègue, par la création d'une cinquième place que le gouvernement accorda le 8 septembre 1819.

Il s'agissait de fixer sa résidence. Elle avait été pré-

---

[1] Cette organisation s'est améliorée depuis lors, par la nomination d'un aumônier protestant, présenté par le consistoire, et que l'administration des hospices salarie.

cédemment promise à l'annexe de Milhaud, dont les protestans, au nombre de huit cents, avaient érigé un temple à leurs frais en 1808, et qui l'avaient réclamée non pas comme une faveur, mais comme une justice : aussi le consistoire, pour concilier tous les intérêts, s'imposa de grands sacrifices, et décida que le cinquième pasteur résiderait à Nismes, mais qu'il serait accordé un suffragant en titre à l'église de Milhaud. M. J. J. Gardes fut appelé à la première de ces places le 29 mars 1820, et M. Abraham Borrel, à la seconde le 1.er novembre 1819 : de cette manière, le nombre des prédicateurs de la parole de vérité fut augmenté de deux, et les ressources d'édification devinrent plus abondantes. A cette époque, M. Olive, pasteur catéchiste, s'étant retiré, il fut remplacé par M. Hugues, par délibération du 12 janvier 1820.

L'augmentation des pasteurs occasionna naturellement celle des services ; à dater du 17 décembre, il en fut institué un nouveau dans le Petit-Temple, à huit heures du matin. Cette différence dans les heures eut pour but d'abord de permettre aux familles de se diviser, afin que chaque membre pût assister à un service, sans laisser pourtant la maison déserte ; ensuite de faciliter aux maîtres les moyens d'envoyer leurs domestiques au sermon, enfin, d'enlever aux diverses classes de la population tout prétexte pour excuser leur absence des saintes assemblées.

A l'occasion de l'ouverture de ce nouveau service, les pasteurs adressèrent aux fidèles confiés à leur direction spirituelle, une lettre pastorale, dont la tendance toute paternelle et évangélique était de réchauffer la froideur des uns, de vaincre l'ignorance des autres, de combattre l'inattention chez tous, et de rendre ainsi aux grands intérêts dont la religion nous entretient sans cesse, l'importance suprême qu'ils ont au milieu de tous les autres.

Après avoir dit que l'église de Nismes, qui était jadis le modèle des autres par son zèle et sa piété, était devenue tristement remarquable par son relâchement et par sa froideur, ils ajoutèrent les considérations suivantes, que nous extrayons de leur mandement religieux lui-même :

« Se laisser entraîner par des affaires ou par des plaisirs, au point de voir s'écouler les années et la vie entière, sans songer à son avenir, au Dieu qui la dispense, au Sauveur qui l'assure ; être dans l'ignorance sur *la seule chose nécessaire* ; ne point chercher à en sortir, et s'y complaire brutalement jusqu'à ce qu'on soit incapable de recevoir l'instruction ; vivre dans la peine, dans la fatigue, dans la misère, dans les soucis et dans les privations ; n'avoir rien de plus à attendre sur la terre, si ce n'est la mort, et ne point rechercher les fondemens d'une autre espérance ; ne point jeter un regard de désir et de sollicitude vers un autre avenir, c'est un état d'insouciance, et, nous osons le dire, de dégradation, dont l'homme devrait rougir, loin de chercher follement à s'en glorifier, c'est un état d'aveuglement que nous voudrions faire cesser à tout prix, et que notre âme déplore tous les jours avec la plus profonde douleur.

« A Dieu ne plaise, nos très-chers Frères, que nous accusions de cette légèreté, de cette insouciance, tous les membres du troupeau ! nous serions injustes; il nous est doux de reconnaître qu'il existe dans cette église un noyau précieux où se trouvent, à côté de l'instruction, une piété simple, pure et sincère, un attachement marqué pour les saines doctrines du christianisme, et dans lequel nous voyons briller les vertus douces, modestes et bienfaisantes qu'elles inspirent. Nous espérons que cette portion de l'église deviendra, dans les mains du Seigneur, une lumière pour éclairer l'autre, un exemple attrayant pour la gagner. Cette portion du troupeau, chacun le voit, se compose surtout de femmes : les hommes sont encore bien loin d'avoir fait les mêmes progrès. C'est donc à eux que s'appliquent surtout nos exhortations et nos remarques ; c'est eux que nous conjurons ici de songer sérieusement à la religion, d'assister avec plus de régularité au culte qui doit en augmenter l'influence sur leur âme.

« Et tout, autour de vous, nos très-chers Frères, ne vous appelle-t-il pas hautement à sortir enfin de cette indifférence, qui, nous osons le dire, a quelque chose de trop petit et de trop superficiel pour des hommes éclairés et pour des cœurs amis du bien ? Si votre propre expérience ne suffisait point encore pour vous faire sentir fortement le besoin de la religion, la nécessité du christianisme, l'Europe, le monde entier se lèveraient aujourd'hui pour vous instruire.......... Voyez cette activité qui se manifeste partout pour le bonheur des hommes ; comptez ces sociétés nombreuses et bienfaisantes qui cherchent à éclairer d'une vraie lumière toutes les classes, toutes les sectes, tous les pays. Jamais, depuis les apôtres, on n'avait vu tant d'ardeur et tant d'harmonie ; jamais on n'avait obtenu des succès plus certains et plus étendus ; jamais on n'avait nourri de plus belles, de plus prochaines espérances ; jamais le christianisme, depuis les jours de sa propagation miraculeuse, ne s'était mieux montré comme l'édifice bâti sur le roc, comme une église protégée de Dieu, contre laquelle les portes de l'enfer ne prévaudront point. La grande masse des hommes réunie sous un seul Dieu et un seul Sauveur ; les nations qui marchaient dans les ténèbres avilissantes, se réjouissant à la lumière de l'évangile ; la connaissance de Dieu portée aux deux bouts de la terre ; l'humanité plus éclairée et plus unie, s'avançant rapidement vers la perfection et le bonheur, pour lesquels le Créateur l'avait faite ; tel est le spectacle qui s'ouvre aujourd'hui devant nous ; telles sont les brillantes espérances que nous commençons à voir se réaliser. Seriez-vous donc les seuls, en Europe, à y demeurer insensibles ? Seriez-vous les seuls à qui ce spectacle n'inspirât point le désir de mieux connaître une religion si extraordinaire dans sa source et dans ses effets, dans sa nature et dans son histoire ?

« Vous l'aurez remarqué sans doute avec une satisfaction vive et pure, ce mouvement religieux qui s'étend dans les quatre parties du monde, et qui promet à l'humanité un si glorieux avenir : ce mouvement existe surtout parmi les nations protestantes ; c'est là qu'il a pris naissance ; c'est là qu'il s'est répandu de proche en proche jusqu'aux lieux les plus éloignés ; c'est là que se trouve le foyer qui l'entretient et le fortifie ; c'est un honneur éternel pour le protestantisme. Ce zèle, cette ardeur pour la propagation de l'évangile, cet amour éclairé des hommes, répondent assez bien au reproche d'indifférence que, depuis quelques années, l'on s'est plu à diriger contre le corps des protestans. Mais, si ce corps immense mérite moins que jamais un tel reproche, chacune des parties qui le composent doit redoubler d'efforts et de vigilance, pour ne point le mériter en détail. La liberté d'opinion, sous la seule règle de l'évangile, qui constitue l'essence même du protestantisme, leur en fait une impérieuse loi. Il faut que tous honorent cette liberté par un attachement plus sincère et plus profond pour le christianisme, par une piété plus sincère comme elle est plus éclairée, par un plus grand respect pour le culte et pour toutes les institutions qui se rattachent à l'influence et à la prospérité de la religion. Il faut qu'ils se souviennent que, pour être bons *protestans*, ils doivent être d'abord profondément et essentiellement *chrétiens*............ Vos pasteurs vous en conjurent donc aujourd'hui, chrétiens de toutes les classes, conduisez-vous comme des chrétiens ; honorez votre religion par plus de zèle, votre culte par plus d'assiduité ; relevez parmi vous l'empire bienfaisant de l'évangile et de la piété ; revenez à Jésus-Christ, l'ami des pauvres, le docteur des ignorans, le bienfaiteur de l'humanité, la lumière du monde, l'envoyé, le Fils de Dieu ! Revenez à Jésus-Christ, le prince de la vie, qui a sauvé les hommes par une doctrine dont l'excellence laisse bien loin derrière elle toutes les spéculations des philosophes, par des préceptes dont la tendance excellente ne pouvait être trouvée que par Celui devant qui l'avenir éternel de l'homme est ouvert, enfin, par un sacrifice dont l'efficacité mystérieuse nous a réconciliés avec Dieu. Que cette église, à laquelle nous nous faisons un honneur d'appartenir, se ranime et se vivifie à la chaleur bienfaisante de l'évangile; que chacun se regarde comme obligé d'entrer pour sa part dans une aussi belle œuvre, et d'employer toute son influence dans un but aussi bienfaisant pour les autres et pour lui-même ; que la religion soit respectée, le culte suivi, l'évangile médité, l'instruction répandue, la piété relevée, les cérémonies saintes célébrées avec plus de recueillement, au milieu d'un concours plus grand de fidèles ; que cette église reprenne la splendeur qu'elle avait jadis au milieu des églises de France, et que le Père des esprits fasse descendre sur elle, avec sa protection puissante, sa lumière, sa force et sa sainteté. »

J. Olivier-Desmont, pasteur, président ; *Vincent, Olivier de Sardan, D. Tachard*, pasteurs ; *Gardes*, pasteur suffragant ; *A. Hugues*, pasteur catéchiste ; *A. Borrel*, pasteur suffragant, *signés*.

11 décembre 1820.

Cet appel ne fut pas sans résultats ; ce nouveau culte fut régulièrement suivi ; des places y furent réservées pour les élèves du collége royal, les orphelines, les élèves-maîtres de l'école normale, et les pensionnaires des diverses institutions protestantes, et, depuis lors, il n'a cessé de fournir aux fidèles de l'église, et surtout aux hommes pour lesquels une chapelle entière est gardée, et qu'ils remplissent, pour l'ordinaire, complètement, des moyens d'édification qui ont réveillé le zèle et rendu beaucoup d'âmes attentives à leur salut éternel.

L'esprit d'association avait commencé, à cette époque, à se développer dans l'église par l'établissement d'une Société biblique, qui, après avoir obtenu l'autorisation et l'approbation du gouvernement, fut définitivement organisée le 7 septembre de cette même année, jour de la première réunion des souscripteurs en assemblée générale. Le comité nommé par eux fut composé de M. le baron *Boileau de Castelnau*, président; de M. le professeur *Alexandre Vincens*, vice-président; de MM. les pasteurs *Tachard* et *Vincent*, secrétaires, de MM. le baron *de Daunant*, *L. Maigre*, *Rolland-Lacoste*, assesseurs, et de M. *Gustave de Clausonne*, trésorier. Les citoyens de toutes les classes répondirent à l'appel qui fut fait à leur zèle. Non-seulement les personnes riches, non-seulement celles d'une condition moyenne et peu aisée, mais celles même qui ne subsistaient qu'avec peine du travail de leurs mains, voulurent prendre part à l'œuvre bienfaisante, et leurs modestes offrandes vinrent augmenter les fonds destinés à répandre les saintes Ecritures. Cette association a atteint son but; elle a placé des Bibles à prix coûtant, à prix réduit, ou gratuitement, dans presque toutes les familles protestantes de son ressort; et, après vingt-trois ans d'existence, elle se soutient encore, et peut, au moyen des dons généreux qui lui sont offerts, satisfaire les besoins nouveaux qui se manifestent, et donner un Nouveau Testament à chacun des trois cents catéchumènes qui ratifient annuellement le vœu de leur baptême.

L'église marchait évidemment dans une voie d'amélioration et de progrès ; le consistoire, qui avait donné l'impulsion, essaya d'autres moyens pour la consolider et pour l'étendre. C'est ainsi qu'après avoir établi des écoles pour l'instruction de la génération qui s'élevait, il jeta les yeux sur celle qui touchait à l'âge mûr ; il vit un grand nombre de jeunes gens et d'hommes faits déjà occupés des affaires de la vie, et qui restaient plongés dans la plus grossière ignorance ; il espéra trouver, chez un grand nombre d'entre eux, le sentiment de leur imperfection et le désir de s'instruire ; il crut qu'il n'y avait qu'à leur en fournir l'occasion et les moyens, et, le 5 janvier 1821, il ouvrit une école du soir, où les hommes de cette classe purent se rendre après avoir fini leurs travaux. — D'abord, les succès ne répondirent pas aux espérances ; toutefois quelques moyens d'améliorations introduits dans le mode d'enseignement, pour l'approprier à des hommes, exercèrent une salutaire influence, et le besoin de s'instruire gagna de proche en proche, à mesure que quelques-uns en eurent montré dans leur personne l'avantage et la possibilité [1].

Le 10 janvier suivant, une dame pieuse fit aux pauvres protestans de Nismes donation d'entre-vifs

---

[1] *Mélanges de religion*, tom. 6, pag. 225.

d'une vigne-olivette joignant le cimetière, fondé, en 1780, sur le chemin d'Alais [1], aux conditions suivantes : 1.º que le terrain donné serait clos de murs aux frais du consistoire, et 2.º qu'il deviendrait une succursale du cimetière des protestans, et serait, à perpétuité, affecté à la sépulture des personnes et des familles qui désireraient, au moyen d'une rétribution, y obtenir une concession, pour le produit en être distribué à domicile, en aumônes, vêtemens et secours de tout genre. Par ordonnance du roi, du 11 avril 1821, le consistoire et le bureau de bienfaisance furent autorisés à accepter cette donation, et des articles réglémentaires déterminèrent la nature et le prix des concessions, le choix et les obligations des entrepreneurs, les inscriptions et épitaphes, ainsi que la forme des quittances et la délégation du trésorier, en prenant pour base le décret du 23 prairial an XII (12 juin 1804), sur les sépultures.—Le consistoire donna des appointemens à un architecte, pour surveiller l'administration de ces cimetières, afin que tout s'y passât dans l'ordre,

---

[1] En 1688, tous les cimetières destinés aux protestans furent adjugés aux catholiques : ce fut Novi, curé perpétuel de l'église paroissiale St-Castor, qui en fit la bénédiction. Il commença cette cérémonie le 24 février, par celui de la porte de la Couronne, situé près des Calquières. Le lendemain, 25, il alla bénir le cimetière qui était placé entre la porte de la Magdeleine et celle de St-Antoine. Enfin, le dimanche 7 mars, après un sermon prêché par Esprit Fléchier, déjà en exercice du grand vicariat, le même curé alla bénir le cimetière situé hors de l'ancienne porte de la Bouquerie.

(*Archives de l'Hôtel-de-ville* ; Ménard, VI, 307.)

que les règlemens de police fussent exactement observés, et que la cendre des morts fût toujours respectée, comme elle doit l'être parmi des chrétiens.

Ce champ de repos offre maintenant un aspect à la fois élégant et sombre, qui soulève dans les âmes sensibles les mouvemens d'une douce et pieuse mélancolie. Sur le frontispice extérieur du vestibule, sont gravées ces paroles de nos saints livres : *Après la mort, le jugement* (Hébr., ix, 27). Dans l'intérieur, dont la forme est circulaire, on lit encore ce passage sur le tronc destiné à recueillir les aumônes : *Bienheureux sont ceux qui meurent au Seigneur, car ils se reposent de leurs travaux, et leurs œuvres les suivent!* (Apoc., xiv, 13.) Deux grilles en fer donnent accès dans l'un et l'autre cimetière. De vastes allées, entretenues avec soin, les partagent transversalement; leur jonction dans celui de droite forme un rond spacieux, entouré de cyprès funèbres ; des monumens, les uns simples, les autres majestueux, se trouvent à côté de pierres tumulaires, où les plus édifiantes inscriptions sont gravées : ces noms écrits au dessus de l'âge, ces regrets que l'on a cru rendre plus durables en les confiant à la pierre, ces immortelles placées sur les tombes des enfans, et ces couronnes de fleurs laissées par les convois funèbres sur celles des jeunes filles ; tout émeut dans ce lieu de tristesse ; et, si on y pleure en le parcourant seul et en silence, on en sort cependant tranquille et consolé par les promesses évangéliques qu'on y a lues.

CHAPITRE VII.

Agrandissement de l'école des filles. — Demande d'un aumônier protestant pour le collége royal. — Bourses théologiques. — Achat d'un orgue pour le Grand-Temple. — Ouverture de la maison des orphelines. — Prédicateurs étrangers. — Secours du bureau de bienfaisance. — Projet pour la construction d'un troisième temple. — Temple de St-Césaire. — Remplacement de M. Olivier-Desmont. — Sacre de Charles x. — Consécration de M. E. Frossard. — Société des missions. — Ecoles du Dimanche. — Secours aux Vaudois. — Juvet. — Erection d'une chapelle à la Maison centrale. — Nomination d'un aumônier protestant. — S. de Petit-Pierre.

Dans le mois de février 1821, M. Hugues s'étant démis des fonctions de catéchiste, qu'il ne remplissait que depuis un an, M. Ferdinand Fontanès fut appelé à le remplacer, par délibération du consistoire, du 8 du même mois, et, vers le même temps, M. J. J. Villaret fut nommé suffragant de M. Olivier-Desmont.

Au commencement de cette année, le comité de dames, organisé depuis quatre ans pour surveiller la direction de l'école gratuite des filles, et qui, par son zèle comme par les sacrifices de tous genres qu'il s'était imposés pour son extension, en avait fait un modèle d'ordre, de régularité et d'intelligence, considérant que les cent vingt filles qu'elle renfermait, étaient évidemment à la gêne dans le local étroit qui leur avait été concédé, et que, d'un autre côté, le conseil général du département venait d'accorder un subside annuel de 2,000 fr., pour servir à former des institutrices pour la ville et les campagnes environnantes, ce qui devait contribuer à augmenter encore le nombre des élèves, fit des démarches actives auprès du consistoire, pour obtenir l'agrandissement de la classe. Celui-ci s'adressa à la commune, qui acheta la maison attenante, fit faire, à ses frais, les constructions nécessaires, et, dans peu de temps, un beau local de deux cent cinquante élèves permit de satisfaire à des besoins réels et vivement sentis.

Ces réparations nouvelles permirent, de plus, d'établir une école payante pour les garçons, dans un local semblable à celui de l'école gratuite, qui, aussitôt ouverte, se trouva peuplée de cent élèves. Une classe de musique fut organisée pour chacune de ces écoles, et confiée à la direction d'un des premiers artistes de la ville.

Le 27 février, parut une ordonnance royale sur l'instruction publique, qui soumit les élèves des colléges royaux à l'inspection des évêques sous le rapport religieux. Le consistoire fut surpris et affligé de n'y trouver aucune réserve en faveur des élèves protestans. Il fit parvenir aussitôt au ministre secrétaire d'état, président de la commission de l'instruction publique, une réclamation solennelle à ce sujet, signée individuellement par tous ses membres, dans laquelle, après des considérations générales sur les avantages et la nécessité de l'instruction religieuse, on trouve les passages suivans :

« Votre excellence sentira que, si les protestans mettent à l'éducation de leurs enfans le plus haut prix, ils désirent, avant tout, pouvoir les élever dans leur croyance, sans trouble et sans embarras. Aucune gêne ne leur serait plus pénible que celle qui porterait sur ce qu'ils ont de plus cher au monde, leur foi en l'évangile et les enfans que le ciel leur a donnés. Il n'est pas de sacrifice qu'ils ne fassent pour tranquilliser leur âme sur de si chers intérêts. Le plus impérieusement commandé, sans doute, est d'éviter les établissemens d'instruction où ces intérêts seraient menacés ; exécuter l'ordonnance du 27 février, sans réparer l'omission contre laquelle nous croyons devoir réclamer, c'est exclure les protestans des colléges royaux et de toute instruction supérieure ; et, comme la même ordonnance, dans son esprit général, tend à centraliser l'instruction, en obligeant tous ceux qui aspirent aux professions savantes à passer par la filière des colléges et des académies, l'exécuter en maintenant l'omission, c'est, par le fait, exclure les protestans des professions savantes ; c'est les priver d'un droit précieux qui appartient à tous les Français ; c'est renouveler dans ses conséquences une des graves injustices dont ils ont eu à gémir pendant le siècle passé, et que l'opinion publique a toujours repoussée. Telles ne sont pas les intentions de notre monarque, ni celles de la charte qui nous régit....... Nous demandons, par cela même, que les élèves protestans des colléges royaux soient soumis à la surveillance des pasteurs, comme les élèves catholiques à celle des évêques, en instituant des aumôniers dans les colléges où les élèves de ce culte se trouvent en assez grand nombre. »

Cette demande si juste, qui fut renouvelée le 26 février de l'année suivante, n'eut pourtant aucun succès, puisque, le 19 octobre 1822, il y fut répondu par un refus positif.

Mais, alors que le gouvernement se montrait ainsi partial en favorisant les catholiques au préjudice des protestans, le conseil général du département du Gard manifesta sa bienveillance envers ces derniers, en leur allouant sur son budget une somme de 2,000 fr. pour fonder des bourses destinées à l'encouragement des études préparatoires à la théologie. — Une commission spéciale en fit la répartition, et veilla à ce que ces secours ne fussent accordés qu'à des jeunes gens qui eussent l'intention sincère et bien constatée de se vouer, par goût et par inclination, au ministère évangélique. Les précautions minutieuses prises à cet égard, et que le consistoire consigna dans un règlement élaboré dans sa séance du 4 mars 1822, ont offert, jusqu'à ce jour, toutes les garanties possibles. Plus de soixante étudians ont profité de ces bourses, et sont devenus, pour la plupart, des pasteurs distingués des églises de France.

Aux 2,000 fr. pour l'école des filles, et aux *deux* autres pour les bourses théologiques, le conseil du département en avait ajouté *deux* encore pour frais de culte. Dans une ville comme Nismes, où les protestans sont en si grand nombre, et où les étrangers affluent journellement, il convenait d'entourer le culte si simple de l'évangile, si ce n'est de pompe, au moins de décence et de majesté ; aussi le consistoire prit occasion de l'accroissement de ses ressources pécuniaires, pour approprier les temples, donner des costumes propres et caractérisques, aux lecteurs, chantres, concierges et surveillans. Il acheta un orgue pour le Grand-Temple, et fit graver les dix commandemens de Dieu sur des tables de marbre adossées au fond de la nef [1]. Une lettre pastorale fut publiée pour recommander l'observation du saint jour du dimanche. La célébration du jeûne public fut changée, du premier dimanche de novembre à celui qui précède le jour des Rameaux ; et des services religieux furent institués pour tous les jours de la semaine sainte.

Le perfectionnement suit une marche progressive, et, dans cette circonstance, il ne dévia ni de ses principes, ni de son activité. Depuis long-temps, plusieurs personnes charitables, frappées de l'abandon où gémissaient beaucoup de pauvres orphelines du département du Gard, et des dangers qui auraient menacé tôt ou tard la vertu de ces jeunes infortunées, avaient formé le projet de les recueillir, de les adopter en quelque sorte, et de les élever dans l'amour du Seigneur Jésus, comme dans celui du travail et des bonnes mœurs qui en découlent. Un concours de circonstances heureuses vint les encourager, les décider à s'occuper de l'exécution de ce projet. Il fallait connaître l'opinion publique ;

---

[1] Les fonds pour ce dernier objet furent fournis par la même personne qui avait donné la vigne-olivette pour le cimetière particulier.

elle se prononça en faveur d'une si utile entreprise ; il fallait subvenir aux premiers frais d'établissement, des âmes généreuses promirent d'y pourvoir ; il fallait un local vaste et commode, il fut trouvé et loué ; il fallait surtout que des personnes dignes de la confiance publique voulussent se consacrer aux orphelines, vivre avec elles et leur servir de mères. Il s'en présenta deux [1] qui réunirent au plus haut degré toutes les qualités désirables.

Les principaux obstacles ainsi applanis, un conseil provisoire d'administration fut nommé et chargé de publier un prospectus et un projet de règlement [2].

Ces deux pièces, publiées le 8 septembre 1822, furent accueillies avec faveur ; la maison s'ouvrit, et, depuis cette époque, elle n'a fait que grandir sous la bénédiction de ce grand Dieu qui *protège l'orphelin et la veuve* : plus de cent orphelines y ont déjà trouvé un asile, et y ont été élevées dans l'amour du travail et dans celui du Seigneur Jésus. L'établissement est actuellement situé dans l'ancienne maison Paul Rabaut, qu'un bienfaiteur anonyme a achetée, pour la donner généreusement au conseil d'administration. Elle a été de-

---

[1] M.lles Melin, de Sommières, qui toutes les deux moururent bientôt après dans la maison, dans la paix du Seigneur.

[2] Il fut composé de M.me Veuve Guizot, *directrice* ; M.me Veuve Plantier, *vice-directrice* ; M.me Pauline Vincens, *secrétaire* ; M. F.s-L.s Boissier, *trésorier* ; M. le pasteur Tachard, *inspecteur* ; M.me Veuve Mavit, née Sinard ; M.me Donzel-Lecointe, M. Alexandre Vincens, professeur au collége, et M.lles Henriette Mavit et Jenny Meynier.

puis lors agrandie et restaurée, de manière que près de quatre-vingts jeunes filles peuvent y trouver place. C'est ainsi que MM. Tachard et Boissier, les deux premiers fondateurs de cette institution de bienfaisance, ont eu la douce joie de la voir prospérer sous leur direction toute chrétienne.

Cette même année, une inquiétude assez vive s'empara des esprits, au sujet des prédications que quelques ministres étrangers à la France firent dans les temples, hors des heures ordinaires du service divin, dans les jours consacrés au travail, pendant la nuit même, et qui attirèrent un concours nombreux d'auditeurs ou de curieux. Les maires des communes firent leur rapport à l'autorité supérieure, et le préfet crut de son devoir d'adresser une circulaire aux pasteurs de son département, pour connaître leur avis sur une manifestation religieuse, si contraire aux usages établis dans les églises depuis leur organisation. Le consistoire de Nismes dut naturellement s'occuper, l'un des premiers, de cette affaire, à la fois grave et délicate, qui se rattachait, par tous ses points, à l'exercice de la liberté évangélique. Il comprit que ces circonstances extraordinaires étaient le résultat, à la fois de la position religieuse et politique des réformés, qui, demandant une liberté entière de conscience et de culte pour eux-mêmes, ne pouvaient y porter entrave pour les autres, et s'abstint de formuler son avis : réserve modérée et sage, qui, tout en respectant un droit sacré pour tous, sut en accepter aussi les inconvéniens inévitables.

Toutefois il avisa aux moyens de les atténuer dans

sa propre église, autant que cela serait en son pouvoir, et il crut que, pour répondre aux besoins religieux qui se manifestaient d'une manière si sensible, le moment de bâtir un troisième temple était arrivé. Ce projet n'était pas nouveau; depuis qu'une dame pieuse avait fait un legs de 10,000 fr., pour être employés à une construction semblable, il avait été souvent examiné sous toutes ses faces : dans ce cas-ci, il eut une chance de plus de réussite que dans les précédens; pourtant, après un examen sérieux et des recherches minutieuses et longues, il fut encore une fois abandonné, mais avec regret. Ce qui seul put l'adoucir jusqu'à un certain point, ce fut l'érection d'une maison de prière dans la banlieue et au hameau de St-Césaire, faisant partie de la commune, et par cela même de l'église de Nismes. Le 9 avril 1822, une députation du consistoire s'y transporta pour y poser la première pierre de l'édifice. M. Olivier-Desmont, après une prière prononcée par un de ses collègues, découvrit sa tête blanchie par cinquante-cinq ans de travaux évangéliques, et, d'une voix émue, prononça un discours qui fit verser d'abondantes larmes à ses auditeurs, surtout lorsqu'il exprima les sentimens dont il était plein, en voyant se relever les temples dans les mêmes lieux où, dans sa jeunesse, il avait vu ses frères poursuivis, leurs assemblées dispersées à coups de fusil [1], les pasteurs mis à mort, et les fidèles traînés

[1] C'est dans cet endroit, en effet, qu'en 1734, Paul Rabaut avait été obligé de descendre de chaire et de se sauver à travers champs, parce que trois cents soldats arrivèrent de Nismes, pour disperser l'assemblée qu'il présidait.
(Vid. pag. 150 de cette Histoire.)

aux galères. La construction de ce temple se fit avec tant de rapidité, que, le 16 mai de l'année suivante, on put en faire la dédicace.

Ce vénérable pasteur, parvenu au dernier mois de sa quatre-vingtième année, et atteint de diverses infirmités qui ne lui permettaient plus de se mouvoir sans peine et sans douleur, se vit bientôt obligé de demander sa démission de *président du consistoire*. Depuis vingt-deux ans qu'il avait été appelé au service de l'église de Nismes, il s'était acquitté de ses différens devoirs avec autant de zèle que d'aptitude, aussi le consistoire éprouva-t-il un sentiment profond de regret; et, si les ménagemens dus à une santé si précieuse pour tous, lui firent une loi d'accéder à une demande si légitime dans sa séance du 19 janvier 1824, il éprouva en même temps le besoin de faire éclater son respect, son attachement et sa gratitude pour ce vénérable serviteur de Jésus-Christ, qui, dans les temps difficiles où cette église était presque dispersée, l'avait, en quelque sorte, vivifiée par son zèle, et qui, pendant sa longue carrière, l'avait fait fleurir par ses conseils prudens, maintenue en paix par son esprit de concorde, honorée par son caractère, édifiée par sa piété; aussi, en lui conférant le titre de *président honoraire*, lui envoya-t-il une députation d'un pasteur et de quatre anciens, pour lui porter l'hommage de tous les sentimens dont le consistoire de l'église et tous les fidèles étaient pénétrés pour lui..... Quelque temps après, la goutte et la pierre, dont il était atteint depuis plus de quinze ans, ayant épuisé sa vie, sans épuiser son courage et sa piété, il mourut le 19 juillet 1825.

Depuis l'organisation du consistoire selon la loi de l'an x, installé le 11 floréal an xi (1.er mai 1803), ce corps vénérable n'avait pas eu occasion de réélire son président ; dans cette circonstance, il interpréta l'art. 21, comme désignant pour la *présidence* le pasteur le plus anciennement nommé dans l'église, sauf les cas où des circonstances graves et particulières peuvent déranger cet ordre commun, et nomma M. Samuel Vincent pour remplacer M. Olivier-Desmont. Le sens de cette interprétation fut contesté, et le ministre de l'intérieur, consulté à ce sujet, après avoir mûrement pesé les observations, les titres respectifs de chacun des pasteurs de l'église consistoriale, ses propres renseignemens et les dispositions des articles organiques des cultes protestans, reconnut comme chargé de présider les assemblées du consistoire de Nismes, M. Olivier de Sardan, pasteur depuis le 25 février 1808, ancien président du consistoire de Rouen. Le consistoire se soumit, tout en protestant que cette décision était contraire à la loi, comme aux droits et aux usages des églises, et se pourvut, mais sans succès, devant le conseil d'état contre son exécution.

Le 10 septembre 1824, Louis xviii rendit le dernier soupir, après une longue agonie, et Charles x fut roi. Le premier de ces événemens occasionna un service commémoratif, pour la célébration duquel le Grand-Temple fut couvert de tentures funèbres et de drapeaux revêtus des signes de deuil : le régiment suisse de Steigner y assista, et fit don aux pauvres d'une somme de 150 fr. — Le second nécessita une *adresse* qui fut rédigée avec soin, et signée individuellement par tous les membres du consistoire.

Les cérémonies du sacre du nouveau roi furent ordonnées pour la fin de mai 1825. Le président du consistoire reçut, à cette occasion, la lettre suivante :

« Paris, 25 avril 1825.

« Monsieur, ayant formé le projet de nous faire sacrer incessamment dans l'église métropolitaine de notre bonne ville de Reims, nous avons permis que les présidens des consistoires du culte réformé de Paris, de Nismes et de Strasbourg, fussent présens à cette cérémonie. C'est pourquoi nous vous faisons cette lettre, afin que vous ayez à vous rendre, le 29.me jour du mois de mai prochain, en notre bonne ville de Reims, et y assister à la cérémonie de notre sacre. Sur ce, nous prions Dieu qu'il vous ait en sa sainte garde.

« Donné au château des Tuileries, le 25 avril de l'an de grâce 1825, et de notre règne le premier.

« CHARLES, *signé*.

« Plus bas : « *signé* CORBIÈRE. »

Le consistoire de Nismes vit dans cette invitation une nouvelle assurance, que les affections paternelles du roi embrassaient également tous ses sujets, et fit agréer à sa Majesté l'hommage de sa profonde et respectueuse gratitude. De plus, il décida qu'un service religieux serait célébré dans l'un des temples, le 29 mai, à l'occasion du couronnement du roi, afin d'implorer solennellement sur lui, sur sa dynastie et sur la France, les bénédictions de Dieu.

M. Olivier de Sardan fut le seul des trois pasteurs

désignés, qui put assister au sacre, les présidens des consistoires de Paris et de Strasbourg en ayant été empêchés à cause de leurs infirmités et de leur grand âge; il se trouva, par cela même, l'unique représentant des églises chrétiennes réformées de France, au milieu d'un cérémonial gothique, nullement en harmonie avec les mœurs du siècle, et où la génération nouvelle ne voulut voir qu'un acte de déférence pour le clergé. Le grand maître des cérémonies, comprenant l'embarras de sa position, lui donna le choix sur plusieurs places honorables, entre lesquelles il préféra celle qui le mettait le moins en évidence ; aussi, de toutes les circonstances dépendantes de cette cérémonie, qui pouvaient le plus évidemment intéresser les églises dans la personne de son représentant, il n'en fut aucune qui ne se passât à sa satisfaction.

De retour à Paris, le roi l'honora, le 19 juin, d'une audience particulière, où, pendant un entretien de vingt minutes, il lui donna l'assurance, 1.º qu'il ne perdait pas et qu'il ne perdrait jamais de vue, que d'amener les âmes à la profession de la vraie religion, c'était l'affaire de Dieu et non pas la sienne, et que, dans le cœur du roi de France, il n'y avait ni catholiques, ni protestans, mais des sujets ou plutôt des amis et des enfans; 2.º qu'il ne perdrait jamais le souvenir de l'accueil affectueux qu'il avait reçu, à Nismes, des protestans comme des catholiques ; 3.º qu'enfin les protestans pouvaient être assurés qu'ils jouiraient, sous son règne, de tous les droits et de tous les avantages dont ils avaient joui sous le roi son prédécesseur.

Après la mort de M. Olivier-Desmont, le consistoire nomma, pour le remplacer dans ses fonctions pastorales, M. Ferdinand Fontanès, le 26 août 1825, appela, dans la même séance, M. Emilien Frossard pour remplir les fonctions de pasteur catéchiste, et M. Samuel de Petit-Pierre, qui était suffragant depuis le 27 août 1824, fut investi du titre de pasteur-adjoint.

M. Emilien Frossard était le quatrième fils du premier doyen de la faculté de théologie de Montauban, où il occupait encore avec distinction la place de professeur de morale et d'éloquence de la chaire. Il arrivait d'Angleterre, où il était allé perfectionner ses études, et, comme il n'était pas consacré, son vénéré père fut invité par le consistoire à venir lui conférer, à Nismes, le saint caractère de ministre de l'évangile, par l'imposition des mains : cette cérémonie se célébra dans le Grand-Temple, le 27 octobre 1825, en présence de vingt-deux pasteurs venus des églises voisines, et d'un auditoire si considérable, que l'édifice, tout vaste qu'il est, fut insuffisant pour le contenir.

On s'occupait alors activement en France des missions évangéliques chez les peuples non-chrétiens. Depuis trois ans, une *Société-mère* avait été fondée à Paris, sous la direction d'un comité composé de chrétiens instruits et dévoués ; elle avait déjà jeté les bases d'un établissement destiné à faire profiter les missionnaires, soit français, soit étrangers, des facilités que présente la capitale, pour l'acquisition des langues et des sciences nécessaires à leurs travaux ; et, regardant comme un de ses premiers devoirs d'identifier, avec la cause des missions en France, ces réunions mensuelles de prières en usage dans d'autres pays, elle travaillait à en organiser de semblables dans tous les endroits où les circonstances locales le permettaient, afin que, dans les retraites des villages, comme dans les temples des grandes villes, les prières de milliers de protestans français montassent ensemble, chaque mois, au trône de la miséricorde divine, pour les progrès de l'évangile dans tout le monde. L'église de Nismes, à cause de sa population et de l'exemple qu'elle était appelée à donner aux autres, devait, une des premières, entrer dans cette voie nouvelle. Elle ne demeura pas en arrière ; le 15 décembre 1825, en effet, un comité auxiliaire s'y organisa, et, sur sa proposition, le consistoire l'autorisa à faire célébrer dans le Petit-Temple un service spécial, le premier lundi de chaque mois. Depuis dix-huit ans que ce culte a été fondé, il n'a pas subi une seule interruption, et son influence sur les âmes a été telle, que, tous les ans, l'église verse une somme de 2,000 fr. dans la caisse des missions, provenant soit du produit de la *vente* d'objets confectionnés par des dames pieuses, soit de dons et souscriptions tout à fait volontaires.

Quand on s'occupe à répandre au loin la bonne semence de la doctrine évangélique, on est soigneux, par cela même, à lui faire porter des fruits autour de soi ; aussi les pasteurs de l'église, après l'établissement de prières périodiques pour la conversion des païens, travaillèrent-ils, d'un commun accord, à organiser des *écoles du dimanche*. En jetant un regard sur la génération qui s'élevait autour d'eux, ils virent combien l'esprit qui y régnait était mauvais, et combien les dispositions qu'elle annonçait étaient alarmantes ; mentir, jurer, s'irriter, dire des choses malhonnêtes, désobéir à leurs parens, profaner le saint jour du dimanche, fuir les assemblées de l'église, et ne jamais prier Dieu ; voilà les défauts qu'ils aperçurent partout chez les enfans, et auxquels ils cherchèrent à porter remède. Déjà quelques dames pieuses avaient fondé, sous leur direction, une de ces écoles pour les jeunes filles, dont les succès allaient croissant, et les avantages étaient sensibles, lorsqu'ils provoquèrent l'ouverture d'une seconde pour les garçons, ce qui leur fut accordé par délibération du consistoire, le 14 avril 1826.

La vie religieuse se propageait dans les églises ; la liberté de conscience et de culte régnait partout en France ; mais l'intolérance et la persécution se réveillaient, actives, implacables, dans d'autres pays ; c'est ainsi que le canton de Vaud, cette terre de refuge pour tant de Français proscrits à cause de leur foi, mettait en prison ou exilait de son territoire quelques ministres de ses églises, sous prétexte d'*exaltation* : celle de Nismes vit arriver dans son sein Henri Juvet, l'un d'eux, qui, après avoir été arraché par des soldats à la vie paisible et heureuse dont il jouissait à l'Ile, sa paroisse, vint lui demander un asile et du pain : l'un et l'autre lui furent accordés par le consistoire, et, lorsque, quelques mois plus tard, épuisé par une maladie de poitrine, il rendit le dernier soupir entre les bras de sa femme et en présence de deux petites filles qui pleuraient, sans toutefois connaître l'étendue de leur malheur, il emporta du moins dans le ciel la certitude que le Seigneur ne l'avait pas abandonné sur la terre.

Dans trois profondes vallées du Piémont, contiguës au département des Hautes-Alpes, se trouve une population protestante d'environ vingt mille âmes, formant treize églises, dont l'origine remonte au delà du moyen-âge ; ce sont les plus anciens protestans connus, ou plutôt ils existaient comme tels avant que le nom de *protestant* eût été prononcé en Europe ; car leur tradition et leur histoire les rattachent à une époque voisine des premiers temps du christianisme ; aussi les Vaudois, habitans de ces vallées, ont-ils été nommés les *frères aînés de la réformation*. Dans les 12.me et 13.me siècles, la plus cruelle persécution fut dirigée contre ces paisibles sectateurs du pur évangile ; l'inquisition fut érigée contre eux : qui ne connaît leur sanglante histoire ? L'époque actuelle semblait, toutefois, leur présager un avenir plus favorable. Le roi de Sardaigne, leur souverain, leur avait accordé, par décret du 10 janvier 1824, l'autorisation de bâtir, à leurs frais, un hôpital..... Mais, issus d'ancêtres appauvris par la persécution, occupant une étendue de pays d'environ vingt lieues carrées, tout hérissé de montagnes en partie incultivables, et au delà de laquelle il leur était défendu de faire aucune acquisition, leur isolement et la faiblesse de leurs ressources les mirent dans la nécessité de recourir à la bienfaisance des chrétiens qui leur étaient unis par les liens d'une même foi. Leur appel fut communiqué au consistoire dans sa séance du 2 juin 1826, qui, touché de leur position, vota en leur faveur un don considérable.

Les secours que l'on accorde à ses frères en la foi, dans la vue d'améliorer leur situation morale et religieuse, retombent toujours sur soi-même en bénédiction ; c'est ce qu'éprouva d'une manière sensible le consistoire de Nismes, en obtenant d'abord l'érection d'une chapelle à la maison centrale de détention, et ensuite la nomination d'un aumônier protestant au collége royal.

La maison centrale de détention, située dans ce fort redoutable que l'intendant Bâville fit construire, en 1687 [1], pour comprimer les mouvemens *des religionnaires* de la ville, renferme les condamnés à la réclusion, à temps ou à perpétuité, de douze départemens, parmi lesquels on compte, *terme moyen*, 1,380 catholiques romains, 70 réformés, 6 israélites et 2 mahométans ; total, 1,458 détenus. Depuis long-temps le consistoire faisait évangéliser par un pasteur les âmes malheureuses et flétries de ses co-religionnaires ; mais le local où ils se réunissaient était obscur, insuffisant, presque insalubre ; l'administration, sur sa demande, fit construire une chapelle aérée, propre, et assez vaste pour contenir à l'aise tous les détenus, et la dédicace s'en fit le 13 juillet 1827.

Le collége de Nismes, fondé en 1539, après avoir été une institution presque exclusivement protestante,

[1] *Vid.* pag. 78 de cette Histoire.

puisqu'il y avait été attaché une *proposition de théologie*, sous la direction successive de Viret, de Tuffan, de Mauget, de Rodon et de Samuel Petit, était ensuite tombé au pouvoir des Jésuites, sous le règne de Henri III, en 1576. Pendant long-temps, et jusqu'à l'époque de la révolution française, il était resté fermé à la jeunesse protestante. A cette époque, et surtout sous l'empire, il devint un établissement ouvert à tous sans distinction de culte et de croyance religieuse. Placé au sein d'une population protestante de 128,533 âmes, il ne tarda pas à être peuplé de protestans ; déjà en 1822, époque des premières démarches du consistoire pour obtenir un aumônier, il y en avait 70 ; ce nombre n'avait fait que s'accroître, et s'était élevé à 89, lorsque, le 21 juin 1828, le ministre de l'instruction publique fit, enfin, connaître qu'il était disposé à allouer un traitement au pasteur ou membre du consistoire qui serait désigné par lui, pour être chargé de l'instruction religieuse des pensionnaires protestans. Le consistoire accepta cette offre avec empressement et avec reconnaissance, et chargea le pasteur-catéchiste de ces fonctions importantes. Depuis ce moment, les élèves reçoivent deux leçons religieuses par semaine, et sont conduits au temple, chaque dimanche, au service de huit heures du matin.

Vers le milieu de l'année précédente, M. Samuel-Auguste de Petit-Pierre avait quitté l'église de Nismes pour aller occuper une suffragance dans la ville de Neuchâtel, sa patrie ; il y était né le 17 juillet 1800, et s'était préparé, dès sa plus tendre jeunesse, à embrasser la carrière ecclésiastique. Pendant son séjour à l'université de Tubingue, il s'adonna avec ardeur et succès à l'étude des diverses branches de la théologie, et principalement à celle de l'Ecriture sainte, sous les disciples de l'illustre Storr, le chef de cette savante école, qui, unissant à l'étendue de la science, et surtout de la science biblique, la sagesse du jugement, a long-temps et heureusement lutté contre le rationalisme en Allemagne. Il fut consacré au saint ministère en 1823, et appelé spontanément au service de l'église de Nismes, à la suite d'un sermon qu'il prononça au milieu d'elle, dans un voyage entrepris pour visiter les églises du Piémont et du Midi de la France. A son départ de cette ville, où il s'était marié, il laissa des regrets bien attestés par les larmes que répandirent ses auditeurs lors de son sermon d'adieu, prononcé successivement dans les deux temples, les 22 et 29 juillet 1827. Ses concitoyens montrèrent un empressement remarquable à venir réchauffer leurs sentimens religieux en assistant à ses prédications. Le dépérissement de ses forces l'obligea cependant de les suspendre dans l'été de 1830. L'année suivante, au retour d'un voyage qu'il fit à Paris, il se trouva si mal, qu'il se vit contraint de donner sa démission. Ses jours étaient près de leur terme; il s'éteignit paisiblement, et remit son âme à son Maître le 23 octobre 1831, laissant dans le cœur de tous les membres de l'église de Neuchâtel un sentiment bien douloureux que leur inspira la pensée de la disparition prématurée d'un pasteur qu'ils se plaisaient à estimer, et dont les talens plus qu'ordinaires eussent pu encore long-temps les édifier et les instruire [1].

Le 5 mars 1829, une réunion pastorale périodique, ayant pour but unique d'éclairer et d'encourager ses membres dans l'exercice de leur ministère, fut organisée à Nismes pour tout le département du Gard, qui contient dix-sept églises consistoriales, divisées en cinquante-deux sections, comprenant deux cent cinquante-deux communes, et qui sont desservies par quatre-vingt-dix pasteurs titulaires ou suffragans. Un règlement, dont l'objet était de concilier la liberté évangélique avec le respect des opinions individuelles, fut élaboré avec soin par les trente-cinq membres qui y assistèrent, et a servi jusqu'ici à maintenir l'ordre le plus parfait dans toutes les réunions subséquentes qui ont eu lieu trois fois l'année sans aucune interruption, sous les regards du Seigneur, dont elles ont pour but d'exalter la gloire et d'avancer le règne, au milieu des obstacles que le monde suscite pour l'entraver.

[1] *Sermons* de Petit-Pierre. *Préface*; notice sur sa vie, par l'éditeur.

CHAPITRE VIII.

Révolution de 1830. — Evénemens qui en furent la suite. — Adresse du consistoire à sa Majesté Louis-Philippe 1er. — Réclamation au sujet de la présidence. — Pasteurs nommés membres de la légion d'honneur. — Diverses créations. — Nomination de nouveaux pasteurs. — Troisième jubilé de la réformation à Genève. — Invasion du choléra à Nismes. — Ouverture d'un *Oratoire*. — Mort de M. S. Vincent. — Son convoi funèbre. — Pasteurs qui le remplacent. — M. Adrien Soulier.

Les événemens que nous avons à raconter n'appartiennent pas encore à l'histoire ; toutefois, pour ne pas laisser notre travail incomplet, nous énumérerons les principaux par ordre de dates, mais sans commentaires ni réflexions.

« Charles x, dit un historien moderne, croyant avoir une grande mission à remplir, regardait comme un devoir sacré d'étouffer le libéralisme, et d'établir son gouvernement sur des bases religieuses et monarchiques ; il se laissa donc persuader que l'art. 14 de la charte, qui autorisait le roi à rendre des ordonnances pour le salut de l'Etat, l'autorisait aussi à sortir des voies légales, si l'Etat en péril ne pouvait être sauvé par la légalité. » En conséquence, le 26 juillet 1830, par des ordonnances publiées dans le Moniteur, il supprima la liberté de la presse, annula les dernières élections, et créa un nouveau système électoral. Un long et sourd frémissement se fit aussitôt entendre dans la capitale ; le peuple s'insurgea, et, après trois jours d'un combat meurtrier, les libertés publiques furent sauvées par l'exil des Bourbons sur une terre étrangère, et par l'ascension du duc d'Orléans au trône, sous le nom de Louis-Philippe I.er

A la nouvelle de ce changement inattendu de dynastie, le besoin le plus impérieux qui se manifesta à Nismes, fut d'assurer la tranquillité de sa population, si prompte à se livrer au fanatisme et à la vengeance. Les personnes influentes qui représentaient les diverses opinions, se réunirent dans ce but ; elles offrirent leur concours aux autorités, pour les aider à maintenir le bon ordre. Sans plus tarder, elles parcoururent, le soir même, chaque maison de la ville, s'adressant de préférence aux victimes de 1815, pour leur prêcher l'oubli. Un appel à la paix et à l'union fut affiché dans toutes les rues, aussi la journée du 5 août finit par le spectacle le plus touchant et le plus inespéré. Quoique des cris séditieux eussent troublé, pendant la nuit, le repos des paisibles habitans des faubourgs, la masse si estimable de la classe intermédiaire, essentiellement amie de l'ordre, et si empreinte de moralité, se mit en mouvement pour imiter l'exemple que les sommités sociales avaient donné la veille. De leur côté, les pasteurs de l'église avaient fait retentir, jusque dans les réduits les plus obscurs, la voix de l'évangile, qui commande et promet le pardon, et avaient eu le bonheur d'incliner beaucoup d'esprits irrités par des souvenirs déchirans, à la clémence et à la réconciliation. Aussi, vers quatre heures du soir, des troupes d'hommes descendant des bourgades proclamèrent l'oubli et la réconciliation. Les royalistes, sensibles à ces paroles d'amitié, s'unirent à eux, et, aux cris de *vive la paix! vive l'union!* une procession se forma spontanément, circula en colonnes serrées autour de la ville, et présenta l'aspect de cinq à six mille personnes de tout âge et de tout rang, se donnant des marques d'affection, et se promettant appui et protection réciproques. Dès ce moment, le mur de séparation élevé par les opinions religieuses et politiques sembla abattu.

Cependant, au loin et dans l'ombre, circulaient encore quelques ligueurs ; le parti amnistié n'avait été amené à la paix que par la crainte ; il ne put comprendre la modération du parti vainqueur ; il la prit pour de la faiblesse, et, quelques jours après, il leva de nouveau la tête pour provoquer une nouvelle lutte qui fit encore couler du sang. Dans la journée du 15 août, les malveillans qui avaient émigré à Beaucaire, reparurent ; plusieurs étrangers suspects se joignirent à eux ; aux cris séditieux et aux insultes personnelles ils joignirent les armes meurtrières, et, dans la nuit, plusieurs victimes tombèrent sous leurs coups. Le nouveau préfet arriva au milieu de ces désordres, et interposa son autorité pour les faire cesser : aussi tout rentra dans l'ordre, et le calme reparut avec des symptômes de durée. Le jeudi 19, un jeune homme protestant, qui avait été tué dans cette insurrection, fut conduit à sa dernière demeure. Son cortège funèbre se composa de plus de quinze cents de ses co-religionnaires. L'ordre le plus parfait fut constamment observé pendant cette triste cérémonie, où l'on vit tous les yeux verser des larmes de regret. Le pasteur qui conduisit le deuil, saisit cette occasion pour adresser à la multitude des exhortations à la fois empreintes de force et de douceur, pour l'engager à demeurer dans la voie de la légalité, et à faire régner autour d'elle la paix et la modération. Ses paroles furent écoutées et comprises ; chacun reprit son travail, les boutiques se rouvrirent, et la confiance reparut.

Mais, le 29 août, de nouvelles alarmes lui succédèrent, à l'occasion d'un protestant qui avait été lapidé, la veille, *aux Terres du fort.* Plusieurs de ses co-religionnaires se présentèrent à la mairie, et réclamèrent des armes avec assez d'énergie, pour témoigner combien elles étaient urgentes ; quelques autres employèrent même des moyens coupables pour s'en procurer. Le moment était critique ; les boulevards, en effet, présentaient l'aspect du désordre ; les services religieux dans les temples des deux cultes avaient été subitement interrompus, parce que l'effroi s'était emparé des fidèles qui y assistaient ; des coups de fusil se faisaient entendre de tous côtés ; les nouvelles les plus alarmantes et les plus contradictoires circulaient de bouche en bouche ; les femmes couraient dans les rues en poussant des cris lamentables et lugubres ; le tumulte, en un mot, était à son comble. Il retentit jusque dans la Vaunage, et décida 3,700 protestans de cette contrée voisine à venir au secours de leurs frères en péril. Ils arrivèrent dans la journée du 31, alors que, depuis deux jours, Nismes était livré aux assauts d'une guerre civile. Ils campèrent sur l'esplanade et dans les Arènes : ces braves agriculteurs avaient apporté leurs vivres ; leur contenance fut, à la fois, calme et respectueuse envers l'autorité, aux ordres de laquelle ils se soumirent sans résistance. Leur présence étant devenue inutile par la dispersion des séditieux qui avaient inquiété la ville, le préfet les remercia de leur zèle, de leur patriotisme éclairé, et de leur excellente conduite. Avant de retourner dans leurs foyers, ils demandèrent la permission de défiler le long des boulevards, en faisant le tour de la ville. Ils se rangèrent par villages ; le fifre et le tambour ouvrirent la marche, donnant des airs plutôt champêtres que guerriers. La vue de ces honnêtes gens, dont l'aspect était, à la fois, si fantastique et si imposant, arracha tour à tour des paroles d'admiration et des larmes d'attendrissement : aussi Nismes se souviendra long-temps de l'apparition de la Vaunage, si tutélaire pour les habitans paisibles, si menaçante pour les pervers.

Dès ce moment, tout redevint paisible ; chacun retourna à ses travaux ; la ville reprit son aspect accoutumé ; tout ce qui n'appartenait pas à la garde nationale cessa de porter les armes, et les arrêtés des autorités constituées reçurent leur exécution. Cependant, du côté des protestans, six morts et vingt-huit blessés, et, de l'autre côté, deux morts et six blessés, étaient tombés victimes de ces déplorables désordres [1].

[1] Voyez *Evénemens de Nismes, depuis le 27 juillet jusqu'au 2 septembre* 1830; par M. E. Frossard, pasteur : brochure in-32.

Lorsqu'ils furent apaisés, le consistoire, persuadé, avec St. Paul, *qu'il n'y a point de puissance qui ne vienne de Dieu, et que toutes les puissances qui subsistent sont ordonnées de Dieu* (Rom. , XIII , 1) , vota à sa Majesté Louis-Philippe I.er une adresse respectueuse, dans laquelle il exprima sa joie de le voir monter sur le trône, après avoir solennellement promis de *rendre une vérité* cette nouvelle charte constitutionnelle, qui proclame, « que tous les Français sont égaux devant « la loi, et que chacun professe sa religion avec une « égale liberté, et obtient pour son culte la même pro- « tection ; » et, profitant aussitôt des avantages immédiats que la révolution de 1830 procurait aux protestans, en détruisant les principes d'intolérance, ou du moins de partialité évidente que le gouvernement déchu avait manifestés à leur égard, il réclama l'exécution de sa délibération du mois de janvier 1824, au sujet de la présidence, dont la validité n'avait été reconnue, à cette époque, ni par le ministre des cultes, ni par le conseil d'état, et sa demande, cette fois, ayant été accueillie avec faveur, M. S. Vincent fut reconnu président par ordonnance du 5 novembre.

Quelques jours auparavant, et le 22 octobre, M. le pasteur Tachard avait été nommé membre de la légion d'honneur, à cause de sa conduite honorable pendant les troubles qui avaient suivi les trois glorieuses journées du mois de juillet ; le nouveau président ne tarda pas à obtenir la même distinction ; et l'église tout entière vit, dans ces marques éclatantes de faveur, l'assurance, que la dynastie d'Orléans serait pour elle une garantie de paix intérieure et de liberté religieuse, sans empêchemens et sans entraves [1].

Dans l'année 1831, s'ouvrit successivement, dans l'église de Nismes, une salle d'asile dans la rue Pavée, une bibliothèque populaire, et une chapelle pour les prisonniers protestans de la maison d'arrêt et de justice. — En 1832, le consistoire souscrivit pour élever un monument à la mémoire du savant Georges Cuvier, qui, pendant long-temps, avait dirigé les affaires ecclésiastiques des églises réformées de France, et pour envoyer un pasteur à Malaucène, département de Vaucluse, où des conversions nombreuses au protestantisme avaient eu lieu. — En 1833, un cours d'instruction religieuse commença à être donné à tous les enfans des écoles, réunis dans le Petit-Temple chaque mercredi, à onze heures du matin. — En 1834, une discussion sérieuse s'étant élevée entre le consistoire et M. Olivier de Sardan, au sujet d'une lettre sur les condamnés de l'Ouest, publiée par un *pasteur protestant* dans un journal politique de la localité, ce dernier, à la suite de cette affaire, dont les détails sont trop intimes pour devenir publics, donna sa démission, et, le 23 mars, M. A. Borrel, suffragant à Milhaud, fut nommé pasteur titulaire à sa place. Le poste qu'il laissa vacant dans cette

---

[1] Il est vrai, pourtant, d'ajouter que M. Olivier de Sardan, déjà nommé chevalier de l'ordre royal de la légion d'honneur sous la restauration, avait été élevé au grade d'officier, après avoir assisté au sacre de Charles x, à Reims, le 29 mai 1825.

Dans le mois de mai 1840, M. E. Frossard a reçu, à son tour, la même décoration que ses collègues.

annexe, fut confié à M. Aristide Fermaud, élève sortant de la faculté de théologie de Montauban.

Deux événemens importans occupèrent l'attention, et réclamèrent les prières des fidèles dans le courant de l'année suivante. Ce fut d'abord la célébration du troisième jubilé de la bienheureuse réformation à Genève, et ensuite l'invasion du choléra-morbus dans la ville de Nismes.

Le 31 décembre 1834, MM. Basset fils, pasteur modérateur de la compagnie des pasteurs de Genève, et président du comité du jubilé, et J.^{s} Choisy, professeur, secrétaire, écrivirent la lettre suivante à MM. le président et les membres du vénérable consistoire de Nismes.

« L'église réformée de Genève se prépare à célébrer, pour la troisième fois, le souvenir des jours mémorables où, abandonnant les ténèbres pour la lumière, elle proclama la liberté religieuse. Vous savez comment la bienheureuse réformation, admise solennellement chez elle en août 1535, a été pour Genève une source abondante de bénédictions, et vous comprenez de quelle religieuse émotion les cœurs genévois se remplissent à l'approche de ce nouveau jubilé. Vous la partagerez avec nous, cette émotion, nos très-chers Frères, vous qui, aussi, avez obtenu une part de cet immense bienfait. Vos prières se joindront aux nôtres, et, vous transportant avec nous, par la pensée, jusque dans ces temps de délivrance où Dieu visita son église, vous implorerez sur cette église entière les effets de sa puissante protection pour le présent et pour l'avenir. Nous réclamons spécialement la communion de vos prières pour le dimanche 23 août 1835, jour auquel tous les chrétiens réformés de notre canton se proposent d'unir leurs accens dans des hymnes de reconnaissance à leur Dieu et à leur Sauveur. Il nous sera doux de sentir, en ce jour solennel, que nos frères se réjouissent de notre joie, et confondent leurs âmes avec les nôtres dans un même sentiment de gratitude. Nos vœux ne s'arrêtent pas là, et nous y joignons encore celui de recevoir, à l'époque sus-mentionnée, la visite de quelques-uns des membres du clergé réformé de la France : ils seront les bienvenus au milieu de nous. Dans l'impossibilité d'écrire directement à tous les consistoires, nous vous prions de vous faire nos organes, en transmettant notre invitation aux consistoires de la France méridionale, de la part de la compagnie des pasteurs de Genève, et du comité chargé par elle de présider à la fête du jubilé. Il nous serait infiniment agréable que, d'après cette invitation, le vénérable consistoire de Nismes et ceux des églises du Midi, avec lesquels il s'entendrait, consentissent à nous envoyer des députés désignés par eux pour les représenter à cette fête. Leur présence au milieu de nous sera pour nous un moyen précieux de resserrer ces liens de fraternité que nous désirons rendre de plus en plus intimes avec le clergé de France. »

Le consistoire, accueillant la demande de la vénérable compagnie des pasteurs de Genève, nomma M. le pasteur Fontanès pour assister à la célébration de ce jubilé séculaire, et décida que, le 23 août, le service religieux de l'après-midi serait destiné à prier solennellement pour les succès de la réformation en Suisse, en France et dans le monde entier.

Alors que les cœurs s'épanchaient ainsi devant le Seigneur, en bénédictions et en actions de grâces pour des bienfaits reçus, une grande calamité menaçait les habitans de Nismes, puisque le choléra-morbus commençait à exercer ses ravages parmi eux. « Quelques cas incontestables étaient survenus à Beaucaire vers la fin du mois de juillet, pendant les grandes occupations de la foire, au milieu d'une population immense, resserrée dans d'étroites limites, et supportant toutes sortes de privations et de fatigues. Des conditions aussi défavorables devaient faire présager bien des désastres. Les étrangers en conçurent de justes alarmes, et leur émigration fut aussi prompte que leurs craintes étaient vives. Le passage d'un grand nombre d'entre eux dans Nismes, et les récits exagérés de plusieurs, eurent le grave inconvénient de répandre parmi la population le découragement et la terreur. Dès ce moment, l'inquiétude fut extrême, surtout dans les classes aisées, plus prévoyantes, et, il faut l'avouer, plus pusillanimes que cette nombreuse partie du peuple vivant uniquement de son travail. Celle-ci, au contraire, heureuse de son incrédulité, regarda le choléra comme un être imaginaire, lorsque l'invasion n'était plus douteuse.

« Ce fut du 25 juillet au 1.er août, que l'épidémie débuta par une marche, lente à la vérité, mais progressive; et, les conditions, comme le terme de sa marche, appartenant encore à l'inconnu, la population ouvrière, épuisée par le chomage de ses métiers et par les effets d'une saison qui, en tout temps, double le chiffre de la mortalité, semblait, plus particulièrement qu'une autre, vouée à l'épidémie. Une partie des citoyens abandonna la ville, et leur départ fit tarir cette somme de salaires de toute espèce, que la consommation des classes aisées fait entrer incessamment dans les conditions de l'aisance publique et de l'existence des pauvres. C'était une nouvelle cause de découragement et de misère, ajoutée à beaucoup d'autres misères. De funestes égaremens avaient saisi ailleurs des populations frappées par l'épidémie ; là encore une sécurité parfaite n'était pas permise à une ville que le fléau des passions populaires a souvent visitée. Il fallait donc, pour opérer le bien dans Nismes à cette époque, prévenir, par une influence immédiate et de tous les instans, les découragemens ou les erreurs qui pouvaient s'emparer de la population, et détruire, autant que possible, par une meilleure alimentation et par une large distribution de secours, cette prédisposition à l'épidémie, que la misère publique avait produite. Grâces à Dieu et au dévouement d'un grand nombre d'hommes de bien, l'administration vit s'accomplir cette double et salutaire tâche. [1] »

Le consistoire y contribua d'une manière efficace, par son influence morale et par les aumônes qu'il distribua avec largesse. On trouve dans la lettre pastorale, publiée le 14 août, toutes les mesures de précaution et d'ordre qu'il jugea nécessaire de prendre dès

---

[1] Rapport communiqué par M. le Maire de Nismes au conseil municipal, dans sa séance du 17 novembre 1835.

le début de l'épidémie. En voici la reproduction littérale :

« Bien-aimés Frères ! le consistoire de l'église réformée de Nismes, toujours plein de sollicitude pour le bien-être des fidèles qui lui ont confié, et les deniers de leur charité, et la direction de leurs intérêts spirituels, n'a point oublié la tâche importante qui lui est imposée, lorsqu'une calamité générale afflige la cité, et lorsque Dieu soumet la foi de ses enfans à de nouvelles épreuves. Depuis long-temps il avait dû prévoir la possibilité où se trouvait la population de Nismes d'être, à son tour, visitée par le fléau que Dieu a étendu sur une grande portion du globe terrestre, dans des vues incompréhensibles, devant lesquelles nous devons baisser la tête et adorer. Préoccupé par l'idée de cet avenir menaçant, le consistoire avait cru, à la fois, répondre à votre confiance et entrér dans les vues de la Providence divine, en se mettant, long-temps à l'avance, en mesure de satisfaire, d'une manière prompte et efficace, aux besoins de notre population, autant du moins que ses ressources et vos charités le lui permettraient. Il s'empresse aujourd'hui de porter à votre connaissance celles de ces mesures qui lui ont paru les plus propres à répondre aux vœux comme aux exigences légitimes de l'église. — Nul n'ignore que, depuis l'établissement de l'église réformée dans notre ville, le diaconat veille constamment aux besoins des pauvres. Chacun des diacres connaît, dans le quartier qui lui est spécialement affecté, toutes les personnes nécessiteuses ; il les visite fréquemment, s'enquiert avec zèle et diligence du nombre de leurs enfans, de la nature de leur industrie, de leurs ressources présumées, des moyens de leur apporter un soulagement réel, et transmet aux assemblées hebdomadaires du consistoire les demandes et les renseignemens, après l'examen approfondi desquels le consistoire met à la disposition des diacres du pain, des vêtemens, des médicamens et des dons en espèces. Cette antique institution, qui a rendu, dans tous les temps, de si grands services à notre église, et nous a toujours fourni une si précieuse connaissance de l'état réel de notre population, doit être considérée, en réalité, comme une *commission permanente de secours à domicile.*

« Le diaconat vient aujourd'hui simplifier la répartition des secours que les besoins du moment doivent rendre plus prompts et plus abondans, et le consistoire a cru qu'il convenait, pour faire face aux circonstances où nous nous trouvons, et à celles qui peuvent nous menacer encore, de continuer son œuvre dans la même voie. Mais, pour lui donner plus d'extension encore, selon l'exigence du temps, il a mis à la disposition de MM. les diacres des ressources plus abondantes ; il a coordonné leurs travaux avec ceux des commissions sanitaires établies dans les divers quartiers de la ville ; il a doublé le nombre de ses médecins ; il a choisi des infirmiers et des infirmières dévoués, etc. Enfin, le consistoire a décidé de se constituer lui-même en état de permanence, si les circonstances où nous sommes devenaient plus graves encore, et d'offrir ainsi aux fidèles les secours et les directions d'un bureau, composé d'un pasteur, d'un médecin et de deux membres laïques du consistoire, auxquels on pourrait s'adresser jour et nuit. Le consistoire s'empressera, si le cas l'exige, de donner avis aux fidèles de la constitution définitive et de la résidence de cette commission permanente. C'est donc par l'application immédiate des demandes de MM. les diacres, répartis depuis long-temps dans chaque quartier de la ville, et dont la demeure est assez connue, c'est par la présence continuelle des personnes qui peuvent, à chaque instant, porter les consolations de la religion, les secours de l'art, les conseils et les directions sur tous les points de notre ville, que nous comptons attendre les événemens avec calme, et en atténuer la gravité autant qu'il est donné à la prudence humaine de le faire.

« L'administration municipale, qui veille si activement aux intérêts de la cité, a suffisamment éclairé la population de Nismes sur les mesures de salubrité qu'elle se proposait de prendre elle-même, et dans lesquelles elle invitait instamment chaque habitant à entrer aussi pour sa propre part. Le consistoire ne croit pas qu'il soit nécessaire de répéter ces instructions pour la portion de la communauté qu'il est appelé à secourir ou à diriger ; mais il tient à déclarer ici qu'il croit que la conscience et la religion, aussi bien que la simple prudence humaine, ordonnent à chacun d'entrer dans toutes les voies propres à diminuer le mal partout où il pourrait se manifester, par un esprit de calme et d'obéissance légale, par des habitudes d'ordre et de propreté ; en s'abstenant de ces mouvemens désordonnés et de ces actes d'intempérance, que l'expérience déclare être aujourd'hui fatal, et que la religion condamne toujours comme coupables ; en renonçant à ces erreurs et à ces préjugés qui, dans d'autres lieux, ont tant augmenté le mal du moment ; en s'abstenant de rendre plus grande encore la préoccupation publique par de faux rapports ou des descriptions exagérées ; enfin, en continuant paisiblement son industrie ou ses affaires, dont la cessation serait un fléau de plus et une source de désordres et de malheurs.

« Après ces premiers soins dictés par la prudence et le plus vif intérêt pour le bien-être temporel des membres de l'église réformée de Nismes, ses conducteurs spirituels, bien-aimés Frères, éprouvent le besoin pressant de diriger vos pensées vers Celui qui, maître de notre vie, peut seul en disposer selon son bon plaisir. — Oui, nous vous supplions d'être attentifs à la prédication qu'aujourd'hui l'Eternel vous adresse par sa visitation. Que ce ne soit pas en vain que Dieu afflige son peuple, et que la voix qu'il fait entendre ne soit pas méconnue ; que le sentiment de sa présence continuelle au milieu de vous ramène la confiance et éloigne les craintes puériles ; que le sentiment de la sainteté de Dieu vous fasse craindre le péché plus que la mort ; que le sentiment de la haute destinée à laquelle le Dieu de l'évangile vous appelle, relève vos espérances et votre courage, et que les grâces apportées au monde par Jésus-Christ réjouissent vos cœurs ! Les fléaux que Dieu envoie aux hommes, leur prêchent l'amour fraternel et le dévouement. Craignez l'égoïsme plus que les dangers qui menacent votre corps mortel ; si vous craignez l'égoïsme, votre âme s'ouvrira à la charité, qui est éternelle ; si vous ne craignez que la mort, vous ne lui échapperez pas par cette crainte, et vous tomberez dans l'égoïsme, qui est une peste mortelle pour l'âme. Que chacun reste au poste que Dieu lui a assigné ; que chacun étudie avec soin les devoirs particuliers à sa position dans la vie ; que le riche répande sa charité en aumônes, et emploie ses loisirs à bien faire ; que l'homme fort prête le secours de son bras ; que les femmes travaillent comme Dorcas ; que les pauvres continuent leurs travaux avec patience, et qu'ils acceptent les secours de la charité chrétienne avec discrétion et reconnaissance ! Fortifiez vos âmes par la foi ; c'est dans la calamité publique que Dieu fait connaître les secrets des cœurs ; c'est alors que l'on voit ce que valent les principes du chrétien : *Faites donc luire votre lumière devant les hommes, afin que, voyant vos bonnes œuvres, ils glorifient votre Père qui est au ciel* (Matth., v, 16). Jésus-Christ s'est dévoué pour les hommes ; croyez en Jésus-Christ !

« Bien-aimés Frères ! ne vous contentez pas de concentrer dans vos âmes quelques sentimens vagues de piété, venez dans la maison de Dieu toutes les fois qu'elle s'ouvre pour les fidèles ; venez-y avec vos familles entières ; venez-y retremper votre âme dans la méditation des doctrines vivifiantes du christianisme ; venez-y puiser les seules vraies consolations dans les promesses que Dieu fait à ses enfans ; venez prier avec nous et pour nous, comme nous prions pour vous et pour vos enfans ; et, puisque la calamité est générale, que le cri de détresse soit prononcé en commun, et que Dieu, qui afflige sa famille, voit ses enfans se grouper autour de lui pour s'humilier sous ses coups, et adorer la main qui frappe dans ses desseins insondables de sagesse et d'amour! Enfin, bien-aimés Frères, soyez attentifs à la volonté de Dieu ; apprenez vos devoirs, et ranimez vos espérances par la lecture de la parole de Dieu! Que cette parole sainte, que notre sollicitude et les libéralités de nos sociétés bibliques ont réussi à faire parvenir dans presque toutes vos familles, n'y demeure pas aujourd'hui comme un meuble délaissé! Lisez la parole de Dieu *propre à instruire, à corriger, à consoler et à former à la justice* (2. Tim., III, 15)! lisez-la avec humilité, avec un esprit de prière, et pour y trouver la vérité qui sanctifie les âmes, et vous y trouverez, en effet, cette parole certaine et digne d'être entièrement acceptée : *celui qui croit au Fils de Dieu ne mourra point, et, encore qu'il soit mort, il vivra éternellement* (Jean, XI, 25)! »

Pour le Consistoire :

S. VINCENT, *pasteur*, *Président* ; D. TACHARD, *pasteur* ; GARDES, *pasteur* ; A. BORREL, *pasteur* ; FROSSARD, *pasteur-adjoint* ; FERMAUD, *pasteur-suffragant* ; H. HAVARD, *Secrétaire du Consistoire*.

La mortalité, pendant les mois d'août et de septembre que dura l'épidémie avec plus ou moins d'intensité, fut de 655 personnes, parmi lesquelles on compta 215 cholériques, savoir : 85 hommes, 109 femmes et 21 enfans : dans la journée du 12 août il y eut 17 décès. La consternation fut générale, moins à cause du mal actuel, que par la crainte qu'il n'augmentât indéfiniment encore. Les pasteurs en permanence furent appelés chez tous leurs co-religionnaires atteints par l'épidémie; aucun ne faiblit dans l'exercice de son pénible ministère, et tous, au milieu des scènes les plus affligeantes de séparations inattendues et de souffrances inexprimables, virent des fruits évidens de la foi en l'évangile de grâce, qui nous apprend que, *tout bien compté, les souffrances du temps présent ne sont rien, quand on les compare à la gloire à venir, qui doit être manifestée en nous* (Rom., VIII, 18). Aussi le maire de la ville, en exposant devant le conseil municipal les travaux du consistoire, termina ainsi son rapport : « MM. les membres de ce corps, dit-il, nous ont souvent fait part de la vive satisfaction qu'ils avaient éprouvée, en observant, comme nous, l'attitude calme de la population nismoise; ils n'ont rencontré aucun malade livré à ce déplorable abandon signalé dans d'autres contrées. Ici, au contraire, dans le plus grand nombre des cas, les malheureux, atteints de la maladie régnante, étaient toujours entourés d'un nombre de personnes compatissantes; que, dans l'intérêt des malades, il fallait, souvent à grand'peine, éloigner ou réduire. Notre population, en général, a montré plus de compassion que de terreur; elle a fait entendre plus de paroles religieuses que de murmures, et, en nous privant ici de la satisfaction de signaler les actes de dévouement et de générosité qui l'ont honorée, nous ne pouvons cependant taire les dispositions au rapprochement qui se sont si heureusement, si sensiblement manifestées parmi les membres des deux communions chrétiennes, dispositions bienfaisantes qui feront époque dans nos annales nismoises, et qui prouvent que le malheur a pour effet comme pour but de réunir les hommes et de les rallier à la loi éternelle et divine de la charité. »

L'invasion du choléra rendit beaucoup d'âmes attentives à leur salut, et elles manifestèrent aussitôt le besoin [1] d'alimenter leur foi par des réunions d'édification, où l'on fait retentir d'ordinaire une parole plus familière, plus chaleureuse et plus intime que dans les services ordinaires du culte public. Les pasteurs de l'église, attentifs à ces signes du temps, s'arrêtèrent simultanément à l'idée d'offrir eux-mêmes aux fidèles qu'ils étaient appelés à diriger, la nourriture spirituelle sous cette forme, qui paraissait leur plaire et trouver le chemin de leur cœur. Après s'être concertés plusieurs fois et sur l'esprit qui devait présider à cette nouvelle institution, et sur les détails même de son exécution, ils convinrent, avec la plus complète et la plus cordiale unanimité, de proposer au consistoire l'établissement d'un *oratoire* particulier, où, le dimanche et le mardi soir, on ferait entendre des prédications sur les vérités qui se rapportent au salut des âmes par Jésus-Christ. Cette proposition, ayant été examinée avec beaucoup de soin, fut agréée à l'unanimité par le consistoire, qui prit aussitôt à loyer un local situé dans le faubourg des Fours à chaux, peu éloigné du centre de la ville.

[1] La Société anglaise des Méthodistes-Wesleyens, en établissant une chapelle à Nismes, et un prédicateur résidant, l'avait déjà fait naître chez plusieurs d'entre elles.

Le 4 octobre 1836, jour de son ouverture, tous les pasteurs de l'église prirent successivement la parole, ce qui contribua à émouvoir vivement tous les assistans, dont le nombre était tellement considérable, que le local ne suffit pas à en contenir la moitié, bien que l'on eût pris la précaution de ne rien annoncer au public. Cette affluence n'était pas due à la curiosité, mais à un zèle véritable ; ce qui le prouve, c'est que bientôt ces réunions durent être transportées au Petit Temple, que le consistoire fit plus tard éclairer au gaz [1].

Les prédications, que les pasteurs adressent tour à tour, depuis cette époque, à l'église dans ces services du soir, consistent dans la simple explication de la parole de Dieu, présentée presque mot à mot, et suivie attentivement par les fidèles, dont plusieurs ont soin d'apporter, à cet effet, leur nouveau Testament de poche. Responsables du bien-être des âmes qu'ils entretiennent d'une manière aussi intime, et jaloux de leur distribuer eux-mêmes la nourriture qui leur paraît nécessaire, les pasteurs de Nismes ont pris entre eux l'en-

[1] Avant de prendre cette détermination, le consistoire avait pensé que cet édifice était trop spacieux pour qu'on pût y célébrer, le soir, un culte aux flambeaux, et y exercer la surveillance nécessaire ; aussi avait-il fait un appel le 20 novembre 1836, aux fidèles, pour obtenir d'eux des dons abondans, pour qu'un troisième temple, simple et modeste, fût construit sur un emplacement choisi ; mais ce projet ayant eu le même sort qu'en 1822, la force des choses obligea de se servir du Petit-Temple, quoiqu'il s'y célébrât déjà trois services chaque dimanche.

gagement de se réserver à eux seuls l'exercice des fonctions pastorales à l'*Oratoire*.

La voix qui se fit entendre la première dans ces réunions familières de prières et d'édification, celle de M. S. Vincent, président du consistoire, s'éteignit bientôt ; une maladie douloureuse, occasionnée par de longues études de cabinet, l'enleva à sa famille et à l'église le 10 juillet 1837.

M. Samuel Vincent exerçait ses fonctions dans Nismes, sa ville natale, depuis le 29 mai 1810, époque à laquelle il y fut appelé en qualité de catéchiste. Pendant ces vingt-sept ans, il s'était fait remarquer par la douceur de son caractère et ses travaux littéraires et scientifiques. Possédant, en effet, outre le grec et le latin, la plupart des langues vivantes, les plus riches sous le rapport de l'histoire et de la poésie, il avait publié plusieurs ouvrages, dans lesquels il avait abordé les questions les plus difficiles de politique religieuse, et de théologie, surtout dans celui qu'il intitula : *Observations sur la voie d'autorité appliquée à la religion*, et dans lequel il réfuta victorieusement les attaques que M. l'abbé de Lamennais avait lancées contre le protestantisme, dans le premier volume de son *Essai sur l'indifférence en matière de religion*. Le consistoire en corps, les autorités civiles et militaires, la magistrature et tout ce que Nismes possédait en hommes éclairés et pieux, assistèrent à son convoi funèbre, et entendirent avec recueillement les paroles onctueuses et chrétiennes que M. le pasteur Tachard prononça dans cette circonstance si solennelle. Quelques jours après, les pasteurs de Genève écrivirent au consistoire une lettre collective de condoléance, dans laquelle ils exprimèrent le regret qu'ils éprouvaient de la perte d'un homme qu'ils avaient appris à si bien connaître, et qu'ils avaient si unanimement aimé [1].

M. Vincent laissa vacantes dans l'église la place de président et celle de pasteur titulaire. Dans la séance consistoriale du 21 juillet, M. Tachard fut nommé à la première, et, dans celle du 31, M. Emilien Frossard à la seconde. M. Aristide Fermaud (qui était pasteur titulaire à Milhaud, depuis le 6 janvier 1837, époque de la création par le gouvernement d'une nouvelle place dans cette section), fut appelé à remplacer M. Frossard, comme pasteur-adjoint et aumônier du collége; M. François Brunet lui succéda à Milhaud, par délibération du 3 décembre; et M. Emile Saussine fut nommé aumônier des prisons et des hôpitaux de Nismes.

L'église de Milhaud, qui compte huit cents protestans, dut l'avantage de voir créer au milieu d'elle une place de pasteur titulaire, sans doute avant tout, aux démar-

[1] M. Samuel Vincent, né à Nismes en septembre 1787, était fils d'Adrien Vincent, nommé pasteur de cette église en 1785, et petit-fils de Paul Vincent, qui avait occupé la même place en 1760. Il fit ses études à Genève, où il les termina en 1809. Dans l'année 1830, il fut nommé juge du concours qui eut lieu à Montauban, pour le choix d'un professeur à la faculté de théologie; et, en 1834, il fit encore partie de la commission que M. Guizot, alors ministre de l'instruction publique, réunit autour de lui, à Paris, pour élaborer la loi sur l'instruction primaire, afin d'y introduire toutes les améliorations que réclamaient les écoles protestantes.

ches du consistoire, qui en sentait si fortement l'utilité, qu'il y entretenait, à ses frais, un suffragant depuis dix-huit ans; mais, après cela, à l'influence que possédait encore à Paris M. Adrien Soulier, qui, après un séjour de trente années dans la capitale, s'était retiré dans ce village, pour y finir ses jours au sein de sa famille. Il y était né le 2 octobre 1756; il se consacra, par goût et par inclination, au ministère évangélique; ses premières études furent surveillées par Paul Rabaut et Rabaut-St-Etienne, amis de sa famille; il les continua dans l'académie de Lausanne, d'où il partit, après avoir reçu l'imposition des mains, pour desservir successivement les églises des Vans, de St-Jean-de-Maruéjols et d'Uzès. Il se trouvait dans cette dernière ville, lorsque la loi révolutionnaire de l'an II le força à résigner ses fonctions; il n'échappa à la proscription du représentant du peuple Borie, qu'en se retirant en Suisse. Après le 9 thermidor, il se fixa dans la capitale, où il se livra d'abord au commerce, mais qu'il ne tarda pas d'abandonner, pour s'occuper exclusivement de l'organisation des églises. Il s'associa, dans ce but, en 1809, avec MM. les pasteurs Marron, Rabaut et Monod père, pour établir un bureau de correspondance à Paris, qui avait pour but essentiel de s'occuper de la prompte et uniforme exécution des lois, décrets et arrêtés, comme de celle de la discipline et de tout ce qui pouvait rendre les réformés de l'empire français de plus en plus recommandables auprès du gouvernement et auprès de leurs concitoyens. Presque tous les consistoires de France s'abonnèrent à cette *Agence ecclésiastique*, et M. Soulier, qui en devint plus tard le seul directeur, put suivre, avec d'autant plus de facilité, leurs affaires respectives auprès du ministre, que l'entrée des bureaux des cultes non-catholiques lui fut successivement ouverte, toutes les fois qu'il s'y présenta, par MM. les chefs de division Loyson, de la Vedrine, Constance Laget, Lourdoueix et Laffon de Ladebat. Beaucoup d'églises lui doivent l'érection de leurs temples et l'augmentation du nombre de leurs pasteurs. Son influence augmenta encore, lorsque, le 24 avril 1820, il fut admis aux séances de la commission protestante qui se réunissait, tous les mois, chez le ministre de l'intérieur, pour les affaires de ce culte [1]; ce

[1] En 1819, M. le duc de Caze, voulant donner aux protestans de France un nouveau témoignage de la bienveillance du gouvernement du roi, et avoir lui-même, dans les occasions importantes, un moyen de plus pour connaître les lois ecclésiastiques qui régissent les protestans, leurs usages dans les affaires de leur culte, les décisions de leurs synodes, et la discipline de leurs églises, créa un conseil consultatif, composé de MM. le marquis de Jaucourt, le comte Boissy d'Anglas, le comte Pelet de la Lozère, le comte Maurice Mathieu de la Redorte, le baron de Lessert, le baron Chabaud de Latour, le baron de Turckeim, Bartholdi, banquier, le baron de Staël-Holstein, Guizot, conseiller d'état, François de Lessert, banquier, et Soulier, ancien pasteur. Chaque premier jour du mois, le ministre réunissait chez lui ce conseil, lui communiquait les objets importans sur lesquels il jugeait à propos de le consulter, et le conseil, à son tour, saisissait toutes les occasions pour entretenir son Excellence des affaires sur lesquelles les employés de ses bureaux, chargés de leur expédition, pouvaient ne pas être suffisamment éclairés. De cette manière, aucune réclamation importante n'était jamais laissée en arrière, ni surtout en-

qui lui servit à rendre presque officielle sa correspondance avec les églises, dont il publia, en 1828, une statistique, suivie des lois, arrêtés, ordonnances, cir-

visagée sous un faux point de vue. Les églises protestantes étaient satisfaites, et bénissaient le gouvernement, qui voulait bien permettre qu'elles fussent, pour ainsi dire, représentées dans le conseil du roi. M. le comte Siméon, qui succéda à M. de Caze, convoqua aussi le conseil pendant les quelques premiers mois de son ministère, jusqu'au 1.er juin 1820, qui fut le jour de sa dernière réunion.

Depuis cette époque, les membres du conseil protestant, ne pouvant connaître que d'une manière très-vague les affaires de leurs co-religionnaires, prirent la résolution (après avoir attendu vainement, pendant dix-huit mois, que le comte de Corbière les convoquât) de se réunir en particulier et de s'occuper, comme par le passé, des intérêts religieux du protestantisme français. Dans leur première réunion libre du 3 février 1823, ils délibérèrent, 1.º que leur assemblée mensuelle prendrait le titre de *Commission protestante;* 2.º que le nombre de ses membres serait augmenté; et 3.º que M. Soulier, qui depuis vingt ans s'occupait de l'organisation des églises, et avait créé, à cet effet, un bureau d'affaires sous le nom d'*Agence ecclésiastique*, dont il était le directeur général, la convoquerait le premier vendredi de tous les mois, dans la salle du consistoire, rue de l'Oratoire St. Honoré. Cette commission, qui a duré jusqu'à la révolution de 1830, puisque sa dernière séance a eu lieu le 2 mai 1829, a servi de protection auprès du gouvernement à tous les pasteurs et à tous les consistoires, qui, pendant ce temps, ont eu ou des réclamations à faire, ou des droits à réclamer, ou des secours à obtenir, ou des injustices locales à faire cesser. Les hommes les plus honorables et les plus hauts-placés des deux communions protestantes en ont fait toujours partie, et leur nombre s'est élevé jusqu'à trente-un.

culaires et instructions qui les concernaient, avec un tableau général des consistoires, des pasteurs, des temples, des sociétés religieuses et des écoles élémentaires; travail précieux, pour le confectionnement duquel M. Georges Cuvier, chargé des affaires des cultes non-catholiques, lui permit de consulter les registres et tous les documens que possédait son administration. Dix ans auparavant, conjointement avec MM. Juillerat aîné et Wilks, il avait fondé le journal religieux intitulé : *Archives du christianisme*, qui, après avoir obtenu un succès croissant, est arrivé à la vingt-septième année de son existence. Il prit une part active à la création de toutes les sociétés religieuses qui existent dans la capitale, et ce ne fut qu'après avoir, pour ainsi dire, épuisé ses forces par une activité que tous les hommes religieux de notre époque ont su apprécier à sa juste valeur, qu'il se retira, en 1830, à Milhaud, où il a vécu douze ans encore, plein de foi et d'amour pour son Sauveur, et où il s'est endormi paisiblement dans son sein, à l'âge de quatre-vingt-sept ans, le 21 janvier 1843.

Nous terminons ici notre travail ; l'histoire contemporaine présente des écueils que nous ne saurions peut-être ni prévoir ni éviter. Nous avons écrit sans passion, puissions-nous être lu sans préjugés !

TABLE DES MATIÈRES.

PREMIÈRE PARTIE.

Contenant les événemens qui se sont passés depuis l'origine de l'église de Nismes, jusqu'à la révocation de l'édit de Nantes.
1533 — 1685.

CHAPITRE I. — Premières lueurs de la réforme. — Voyage de François I.er — Etablissement d'un collége. — Imbert Pacolet. — Cavart. — Claude Baduel. — G. Bigot. — Neuf protestans de Beaucaire. — Maurice Secenat. — Premières assemblées. — Pierre de Lavau. — Deyron. — Trigalet. — Progrès qu'avait fait la réforme à la mort de Henri II. *pag.* 1.

CHAPITRE II. — G. Mauget. — Première célébration de la sainte Cène. — Les protestans s'emparent de l'église de St-Etienne-de-Capduel. — Persécution. — L'église d'Aigues-mortes. — Mort d'Elie du Bosquet. — Apprêts de résistance. — Règne de Charles IX. — Amnistie. — Organisation d'un consistoire. — Sa première réunion. — Pétition pour demander des temples. — Jean Mutoni. — Autorité du consistoire. — Premier synode provincial. — Ecole de théologie. — Viret. *pag.* 8.

CHAPITRE III. — Etat valétudinaire de Viret. — Sa première prédication. — Consécration de Picheron et Roger. —

L'église des Observantins. — Agitation dans les esprits. — Edit de pacification. — Nombreuses conversions. — Nismes devient une seconde Genève. — Les protestans deviennent intolérans. — On leur cède deux églises. — Ils s'emparent de la cathédrale. — Fête de Noël et dimanche suivant. — La cour fait rendre les églises. — Lettre de Viret à ce sujet. — Edit de St-Germain. — Soixante-dix pasteurs se réunissent en synode. — Pierre de la Source. — Pierre d'Aspères. — Jacques de Chambrun. — Célébration de la fête de Pâques. — *Idem* de la Pentecôte. — Jeûne public. — Les cloches sont fondues, et les couvents fermés. — 3.me édit de pacification. — Damville arrive à Nismes. — Peste. — Visite de Charles IX. — On bâtit deux temples. — Départ de Viret. *pag.* 17.

CHAPITRE IV. — Réaction du 30 septembre 1567, jour de la St-Michel. — Son origine. — Ses détails. — On veut démolir la cathédrale. — Conduite des quatre pasteurs. — Efforts du consistoire. — Arrêt du parlement de Toulouse, 1568. — Maison de Pierre Lhermite. — Mauget et Chambrun échappent à la mort. — Le temple de la Calade est brûlé. — Rentrée des protestans fugitifs. — Nouveaux troubles. — La présence de Henri de Béarn les fait cesser. — Synode provincial de 1571. — Synode national tenu à Nismes en 1572. — Théodore de Bèze y assiste. — Détails biographiques sur ce docteur. — La St-Barthélemi, 24 août 1572. — Edit de pacification de Henri III. — Sa révocation. — Raymond Cavalési et Jean de Serres. — Avénement de Henri IV au trône. — Edit de Nantes, 13 avril 1598. *pag.* 33.

CHAPITRE V. — Polémique religieuse. — Abjuration de Jérémie Ferrier. — Erection d'un troisième temple. — Pasteurs de Nismes pendant le 17.me siècle. — Nouvelles agitations. — Quatrième peste. — Fermeture de l'école de théologie. — Livres brûlés. — Conversions à prix d'argent. — Dragonnades. — Abjuration de M. de Lacassagne. — Révocation de l'édit de Nantes, le 22 octobre 1685. *pag.* 49.

DÉTAILS HISTORIQUES SE RATTACHANT A LA PREMIÈRE PARTIE.

Claude Baduel. — Guillaume Bigot. — Principales délibérations du consistoire de Nismes pendant les années 1561 et 1562.—Construction de deux temples en 1565.—Synode général des églises réformées de France, tenu à Nismes le 2 mai 1572. — Jean de Serres. — Accident arrivé au temple de la Calade au mois de mai 1601. — Samuel Petit. — David Rodon.— Jean Bruguier. — Règlement du synode d'Uzès en 1663, accepté et exécuté par le consistoire de Nismes. — Démolition du Petit-Temple en 1664. *Pagination part.*re 1—20.

SECONDE PARTIE.

Comprenant les faits historiques qui sont arrivés dans l'église réformée de Nismes, depuis la révocation de l'édit de Nantes jusqu'à l'édit de réhabilitation donné par Louis XVI. 1685-1787.

Chapitre I. — Effets que produisit sur les protestans de Nismes la révocation de l'édit de Nantes. — Démolition de trente-trois temples de la province.—Emigration des protestans. — Claude Brousson. — Sa mission à Nismes. — Il trouve les protestans divisés en deux partis. — Celui des *timides* et celui des *zélés*.—Les pasteurs timides ou politiques. — Les pasteurs zélés. — Les premiers et St-Cosme, président du consistoire, s'entendent avec le duc de Noailles pour faire venir des troupes. — Les pasteurs zélés en étant avertis, se cachent. — Brousson est menacé d'être trahi. — Il sort de la ville par un égoût. —Fermeture du temple de la Calade. — Dernières prédications. —Les églises des Dominicains et des Ursulines du grand couvent sont ouvertes pendant huit jours pour recevoir les abjurations. — Apostasie scandaleuse des pasteurs *timides* P. Paulhan et E. Cheyron. *pag.* 65.

Chapitre II. — Apostasie du baron de St-Cosme. — Tous les protestans vont à la messe. — Le temple de la Calade tombe en ruines. — Son inscription est conservée long-temps. — La croyance évangélique n'est pas éteinte. — Elle commence à se raviver par le culte domestique. — Prophétie de Jurieu. — Explication de l'Apocalypse, par Du Moulin. — Assemblées nocturnes. — Un vieillard y sert de ministre. — Il n'y avait plus de pasteurs en France. — Supplice de Fulcrand Rey. — L'évêque Fléchier et l'intendant Bâville. — Une citadelle est construite pour contenir les protestans. — Retour de Brousson. — Après quelles circonstances. *pag.* 74.

Chapitre III. — A son retour en France, Brousson se fait consacrer au saint ministère par Vivens. — Surnom qu'il prend. — Ses prédications nocturnes. — Ses visites pastorales. — Ses services funèbres. — Copie de ses sermons. — Son cabinet d'études. — Son bureau portatif. — Accusation lancée contre lui par Brueys. — Leur injustice. — Travaux littéraires de Brousson. — Sa tête est mise à prix. — Sa vie agitée. — Une délivrance particulière. — Il retourne à Lausanne en 1693. — Il en revient en 1695. — Pays qu'il traverse. — Il se réfugie pour la troisième fois en Suisse. — Il rentre en France, l'année suivante, pour aller au martyre. — Son séjour dans le Dauphiné et dans le Vivarais. — Bâville double le prix de son arrestation. — Il est découvert à Nismes. — Il se cache dans une citerne. — Il part pour le Béarn. — Il est arrêté à Pau. — Conduit à Montpellier. — Condamné à mort, et exécuté le 14 novembre 1698. — Douloureux retentissement de sa mort. — Effet qu'elle produit sur Peyrol un jour qu'il prêchait à Genève. *pag.* 81.

Chapitre IV. — Commencement du 18.me siècle. — L'extase religieuse éclate dans les Cevennes. — Prophètes cevenols. — Guerre des Camisards. — Pourquoi elle ne se lie qu'indirectement à l'histoire de Nismes. — Actes coupables qui furent pourtant commis aux portes de cette ville. — Incendie du moulin de l'Agau. — Conduite du maréchal de Montrevel. — Victimes de cet incendie. — Une jeune fille seule est sauvée. — Sa condamnation, ainsi que celle de son libérateur. — Paroles de l'évêque Fléchier sur ce massacre. — Alarmes qu'il occasionne dans la cathédrale. — Entrevue du maréchal de Villars avec Cavalier, dans la ville de Nismes. — Sa population en 1715. — Position religieuse des protestans. — Leur nombre. — Antoine Court. *pag*. 97.

Chapitre V. — Enfance de A. Court. — A l'âge de 17 ans, il conçoit le projet de restaurer le protestantisme en France. — Ses premiers travaux dans le Vivarais. — Il devient le fléau des *prophètes*. — En 1715, il vient au service de l'église de Nismes. — Situation où il la trouve. — Quatre moyens lui paraissent indispensables pour la réorganiser. — Il convoque dans ce but tous les *prédicans* des Cevennes et du Bas-Languedoc. — Premier synode. — Nomination d'anciens. — Deux autres synodes s'assemblent. — Culte domestique recommandé. — Prière liturgique pour le célébrer. — Court soumet ses travaux à Basnage. — Pierre Corteis. — Il va se faire consacrer à Zürich. — A son retour, il confère l'imposition des mains à son collègue Court. — Ce dernier forme des *proposans*. — Un article d'un synode en 1723. — Fragment d'un sermon de Court. — Une de ses tournées missionnaires. — Propos malveillans sur son compte. — Il se concerte avec M. Duplan d'Alais pour fonder un séminaire. — Les secours arrivent d'Angleterre. — Il est fondé à Lausanne en 1730. — Court quitte Nismes pour aller le diriger. — Jacques Saurin. *pag*. 107.

Chapitre VI. — Corteis se trouve seul pasteur à Nismes. — Sa mission. — Certificat qu'il obtient du synode provincial. — Paul Rabaut. — Son origine. — Il s'attache à un prédicant. — Il commence ses études théologiques en 1735. — Jean Pradel se joint à lui. — Première peur de P. Rabaut. — Il annonce l'évangile dans les familles. — Il devient proposant dans l'église de Nismes en 1738. — Il s'y marie avec Magdelaine Gaidan. — Il va étudier à Lausanne en 1740. — Il est consacré en 1743, et devient aussitôt pasteur en titre de Nismes. *pag.* 129.

CHAPITRE VII. — Les protestans jouissent de quelques momens de calme, à cause de la guerre de 1741. — A Nismes, les assemblées religieuses se multiplient. — Elles se tiennent de jour et près de la ville.— Le comte de St-Priest arrive. — La dragonnade est de nouveau organisée.—P. Rabaut se cache. — Il prêche au désert à des assemblées de dix à douze mille auditeurs. — Sa manière d'instruire.— Il a des rapports avec M. de Becdelièvre. — Son ascendant sur le peuple à l'occasion du ministre Désubac. — Nouvelles persécutions. — Résolution prise par tous les pasteurs de la province. — Menace de révolte. — P. Rabaut l'apaise.—Passage du marquis de Paulmi. — Diminution des poursuites. *pag.* 136.

CHAPITRE VIII. — Le calme continue jusqu'en 1754.—Réglemens d'organisation. — Tout-à-coup la tolérance disparaît sans qu'on puisse en assigner les causes. — P. Rabaut est poursuivi à St-Césaire. — On décide d'arrêter sa femme. — Conduite courageuse de Magdelaine Gaidan. — Le prince Louis Bourbon de Conti éprouve de la sympathie pour les malheurs des églises persécutées. — Il appelle P. Rabaut à Paris. — Son entrevue avec ce prince. — Mémoire qu'il lui adresse en 1756. — Honoré Turge et Jean Fabre l'*honnête criminel*. — Sept proposans arrivent de Lausanne et sont consacrés au désert. — La tête de Paul Rabaut est mise à prix. — Sa cachette sous un tas de pierres et de ronces.— Sa vie errante. *pag.* 149.

CHAPITRE IX. — P. Rabaut s'élève contre les assertions de Voltaire et contre le *Dictionnaire philosophique*. — Sa lettre pastorale au sujet de l'assassinat de Damiens. — Réglemens disciplinaires. — Séminaire protestant. — Feuille hebdomadaire. — Mort de Court, en 1760. — Paul Vincent. — Un trait de sa vie périlleuse. — P. Rabaut écrit en faveur de Rochette, et ensuite de Calas. — Sa vie est tellement en danger, que ses amis l'engagent à s'expatrier. — Offres qu'on lui fait et qu'il refuse. — Le maréchal de Thomond succède à Richelieu. — Premier acte de son administration. — Lettre pastorale à ce sujet. — Le prince de Beauveau arrive. — Sa tolérance promet aux protestans de choisir un local fixe pour les assemblées. — On y apporte pour la première fois des chaises et des bancs. — La persécution s'apaise. — L'ermitage. — L'écho. — Nouveaux protecteurs. — Pierre Puget et Pierre Encontre. — Opinion de P. Rabaut sur le *Millenium*. — Sur l'Apocalypse et sur le gouvernement presbytérien. *pag.* 163.

CHAPITRE X. — Rabaut St-Etienne. — Hôpital protestant fondé le 14 octobre 1765. — La persécution violente disparaît. — Un arrêt favorable du parlement de Toulouse. — St-Etienne en profite pour rapprocher les esprits. — Il prêche la tolérance. — Jean Gachon. — Alarmes répandues à l'occasion du mariage de Louis XVI. — Une lettre du maréchal de Muy les fait cesser. — St-Etienne se met en relation avec MM. de Malesherbes et Turgot. — Il publie *le Vieux Cévenol*. — Mort de l'évêque Becdelièvre. — Avocats de la tolérance, en 1780. — Le calme règne partout. — Cimetière protestant. — Ecoles élémentaires. — Premier catéchiste. — P. Rabaut, âgé de 77 ans, suspend ses fonctions. — Délibération du consistoire à ce sujet. — Vocation adressée à Adrien Vincent. — Maison de P. Rabaut. — Le culte public se célèbre plus près de la ville. — Le général Lafayette à Nismes. — Il détermine St-Etienne à aller à Paris. — Il part en 1785, et y séjourne jusqu'à la promulgation de l'édit de 1787. *pag.* 183.

TROISIÈME PARTIE.

Relatant les circonstances remarquables dans lesquelles s'est trouvée l'église de Nismes depuis l'édit de 1787 jusqu'à nos jours.

Chapitre I. — Les protestans sont autorisés à faire constater civilement leurs mariages et la naissance de leurs enfans. — Retour de St-Etienne de Paris. — Révolution de 1789. — St-Etienne, élu député au tiers-état, quitte Nismes. — Troubles du 13 au 16 juin 1790. — L'assemblée nationale décrète la liberté d'opinions et de cultes. — Délibération du consistoire.—Assemblée représentative de l'église.—L'église des ci-devant Dominicains est prise à loyer pour célébrer le culte. — Sa dédicace, le 20 mai 1792.— Besoins de l'Etat. — Le consistoire lui offre deux paires de coupes d'argent. — Loi révolutionnaire du 14 frimaire an II (1794). — Culte de la raison. — Défense de célébrer le dimanche. — Actes du représentant Borie. — Deux pasteurs de l'église se retirent. — Le temple se ferme le 26 février 1794. — Les assemblées consistoriales cessent. — Captivité de P. Rabaut. — Courage de deux ou trois anciens.—Le 9 thermidor.—Perrin des Vosges fait rendre la liberté à P. Rabaut.—Sa mort, le 4 vendémiaire an III (1795). *pag.* 197.

Chapitre II. — L'église des Ursulines du grand couvent est prise à loyer. — Sa dédicace, le 13 août 1795. — Nomination du pasteur David Roux. — Réorganisation du consistoire.—Noms des treize anciens en exercice. — Douze autres sont nommés. — Déclarations que le consistoire consigne dans ses registres. — Installation de M. David Roux. — Le culte est encore momentanément suspendu. — Le pasteur

Gachon attaché aux sections rurales. — Vocation adressée à M. Du Bochet. — Délibération sur les mariages et les baptêmes. — Elle ne peut être exécutée.— *Te Deum* chanté à l'occasion de la paix de Luneville. — Réveil religieux. — Le consistoire cherche un second local pour le culte. — Mort de David Roux. — M. Olivier-Desmont lui succède. — M. Chabaud-Latour. — Le consistoire demande l'ancien local de la Calade. — Il fait fondre une cloche. — Loi du 18 germinal an x (8 avril 1802). *pag.* 208.

CHAPITRE III. — Organisation des églises, d'après la loi de l'an x. — Douze notables sont appelés dans le sein du consistoire. — Rapport qui leur est fait. — 1.º Sur un nouveau temple. — 2.º Sur un séminaire protestant. — 3.º Sur la nécessité d'obtenir quatre pasteurs. — Création de la consistoriale de Nismes. — Nouveau pasteur. — Nouveau consistoire. — Installation de M. J.ˢ Barre et des douze anciens. — Les derniers anciens sont nommés diacres. — L'église des Dominicains est accordée aux protestans, et reçoit le nom de *Grand-Temple*. — Sa dédicace, le 16 mars 1805. — Couronnement de l'empereur Napoléon. *pag.* 220.

CHAPITRE IV. — Nomination de M. Gonthier. — Situation de l'église. — Vocation adressée à M. Juillerat-Chasseur aîné. — Projet d'association en faveur des veuves de pasteurs. — Ouvrage de M. Lavade, imprimé au profit des pauvres.—On veut rétablir l'hôpital protestant fondé en 1755. — Rétablissement du pasteur catéchiste. — Première école gratuite. — Organisation du dispensaire. — Aumônier protestant au lycée. — Epreuves douloureuses du pasteur Gonthier.—Mort de sa femme et de sa fille. — Il demande sa démission. — Témoignage de regret que lui donne le consistoire. *pag.* 234.

CHAPITRE V. — Armand-Délille. — Commissions consistoriales. — Construction de la maison longeant le Grand-Temple. — Ecole gratuite des filles. — Chute de l'empire.

— Adresse et députation envoyées à Paris. — Demande de la translation à Nismes de la faculté de théologie de Genève. — Processions rétablies. — Passage du comte d'Artois. — Sa réponse à une députation de dix-sept consistoires du Gard. — Service funèbre du 21 janvier. — Troubles.—Les temples se ferment le 16 juillet 1815. — Arrivée du duc d'Angoulême le 5 novembre. — Trois membres du consistoire et un seul pasteur se trouvent à Nismes. — Ordre d'ouvrir les temples le 9. — Obstacles qui s'y opposent. — Le Petit-Temple seulement est ouvert le 12. — Tumulte. — Assassinat du général Lagarde. — Retour du duc d'Angoulême. — On propose au consistoire de céder les églises. — On veut bâtir deux temples. — Le calme se rétablit. — Le culte se célèbre le 17 décembre. *pag.* 255.

CHAPITRE VI. — Offre de secours par une société religieuse de Londres. — Refus de les accepter. — Mort d'Armand-Delille. — Nouveaux pasteurs appelés.—Faculté de Montauban. — Ecoles d'enseignement mutuel. — Comité de surveillance. — Demande d'un cinquième pasteur. — Consécration.—Tentures au sujet des processions. — Mémoire à l'occasion du traitement des malades dans les hôpitaux. — Ordre de M. Guizot à ce sujet. — Bibles et Traités religieux répandus gratuitement par le consistoire. — Résidence du cinquième pasteur. — Société biblique — Création d'un nouveau service à huit heures du matin. — Lettre pastorale. — Ecole d'adultes pour les hommes. — Cimetière particulier. *pag.* 269.

CHAPITRE VII. — Agrandissement de l'école des filles.—Demande d'un aumônier pour le collége royal. — Bourses théologiques. — Achat d'un orgue pour le Grand-Temple. — Ouverture de la maison des orphelines. — Prédicateurs étrangers. — Secours du bureau de bienfaisance. — Projet pour la construction d'un troisième temple. — Temple de St-Césaire. — Remplacement de M. Olivier-Desmont. — Sacre de Charles X. — Consécration de M. E. Frossard. —Société des

missions. — Ecoles du dimanche. — Secours aux Vaudois.—
Juvet. — Erection d'une chapelle à la Maison-Centrale.—Nomination d'un aumônier protestant au collége. — S. de Petit-Pierre. *pag.* 289.

Chapitre VIII. — Révolution de 1830. — Evénemens qui en furent la suite. — Adresse du consistoire à Sa Majesté Louis-Philippe Ier. — Réclamation au sujet de la présidence. — Pasteurs nommés membres de la légion d'honneur. — Diverses créations, — Nomination de nouveaux pasteurs. — Troisième jubilé de la réformation à Genève. — Invasion du choléra à Nismes. — Ouverture d'un *Oratoire*. — Mort de M. S. Vincent. — Son convoi funèbre.— Pasteurs qui le remplacent. — M. Adrien Soulier. *pag.* 309.

TABLE DES NOTES.

Trigalet, licencié ès-lois. *Pag.*	6
Topographie de Nismes en 1560.	16
Tour Vinatière.	21
Invasions de la peste depuis 1448.	30
Pierre d'Airebaudouzes.	32
Hôtel-de-Ville en 1567.	37
Maison de Pierre Lhermite.	40
Massacres de la St-Barthélemi.	45
Petit-Temple en 1611.	53
Colonie de protestans français au sud de l'Afrique.	67
Pierre du temple de la Calade.	75
Pierre Du Moulin et Jurieu.	76
Pierre Dubosc et Isaac de Beausaubre.	77
François Vivens, de Valleraugue.	81
David-Augustin de Brueys.	84
Sedan, patrie du grand Turenne.	88
Principauté d'Orange.	90
Trois édits de proscription.	96
Bénédict Pictet, de Genève.	99
Jardin des Récollets.	103
Etienne Arnaud et Jean Vesson.	111
Jacques Basnage, pasteur à La Haye.	114
Jacques Roger, de Boissières.	115
Manuscrits de Paul Rabaut.	118 et 140
Edit de 1724.	121
William Wake. — Alphonse Turretin.	124
Jean Pradel dit *Vernezobre*.	132
Denis Fabre, de St-Jean-du-Pin.	137
Guignard de St-Priest.	*Ibid.*
Signalement de Paul Rabaut.	141
Mathieu Mazal dit *Desubac*.	143

TABLE DES NOTES.

Jean Fabre l'*honnête criminel*.	Pag. 159
Travestissement de Paul Rabaut. — Ses surnoms	161
Etienne Teissier dit *Lafage*.	168
Le Cadereau. — L'écho.	174
Tour de Constance à Aiguesmortes.	177
Pierre et Daniel Encontre.	178
Antoine Court de Gébelin.	182
St-Etienne, St-André et La Source.	183
M. Boissy-d'Anglas.	188
Hôpital protestant en 1794	206
M. J.-F. Roux, pasteur à Uzès.	212
M. de Chabaud-Latour.	217
Membres du consistoire en 1802.	222
M. Rabaut-Dupuy.	223
Logement de M. Gonthier.	239
Ouvrages de M. Gonthier.	254
MM. Fornier de Clausonne, Boileau de Castelnau et Rolland-Lacoste.	266
M. Alexandre Vincens	273
Liste des consécrations à Nismes, depuis 1817.	275
Aumônier protestant aux hospices.	278
Cimetières protestans à Nismes, en 1688.	287
Premier comité de la maison des orphelines	294
Commission protestante à Paris.	332

ERRATA.

- Page 69, ligne 24, lisez : *aussitôt* ; et ligne 29, lisez : *pas*.
- — 177, 11.me ligne de la note, au lieu de : *soutenir*, lisez : *contenir*.
- — 206, ligne 19, au lieu de : *atteinte*, lisez : *attente*.
- — 221, ligne 7, après *au plus tôt*, ajoutez : *l'église*.
- — 241, ligne 22, lisez : *entre elles*.
- — 254, ligne 13, au lieu de : *prit*, mettez : *lui fut donné*.
- — 255, 2.me ligne du sommaire, au lieu de : *Petit-Temple*, substituez *Grand-Temple*.

FIN.

DÉTAILS HISTORIQUES

SE RATTACHANT

A LA PREMIÈRE PARTIE.

Claude Baduel. — Guillaume Bigot. — Principales délibérations du consistoire de Nismes pendant les années 1561 et 1562. — Construction de deux Temples à Nismes, en 1565. — Synode général des églises réformées de France, tenu à Nismes le 2 mai 1572. — Jean de Serres. — Accident arrivé au temple de la Calade au mois de mai 1601. — Samuel Petit. — David Rodon. — Jean Bruguier. — Règlement du Synode d'Uzès, en 1663, accepté et exécuté par le consistoire de Nismes. — Démolition du Petit Temple, en 1664.

Claude Baduel. — Il naquit à Nismes vers la fin du 15.me siècle, et devint, par ses talens, l'ornement et la gloire de cette cité. Ses parens étaient d'une condition obscure, mais il sut se faire un nom par l'éclat de ses connaissances dans les sciences humaines et dans la philosophie. Marguerite de France, reine de Navarre, l'honora de sa protection, lui fournit les moyens de perfectionner ses études, et lui donna, dans toutes les occasions, des marques de sa bienveillance. En 1539, il était devenu l'un des professeurs les plus distingués de l'université de Paris, lorsque la ville de Nismes, ayant obtenu l'établissement d'un collége, lui fit proposer par Antoine Paradès, seigneur de Gajan, qui était alors à la cour, d'en devenir le principal; il accepta cette proposition, quoique les avantages pécuniaires qu'on lui offrit fussent inférieurs de la moitié à ceux qu'il possédait dans la capitale. Il arriva à Nismes le 12 juillet 1540, et fut immédiatement installé. La réputation scientifique qu'il avait acquise à Paris, attira autour de lui un grand concours d'étudians. L'année suivante, il s'associa Guillaume Bigot, pour professer la philosophie. Sous de tels chefs, l'université ne tarda pas à devenir l'une des plus florissantes du royaume. — Les occupations de l'école n'empêchèrent pas Baduel de publier divers ouvrages de littérature latine, dans lesquels il développa les sentimens du plus pur christianisme. Il fit preuve, surtout, que la connaissance de la doctrine du salut des âmes par les seuls mérites du sang de Jésus-Christ, lui était aussi précieuse que familière, dans une lettre d'exhortation qu'il adressa à son fils Paul, sur *le véritable héritage que les chrétiens doivent laisser à leurs enfans*; aussi fut-il l'un des premiers qui embrassèrent, à Nismes, la *réformation*, et l'un des plus zélés à en propager les principes : sa place de recteur lui en fournit de fréquentes occasions, qu'il saisit toujours avec empressement, et jamais sans succès. Forcé, en 1555, par le précenteur de la cathédrale, à résigner son emploi à cause de ses croyances religieuses, il se retira à Genève, où il fut consacré au ministère évangélique. Sa carrière ecclésiastique fut de courte durée, puisqu'il mourut l'année suivante.

(*Ménard*, IV, *pag.* 150 *et suiv.*)

Guillaume Bigot. — Il était né à Laval, au pays de Maine, vers la fin de juin 1502 ; il étudia d'abord la médecine avec succès, mais, à l'âge de vingt-huit ans, il passa en Allemagne, où il fut reçu professeur de philosophie à Tubingen. S'étant brouillé avec quelques membres de l'université, il alla à Bâle en 1536, d'où il partit pour s'attacher au seigneur de Langié, lieutenant du roi dans le Piémont ; c'est de là qu'il arriva à Nismes, en 1541, pour y professer la philosophie. Il partagea bientôt, avec Baduel, le rectorat du collége des arts. Ils vécurent, pendant la durée de cette association, dans l'union la plus intime, et les écoliers les honorèrent également comme leurs chefs. Guillaume Bigot était le plus grand philosophe de son temps. Nandé, dans son *Histoire de Louis* XI, assure que François I.er l'aurait attaché à sa personne, si l'évêque de Macon, grand aumônier de France, ne l'en eût détourné pour ne pas avoir un aussi docte censeur des discours qu'il prononçait tous les jours à sa table...... L'admiration que le public avait pour Bigot, ne tarda pas pourtant à se refroidir; on l'accusa de ne point observer les pratiques que l'église romaine prescrit, concernant l'abstinence des vendredis et samedis, les jours de vigile et le carême; il était l'un des promoteurs des *idées nouvelles*, et, comme son ami Baduel, il enseignait la doctrine du pur évangile. C'en fut assez pour que les consuls cherchassent à le priver de son emploi; mais, comme ils avaient passé avec lui un engagement pour quinze ans, il s'éleva entre eux un procès, qui fut jugé, dix-huit mois après, en sa faveur, par le parlement de Toulouse.

(*Ménard*, IV, *pag.* 182, 193, 198.)

Principales délibérations du Consistoire de Nismes, pendant les années 1561 *et* 1562.

Les membres du premier consistoire organisé le 23 mars 1561 furent Guillaume Mauget, pasteur; Pierre de la Joncquière, Pierre Fournier, Pierre Maltrait et Etienne Georges, diacres; Pierre Chabot, Louis Bosquier, Arnaud Alizot, Jean Bertrand, Jacques Nicolas, Pierre Malmazet, Domergue oncle, Robert Aymès, Etienne Ranchon et Antoine Sigalon, surveillans. Le ministre présidait les assemblées qui se tenaient le samedi, à six heures du matin; les diacres et les surveillans avaient voix délibérative. Les plus fréquens objets dont on s'occupait journellement, étaient la correction des mœurs, la réconciliation des ennemis, et tout ce qui tendait à fixer l'ordre et la régularité dans l'église. Si quelqu'un était reconnu coupable d'une faute contre les mœurs, homme ou femme, on le faisait venir dans le consistoire, et on l'interrogeait sur tous les faits qui lui étaient imputés; après quoi, selon le genre ou la gravité de la faute, on lui imposait une peine, telle que le blâme et la remontrance, en présence de toute l'assemblée, ou la privation de la sainte Cène (*Ménard*, IV, 290).

Le 30 mars, il est établi des réunions religieuses dans tous les quartiers, qui s'assemblent tous les jours, dans des maisons particulières, et qui se réunissent toutes ensemble le dimanche, pour vaquer au culte public.

5 avril, quatre femmes sont nommées pour aller faire, par tour, la quête des pauvres dans les maisons de la ville.

16 avril, il est décidé que les assemblées de quartiers se tiendraient à des heures différentes. — On établit une *proposition de théologie*, et on y admet comme proposans, Pierre Chabot, Pierre de la Joncquière, Pierre Maltrait et Etienne Georges.

17 avril, Mauget porte plainte contre Jean Mutoni, pasteur, arrivé de Genève, pour avoir célébré des mariages et fait des prédications sans son autorisation. Le consistoire les réconcilie. Il décide d'envoyer pour quelque temps Mauget à Uzès; en son absence, les diacres sont chargés de tenir les assemblées ordinaires dans leurs quartiers respectifs, c'est-à-dire, d'y faire la prière et d'y lire des portions de la Sainte Ecriture. Ils sont, en outre, chargés de continuer ces exercices le dimanche, même pendant que le pasteur serait en ville, attendu que, seul, il ne pouvait pas suffire à tout.

5 mai, le consistoire, assemblé dans la maison de Robert Aymès, seigneur de Blausac, arrête que les diacres et quelques surveillans *catéchiseraient*, dans chaque quartier, ceux qui se disposaient à s'approcher de la sainte Cène.

14 mai, le colloque se réunit chez Arnaud Alizot, sous la présidence de Chevalier, pasteur à Alais, pour vider le différent qui avait de nouveau éclaté entre Mauget et Mutoni, parce que ce dernier avait empiété sur les fonctions de son collègue. L'assemblée exhorte les deux ministres à vivre en paix au nom de Jésus-Christ, et ils s'embrassent avant de se séparer. Aussi, afin d'éteindre la mémoire de toutes ces

dissensions, on anéantit tous les actes et toutes les procédures de leurs accusations (*Ménard*, iv, 296; *Archives de l'Hôpital-Général*, regist. du 16.me siècle).

Le 21 mai, on décide de continuer les assemblées religieuses malgré les édits qui les défendent; on ajoute, seulement, qu'elles se tiendront en petit nombre et le plus secrètement possible.

Le 30 mai, le consistoire délibère que, le lendemain 1.er juin, la sainte Cène serait administrée dans le jardin de la veuve Chapel, situé au faubourg des Jacobins; ce qui eut lieu avec une affluence extraordinaire de communians. Arnaud Alizot, l'un des surveillans, prépara les tables, et l'on y célébra deux services, l'un à la pointe du jour, et l'autre à huit heures du matin. On avait choisi ce local, comme plus spacieux et plus propre à contenir les assistans. C'était là que le prêche se faisait le dimanche et le mercredi. Les autres jours, on se réunissait tantôt à la maison de l'Ecole-Vieille, tantôt dans des maisons particulières (*Ménard*, iv, 298; *Archives du Présidial de Nismes*, regist. des édits).

2 août, le consistoire arrête que la *confession de foi* des églises réformées de France, et les articles de la *discipline ecclésiastique*, seront transcrits par le notaire Guillaume de Champ, signés ensuite par le pasteur, par les diacres et les surveillans, et remis entre les mains du greffier du consistoire, pour les garder avec les autres papiers de l'église.

9 août, il est délibéré que ceux qui ne se trouveraient point au consistoire les jours de samedi, à six heures précises du matin, ou pendant la prière, payeraient *cinq sols* aux pauvres, à moins qu'ils n'eussent une excuse légitime, et que les diacres et surveillans ne pourraient sortir de l'assemblée sans en avoir averti le ministre. Comme on approchait de la fête de l'Assomption de la Vierge, Mauget est chargé d'exhorter les fidèles du haut de la chaire, à se garder d'aucune sédition ce jour-là, ainsi qu'aux autres fêtes papales, leur remontrant qu'il faut obéir aux magistrats en ce qui n'est pas contraire à la parole de Dieu. — Les pro-

testans de Montpellier, ayant écrit pour savoir si l'on ne trouverait pas à propos de s'emparer des églises pour y célébrer le culte, il leur est répondu qu'on n'en prendrait aucune sans autorisation de la cour (regist. du xvi.me siècle).

29 septembre, les protestans s'étant emparés de l'église des Observantins, le consistoire décide de la garder, attendu qu'elle avait été prise sans émotion populaire, et qu'on en avait un extrême besoin. On y prêche, pour la première fois, le 5 octobre, devant une assemblée de plus de cinq mille personnes, ce qui est constaté par une lettre que le président de Calvière écrivit à ce sujet à la reine-mère.

6 octobre, le consistoire prend des mesures pour faire garder cette église pendant la nuit par des surveillans, et pour l'arranger d'une manière convenable, sans rien dégrader, après avoir mis en sûreté les objets mobiliers qui étaient inutiles. Viret y prêche pour la seconde fois, le 8, sur la *foi de St. Pierre* (Matth., xvi, 15, 16).

1.er novembre, Pierre Chabot lit à l'assemblée un projet de requête, pour demander aux officiers du présidial le grand temple, situé au milieu de la ville, c'est-à-dire, la cathédrale. Quoique cette pièce eût été rédigée sur l'avis des principaux habitans de la ville, le consistoire juge cependant convenable de la rattacher à la demande générale, qu'il décide d'adresser aux Etats de la province, assemblés à Beziers. — Ce qui fut exécuté le 3 décembre suivant, mais sans succès.

10 novembre, deux députés arrivent de Villeneuve-d'Avignon, et demandèrent un pasteur pendant sept à huit jours, pour y fonder une église. Mauget y est envoyé.

16 décembre, l'assemblée générale de la ville de Nismes accorde aux chrétiens réformés les églises des Augustins et de Ste-Eugénie, outre celle des Jacobins, qu'ils avaient déjà. Le consistoire, par délibération du 17, les accepte, à condition que l'évêque ne provoquerait plus le peuple par la grande sonnerie des cloches et la multitude de ses messes. Il fixe ensuite, dans cette séance, la célébration de la sainte Cène au premier dimanche de l'année et au premier dimanche de chaque mois.

19 décembre, Mauget prêche pour la première fois dans l'église des Augustins.

Le 21, les protestans s'emparent de la cathédrale.

Le 23, Viret consacre trois proposans : Simon Compagnon, Antoine Copier et Jean Moinier, après leur avoir fait signer la confession de foi et la discipline ecclésiastique.

Le 24, Louis de Montcalm, l'abbesse de Tarascon, et plusieurs religieuses de l'abbaye de la Fontaine, font abjuration publique. Viret prêche ce jour-là, pour la première fois, dans la cathédrale ; beaucoup de chanoines viennent l'entendre.

4 janvier 1562, on célèbre la sainte Cène dans la cathédrale.

Le 8, le consistoire députe deux diacres au colloque de Montpellier. Il arrête que le synode provincial du Bas-Languedoc sera convoqué à Nismes pour le premier dimanche de février suivant. Mauget demande à se retirer de l'église, mais on n'accueille pas sa démission.

12 janvier, le consistoire délibère *d'obéir promptement et allégrement* aux ordres du comte de Crussol, qui prescrivent de remettre aux catholiques l'usage des églises.

15 janvier, jeudi, on fait le prêche à l'Hôtel-de-Ville. Le vendredi 16, Mauget prêche, le matin, dans la maison de l'Ecole-Vieille, qui avait précédemment servi à cet usage.

18 janvier, le comte de Crussol s'entretient longuement, à Villeneuve-d'Avignon, avec Viret, qui s'y était rendu sur sa demande. Ce pasteur y prêche, le lendemain, devant une quantité considérable d'habitans et de gentilshommes de la suite du comte. Le mardi 20, de retour à Nismes, il officie, pour la première fois, dans le collège des arts ; le président de Calvière assiste au culte. Ce magistrat ainsi que ses collègues ne gardent plus de mesures, et font profession ouverte de l'évangile.

26 janvier, le consistoire, craignant de perdre Viret, envoie des députés à Genève, pour obtenir de cette république l'autorisation de le garder ; ce qui est accordé.

Le 1.er février, l'avocat Pierre Chabot apporte de la cour l'édit de janvier 1562, par lequel il était permis aux religionnaires de faire l'exercice libre de leur culte dans les faubourgs, jusqu'à ce que le concile général eût décidé les points controversés. Ce même jour, Viret prêche au collége ; après quoi il soutient une vive et longue dispute de controverse avec les Jacobins.

Le lendemain, le synode général de la province s'assemble dans la maison du seigneur de St-Véran ; ses délibérations durent jusqu'au 11, et se terminent par la célébration de la sainte Cène et par la consécration au ministère évangélique des quatre proposans, Pierre de la Joncquière, Bertrand Rougier, Antoine Reillon et noble Guillaume de Barjac. — Le lendemain, Viret part pour Montpellier, dont il gouverne quelque temps l'église. Il y prêche le 18, dans le temple de la Loge, avec un concours prodigieux de peuple.

Le 25 février, le consistoire, assemblé dans la salle de l'Hôtel-Dieu, nomme le ministre La Source pour évangéliser l'église. Il délibère ensuite que les notaires de la ville seront avertis de recommander aux testateurs de faire des legs aux pauvres. Il statue, enfin, que les *cartels* ou billets des baptêmes et des mariages seront transcrits avec soin sur des registres spéciaux, qu'on enfermera dans un coffre, dont chaque pasteur aura une clef.

Depuis l'édit de janvier, on tenait les assemblées religieuses à l'Hôtel-Dieu, situé hors des murailles, sur le chemin de Montpellier ; mais, s'y trouvant trop à l'étroit, le dimanche 1.er mars on prêche dans un enclos du faubourg des Augustins. Un ministre des environs, nommé Evesque, célèbre le premier service, et Pierre de la Joncquière, consacré quinze jours auparavant, officie au second. Six à sept mille auditeurs assistent à l'un et à l'autre.

A cette époque, sur l'invitation du consistoire, Guillaume Roques, seigneur de Clausonne, et Pierre Chabot, avocat, se livrent aux études théologiques.

Le 18 mars, Calvin, sur la demande du consistoire, envoie de Genève Jacques de Chambrun.

Le samedi 28, le consistoire, assemblé dans la maison

de Jean Bertrand, reçoit des mains de Chanterenard une lettre de créance, que Théodore de Bèze avait signée au nom de l'église de Paris, pour proposer aux autres églises une ligue de défense mutuelle contre les vexations des adversaires. — L'assemblée accepte la proposition, et décide de faire une collecte qui sera affectée à cet objet.

Le 29, célébration de la sainte Cène dans le fossé de la ville.

Le 13 mai, les assemblées recommencent dans l'intérieur de la ville. La cathédrale est reprise. Le 21, Viret, de retour de Montpellier, y prêche. Le 25, il part pour Lyon, où il exerce quelque temps son ministère avant de rentrer en Suisse, sa patrie.

Le mercredi 3 juin, le consistoire décide que les psaumes nouvellement traduits en vers français par Théodore de Bèze, et mis en musique par Clément Marot, seraient chantés tous les dimanches et jours de prêche. Il fait donner, dans ce but, des leçons de chant sacré au collége et dans les réunions de quartiers.

Le 10, il fixe les lundi, mardi et mercredi suivans, pour célébrer un jeûne public dans la cathédrale. Le pasteur La Source arrive de Genève le 20, avec sa femme et ses enfans.

30 juillet, on fait publier à son de trompe, que tous les prêtres qui ne voulaient pas embrasser la religion réformée, eussent à sortir de la ville.

Le 28 août, Mauget remplace Guillaume Tuffan, en sa qualité de principal du collége des arts.

Le 21 novembre, le prince de Condé s'étant fait recommander aux prières des églises réformées, on fixe un jeûne spécial pour les trois premiers jours de la semaine suivante.

12 décembre, l'église de Nismes étant évangélisée par quatre pasteurs, Mauget, de Chambrun, La Source et Pierre d'Aspères (ce dernier natif de la ville même), et ce nombre excédant celui qu'avait prescrit les Etats du Languedoc, le consistoire délibère que deux d'entre eux parcourront les villages des environs, pour y prêcher la parole de Dieu, sans cesser, pour cela, d'être attachés à l'église de Nismes.

Le 24 octobre 1563, Pierre d'Airebaudouze, appelé *seigneur d'Anduze*, arrive de Genève, où il s'était rendu, en 1552, pour se dérober aux poursuites qu'on faisait contre lui, et est agréé pasteur de l'église de Nismes.

(Ménard, IV, *passim*. — Registre du consistoire, XVI.e siècle. — *Histoire générale du Languedoc.* — Archives du présidial.)

Construction de deux temples à Nismes, en 1565.

―――o⊛o―――

Ce fut pendant son séjour à Toulouse, et le 13 du mois de mars, que Charles IX rendit l'édit qui accorda aux réformés deux endroits situés dans Nismes, pour y bâtir deux temples, tels qu'ils les avaient demandés pendant son séjour dans cette ville, le 22 décembre 1564; savoir : une masure et jardin, situés dans la rue qui conduit de la porte de la Magdeleine à la Maison-Carrée, que possédait un particulier nommé Roquerol, et une maison et jardin appartenant à Tristan Chabaud, près de celle de Bernard Barrière, procureur du roi au présidial, rue appelée *la Calade*, avec la permission de lever sur eux-mêmes, et de gré à gré, les sommes nécessaires pour l'achat de ces maisons et jardins, et pour la construction des temples qu'ils se proposaient d'y bâtir. — Ils commencèrent à construire celui qui avait été marqué en dehors des murailles. On en jeta les fondemens le 17 juin 1565, avec beaucoup de pompe et de cérémonie. Les officiers du présidial y assistèrent. La première pierre fut posée par le président de Calvière; la seconde par Denis de Brueis, seigneur de St-Chaptes, lieutenant criminel, et ainsi des autres par chaque officier. On travailla à cet édifice avec tant de diligence et de zèle, et l'on y employa un si grand nombre d'ouvriers, que, dès le 17 octobre suivant, le grand arceau du milieu fut entièrement achevé, et que la dédicace en fut faite le 26 janvier 1566. Le pasteur de Chambrun célébra le premier service; le pasteur Compagnon, le second, et le pasteur La

Source, le troisième. La chaire n'était pourtant pas en place ; ce ne fut que le dimanche, dernier mars suivant, que Mauget put s'en servir pour y prêcher.

(Ménard, IV, 407, 409, et V, 2.)

Synode général des églises réformées de France, tenu à Nismes le 2 mai 1572.

Les pasteurs du royaume qui y assistèrent, furent de Beaulieu, Capel, Dumoulin, Viriart, Baisseul, de Lery, Bocquet, Colombier, Chauveton, Mauget, de Cazaux, de la Pize, de Chambrun, de Laplace, Pelissier, de Lagarde, de La Rochechandieu, Labbat, de St-Ferréol, Julien, de Saule, de Bèze et de Vaulx.

Les principales matières qui furent discutées dans ce synode, regardaient divers points de controverse et de discipline. Ainsi, 1.º il fut accordé aux diacres le droit d'assister aux assemblées des consistoires ; — 2.º on détermina la manière d'instituer les pasteurs dans les églises ; — 3.º on fit le partage de quelques provinces ; — 4.º on y fixa la manière de procéder contre les *incorrigibles* ; — 5.º on rejeta de donner au corps des pasteurs et des anciens le titre de *sénat ecclésiastique*, et on lui conserva celui de consistoire ; — 6.º on défendit les comédies et les spectacles profanes, surtout les pièces de théâtre dont les sujets étaient tirés de l'Ecriture Sainte; — 7.º on délibéra de travailler à une histoire du temps relativement aux églises réformées, et chacun fut invité à envoyer les mémoires et les faits qu'il pourrait se procurer aux pasteurs de Lyon, chargés de les recueillir et de les coordonner ; 8.º on décida que les maladies reconnues incurables étaient une cause suffisante pour annuler les promesses de mariage ; — 9.º on défendit les mariages mixtes ; — 10.º il fut statué que le pasteur qui administrerait la sainte Cène, pourrait y participer lui-même chaque fois, ainsi que les fidèles qui le désireraient, pourvu que cela se fît avec ordre et bienséance. — Cette assemblée finit ses séances le jeudi 15 mai.

(*Actes des synodes des égl. réf.* ; Ménard, v, 66.)

Jean de Serres. — Il était né à Villeneuve-de-Berg, dans le Vivarais, et s'était déjà fait connaître dans la république des lettres par divers ouvrages historiques, et principalement par son *Inventaire de l'Histoire de France*, lorsque les consuls le firent venir de Lausanne, et le nommèrent, le 3 septembre 1578, recteur et intendant du collége des arts pendant un an. Il était ministre du Saint Evangile, et il occupa, en 1598, la place de pasteur en titre. Il travailla à un ouvrage historique sur le Languedoc, qui attira l'attention des Etats généraux de cette province ; c'était la *Description et le théâtre du pays*, avec un recueil de ce qu'il avait de curieux. Le duc de Ventadour, protecteur des lettres, recommanda cet écrivain à l'assemblée des Etats qui se tenaient à Pézénas, le 2 janvier 1598, et les pria de lui faciliter, par des secours, le moyen de faire imprimer son ouvrage, et graver en taille douce les planches qui devaient en faire partie. Les Etats accordèrent cent écus à l'auteur, et le chargèrent de continuer son travail. Il paraît cependant qu'il ne put l'achever, ou, ce qu'il y a de certain, c'est qu'il n'a point été publié. Jean de Serres avait contribué, en 1579, à l'établissement de la première imprimerie à Nismes.

(*Hist. gén. du Languedoc*, tom. v, pag. 487. — Ménard ; v, 177.)

Accident arrivé dans le Temple de la Calade, au mois de mai 1601, pendant la célébration d'un jeûne public.

Les réformés se rendirent, ce jour-là, au temple de grand matin ; les galeries et les bancs, en forme d'amphithéâtre, qui régnaient autour des murs, étaient entièrement remplis ;

les magistrats et les consuls s'y trouvèrent, en sorte que le vaisseau était à peine suffisant pour contenir toute l'assemblée. L'usage était, dans ces jours de jeûne, de demeurer au temple jusqu'à trois ou quatre heures de l'après-midi ; on y prononçait trois discours, précédés et suivis du chant des psaumes et de la lecture de la parole de Dieu. On commença donc à chanter, selon la coutume ; le premier pasteur prêcha ensuite, le second se disposait à le faire ; mais, au moment où il lisait les paroles de son texte, on entendit l'une des poutres faire un craquement si violent, qu'il sembla que toute la charpente allait s'écrouler. La crainte et l'effroi s'emparèrent incontinent des auditeurs, chacun courut aux portes du temple, d'autres escaladèrent les fenêtres ; mais, comme, dans le tumulte, on accusa les catholiques d'avoir tramé quelque complot, les plus mutins coururent dans les rues en s'écriant : *aux armes !* Les catholiques, à leur tour, croyant qu'on voulait les égorger, se cachèrent avec précipitation. Ce tumulte dura quelques heures ; enfin, le calme étant revenu, les craintes causées par cet accident purement fortuit, se dissipèrent entièrement (Ménard, v, 316.—Reboul, *Traité de l'apostat*, préf. 5).

Samuel Petit. — Il naquit à Nismes le jour de Noel 1594, de François Petit, pasteur, et de Noémie Olivier. A l'âge de sept ans, il était tellement versé dans la connaissance de la langue latine, qu'il aurait pu être placé au nombre des enfans célèbres. Envoyé plus tard à Genève, sous la direction du savant Jean Diodati, il y apprit, avec une facilité étonnante, toutes les langues orientales. A l'âge de 17 ans, il fut attaché, par le synode du Bas-Languedoc, à l'église de Nismes, où il occupa, en 1627, deux chaires dans le collège des arts, l'une de théologie, l'autre de langues hébraïque et grecque. Ces occupations ne l'empêchèrent pas de prêcher souvent et de visiter assidûment les malades. S'étant marié à 26 ans, avec Catherine Cheiron, il eut une fille qui épousa, dans la suite, le célèbre Pierre Formi, docteur en médecine de la faculté de Montpellier. En 1631, le cardinal de Richelieu ayant voulu entreprendre un projet de réunion entre les catholiques et les protestans, Petit publia, sur ce sujet, un discours remarquable, dans lequel il combattit principalement la doctrine des Arminiens, que le synode de Dordrecht avait condamnée. Il devint l'ami des hommes érudits de cette époque, et entretint avec eux une correspondance scientifique, insérée presque en entier dans ses divers ouvrages. Le cardinal Bagni, ayant eu avec Petit quelques conférences sur les matières les plus abstraites de la philosopie et de la chronologie, voulut l'emmener à Rome pour revoir les manuscrits du Vatican, lui donnant l'assurance qu'il ne serait point inquiété au sujet de sa foi en l'évangile ; mais il ne voulut point y consentir, préférant les tranquillités de l'étude au tumulte d'une cour. — Il refusa aussi la place de professeur honoraire dans l'université de Francker, ville des Pays-Bas, dans la Frise occidentale, ainsi que l'offre du père Petit, général des Trinitaires, son cousin, qui, pour l'engager à venir à Paris, lui promit de le faire rentrer, par son crédit, dans la possession des anciens biens de sa famille, dont il était l'unique descendant. — Il faisait de l'étude ses plus précieux délices. La tranquillité dont il jouissait dans le sein de sa famille, à laquelle il était extrêmement attaché, augmentait son bonheur ; il aimait la paix, et avait le caractère doux et paisible ; charitable envers les pauvres et envers les malades, qu'il aimait à visiter, il consolait les uns et les autres par des entretiens pathétiques, et les engageait à supporter chrétiennement l'adversité. — On raconte de lui, qu'étant allé, avec quelques amis, visiter la synagogue d'Avignon, le rabbin se mit à déclamer, en langue hébraïque, contre les chrétiens. Quand son discours fut fini, Petit lui répondit dans la même langue, avec une force et une éloquence qui déconcertèrent le rabbin et étonnèrent tout l'auditoire. — Ses longues veilles affaiblirent son tempérament, et le jetèrent dans un épuisement qui dégénéra bientôt en fièvre étique. Lorsqu'il sentit approcher sa dernière heure, il fit ouvrir les fenêtres de sa chambre, et, après avoir contemplé le ciel quelque temps, il pria Antoine Cheiron, son beau-frère, d'aller chercher l'un de ses collègues, « non pour m'exhorter, lui dit-il, car je serai « mort avant qu'il arrive, mais pour donner quelques con- « solations à ma famille. » En effet, à peine eut-il prononcé ces dernières paroles, qu'il rendit son âme à Dieu, à l'âge de 49 ans, le 12 décembre 1643.

(Ménard, VI, 57, 63. — *Petrus Formi*; *vita Samuelis Petiti*.)

David Rodon. — Il était originaire du Dauphiné, et avait enseigné la philosophie à Die, ensuite à Orange, et, enfin, à Nismes. Il forma d'excellens disciples, entre autres le savant David Martin, ministre du Saint Evangile à Utrecht, auteur de la version de la Bible, reçue, concurremment de nos jours, dans nos églises avec celle d'Osterwald, les seules que les sociétés bibliques propagent; qui soutint avec éclat, le 21 juillet 1659, des thèses sur toute la philosophie, depuis le matin jusqu'au soir, sans président, ce qui lui valut le titre de maître ès-arts et docteur en philosophie. — Pendant que Rodon professait à Nismes avec beaucoup de succès, il eut à soutenir une accusation d'hétérodoxie, portée contre lui par un étudiant nommé Jean Bon. Cette affaire, soumise en consistoire, occupa plusieurs séances : dans la dernière, du 3 décembre 1657, Bon fut condamné à la censure et à la suspension de la sainte Cène, pour avoir calomnié le professeur. Il appela, toutefois, de ce jugement sévère, au Colloque. — Rodon avait fait imprimer à Paris, en 1654, un écrit intitulé : *le Tombeau de la Messe*. Ce livre était, à Nismes, entre les mains de tout le monde, et y causait une grande sensation, l'évêque Cohon, pour en arrêter les progrès, obtint un arrêt du tribunal, portant que cet écrit serait brûlé par la main de l'exécuteur de la haute-justice, à Nismes même, et que l'auteur serait banni à perpétuité du royaume, ce qui fut exécuté le mardi 6 mars 1663 (*Archives du Présidial de Nismes*, Ménard, VI, 139, 160. — Registre du consistoire, 17.me siècle).

Jean Bruguier. — Il était né à Nismes au commencement du 17.e siècle ; il fit d'excellentes études au collége des arts, et se voua au ministère évangélique, qu'il fut appelé à exercer dans sa ville natale. Dans plusieurs occasions, il donna les preuves d'un grand courage et d'un entier dévouement à la cause de l'évangile. Par l'édit de 1664, il avait été expressément défendu de chanter les psaumes de la traduction de Clément Marot et de Théodore de Bèze, dans les villes même où l'exercice de la religion réformée était permis. Bruguier composa, par les ordres de son consistoire, un livre intitulé : *Discours sur le chant des psaumes*. Après y avoir prouvé que cet usage était consolant pour les âmes, et qu'il n'avait rien de criminel, il en concluait qu'on pouvait les chanter en tous lieux, sans s'arrêter à la défense qui en avait été faite. Les protestans de Nismes suivirent ce conseil. L'évêque Cohon dénonça l'auteur de cet écrit au conseil d'état, qui, le 26 février 1663, condamna le livre de Bruguier à être lacéré et brûlé dans Nismes, par les mains de l'exécuteur de la haute-justice, bannit ce ministre de la province, et l'interdit des fonctions de son ministère pendant un an ; ce qui fut exécuté sur la place de la Trésorerie, en présence des quatre consuls, de la maréchaussée et d'une grande multitude d'habitans. Bruguier se retira à Genève, où il mourut en 1684, après y avoir publié un ouvrage de controverse contre le célèbre Arnaud, et imprimé un abrégé en latin de la philosophie, qu'il dédia à Philippe Mestrezat, professeur de philosophie.

(Filleau, *Décisions cath*. — Du Pin et Bayle. — Ménard, VI, 160, 280.)

Règlement du synode d'Uzès, tenu dans le mois de mai 1663, accepté par le consistoire de Nismes, qui procède à son exécution immédiate.

Le mercredi 9 mai 1663, le consistoire de Nismes s'assemble sous la présidence du pasteur Rosselet, et, après avoir procédé à la nomination de MM. Rozel et Cheiron, comme pasteurs de l'église, reçoit communication de la délibération suivante, prise par le colloque d'Uzès, dès le samedi précédent.

Le synode du Bas-Languedoc, assemblé dans la ville d'Uzès, considérant que les maux extrêmes dont l'esglise de Dieu est affligée viennent de nos péchés, qui ont mis les verges entre les mains de Dieu, et l'ont obligé de changer le repos et la tranquillité dont nous jouissions en une lamentable tempeste, a jugé que, pour la faire cesser, il en fallait oster la cause, et le plus excellent remède pour restablir la prospérité au milieu de nous, estait la refformation de nos mœurs et une vie saincte et chrestienne. C'est pourquoy il a trouvé à propos d'exhorter toutes les esglises, au nom de Dieu, par tout ce qu'il y a de plus doux dans ses compassions et de plus terrible en sa justice, de rallumer leur ancien zèle et de renoncer à tant de vices quy ont embrasé la colère de Dieu contre elles ; de fuir le luxe, la vanité, la superfluité en vestemens, les dissolutions de cabarets, les bals, danses et masquarades, les jeux illicites, et tous les autres mesme où il y a perte de temps ; d'observer religieusement le sainct jour du repos ; de fréquenter tous les exercices de piété ; d'ouïr sa parole en son temple ; d'en faire la lecture tous les jours dans les maisons particulières ; de ne manquer jamais à fléchir le genou devant Dieu, soir et matin ; d'avoir continuellement les louanges de Dieu en la bouche ; d'avoir en horreur tous sermens et blasphèmes exécrables ; de pratiquer tous les debvoirs de la charité envers le prochain ; d'obéir à tous supérieurs, de se soumettre à l'ordre ecclésiastique ; de bannir toutes querelles et divisions ; d'estre enclins au pardon et libéraux en aumosnes ; de ne se point souiller dans les ordures de l'incontinence ; de se garder de toutes fréquentations mauvaises et de parolles sales ; de ne circonvenir personne ; de restituer les choses acquises injustement ; de s'acquitter chascun de sa vocation fidèlement et en bonne conscience ; et, en un mot, de ne rien oublier de tout ce qui est agréable à Dieu et convenable à tous vrais chrestiens.

Ce que, pour insignuer plus fortement dans les esprits, la compagnie enjoint aux pasteurs de chasque esglise, nonseulement de faire des exhortations publiques en chaire, sur chascun de ces points, mais encore d'y employer, conjointement avec leurs consistoires, des admonitions et remonstrances particulières; et, pour cest effect, ils appelleront devant eux tous les divers ordres, estats et conditions dont ils ont la conduite; et, les ayant fait venir, chasque ordre et estats à part, ils les exhorteront chascun suivant leur profession et les vices où ils ont plus de pente, les conjurant, de la part de ce grand Dieu qui nous doibt tous juger un jour, de bien examiner leur vie et leurs actions, et de refformer leurs personnes, leurs mœurs, leurs familles, et tout ce quy dépend d'eux. De quoy ils exigeront une promesse et protestation solemnelle; leur déclareront que, s'ils viennent à la violer et à commettre quelqu'une de ces actions scandaleuses cy-devant spécifiées, et, ce quy est particulièrement fréquent au millieu de nous, s'ils viennent à profaner le jour du repos par les jeux et par la débauche, ils seront, la première fois, cités au consistoire, de quelque qualité qu'ils soient, pour y estre censurés suivant l'exigence du cas; et, s'ils y retombent une seconde fois, ils seront publiquement suspendus de la saincte Cène du Seigneur, jusques à tant qu'ils ayent donné des tesmoignages de leur repentance. Et, outre ces exhortations quy se fairont au consistoire, la compagnie ordonne encore de prendre garde à chaque famille particulière; et, là où il s'en trouvera quelqu'une mal réglée, et où l'on ne vist pas en la crainte de Dieu, un pasteur avec un ancien se transporteront dans ceste maison, surtout s'il s'agist de péchés qui apportent quelque note d'infamie, et qui ne puissent estre publiquement divulgués, pour faire entendre à ceux qui en sont coulpables leur faute, et leur dénoncer les jugemens les plus épouvantables de Dieu, s'ils ne se repentent; et, à la correction des mœurs, ils adjousteront l'instruction de la religion, s'informant exactement de la manière que chascun y est advancé, et, à l'exemple de St. Paul, enseignant mesme par les maisons.

A toutes lesquelles choses les consistoires tiendront soigneusement la main, et seront obligés d'en rendre compte au synode provincial. Et, pour donner plus d'efficace à leurs sainctes admonitions, ils commenceront la réformation par eux-mesmes, et, tant les pasteurs que les anciens, se monstreront pour patrons à tout le troupeau, s'esloignant de tout ce quy est mal séant à leur vocation. Ainsi, nous acquittant et les uns et les autres de ce que nous debvons à Dieu, au prochain et à nous-mesmes, il y aura subject d'espérer que Dieu, enfin, sera appaisé envers son peuple, et qu'il fera luire sur nous la clarté de sa face en joie et en salut, nous délivrant des maux qu'il nous a faict sentir jusques icy, et de tant d'autres qui nous menassent encore à l'advenir. Et, afin que chascun soit pleinement informé des sentimens de la compagnie, elle a ordonné qu'il soit faict lecture de cet article, un jour de dimanche, en toutes les esglises de ceste province, et qu'il sera enregistré dans les libvres des consistoires.

Le 14 mai, le consistoire s'assemble sous la présidence du pasteur Roure, pour procéder à l'exécution de l'article du synode touchant la réformation des mœurs. Après en avoir fait une seconde lecture, afin que personne n'en ignore les dispositifs, la compagnie décide que les pasteurs, anciens et diacres, sortiront l'un après l'autre de l'assemblée, pour qu'on examine, en leur absence, leur manière de vivre et de se vêtir, afin de leur faire entendre, quand ils seront rappelés, les justes reproches qu'on a à faire sur leur conduite ou sur celle de leurs familles, et d'obtenir d'eux la promesse de se conformer à l'article du synode ; de pardonner à leurs ennemis, s'ils en ont ; de ne point profaner le jour du repos ; de ne point fréquenter les lieux où l'on joue ; de fléchir les genoux, soir et matin, devant Dieu, avec leurs familles ; de n'avoir aucun entretien dans le temple avec personne, mais de s'occuper seulement à chanter les louanges de Dieu et à écouter sa parole. — Ce qui fut à l'instant exécuté, en commençant par les pasteurs, ensuite par les diacres et les anciens, en finissant par Borrely, chantre, et Gaborie, advertisseur.

Le 15 mai, les régens du collége et les proposans en théologie sont soumis à la même censure.

Le 17 mai, les magistrats et les consuls ; le 21, les marchands drapiers ; le 24, les marchands en détail ; le 25, les bourgeois et les marchands de soie ; et, le 28, les gentilshommes viennent tour à tour à l'assemblée du consistoire, sur convocation spéciale, et s'engagent solennellement d'observer et de faire observer l'article du synode, promettant de réformer leur vie et leurs mœurs, de pardonner de bon cœur à tous ceux qui peuvent les avoir offensés, et de se réconcilier avec ceux qu'ils traitent eux-mêmes avec froideur.

(Registre du XVII.e siècle, contenant les *Délibérations du consistoire de Nismes.* — Ménard, VI, 164.)

Démolition du Petit-Temple. — Les jésuites ayant formé une instance au conseil d'état du roi, pour avoir l'emplacement du Petit-Temple et agrandir leur collége, qui était contigu, le consistoire s'y opposa avec vigueur, se fondant sur des lettres-patentes du roi Henri IV, données en 1609, qui leur avaient permis de lever sur eux-mêmes les sommes suffisantes pour le bâtir. Il ajoutait à cela que le fonds sur lequel ce temple était construit, n'avait jamais appartenu à l'église. Le conseil prit l'avis de l'intendant, qui fut que le temple devait être démoli, puisque une partie du fonds en avait été usurpé sur le roi, et que l'autre partie avait appartenu à l'hôpital St-Marc. — Sur quoi il intervint un arrêt du conseil, du 28 novembre 1664, portant que le Petit-Temple serait démoli ; que les protestans en enlèveraient les matériaux dans deux mois, pour agrandir leur ancien temple, s'ils le trouvaient à propos, et qu'ils ne toucheraient point au mur qui faisait la clôture du collége. Ainsi l'emplacement de l'édifice demeura aux jésuites.

(Filleau ; *Décis. cath.* — *Hist. de l'édit de Nantes.* — Ménard, VI, 174.)

www.ingramcontent.com/pod-product-compliance
Lightning Source LLC
Chambersburg PA
CBHW050250170426
43202CB00011B/1628